命运多舛
蔡文姬

姜越·编著

群言出版社
QUNYAN PRESS
·北京·

图书在版编目（CIP）数据

命运多舛——蔡文姬/姜越编著. —北京：群言出版社，2016.9（2020.8重印）

（红颜才女系列）

ISBN 978-7-80256-818-1

Ⅰ.①命… Ⅱ.①姜… Ⅲ.①蔡文姬-传记 Ⅳ.①K825.6

中国版本图书馆 CIP 数据核字（2015）第 173155 号

责任编辑：刘占凤
封面设计：侯　泰

出版发行：群言出版社
地　　址：北京市东城区东厂胡同北巷 1 号（100006）
网　　址：www.qypublish.com
自营网店：http://qycbs.shop.kongfz.com（孔夫子旧书网）
　　　　　　http://www.qypublish.com（群言出版社官网）
电子信箱：qunyancbs@126.com
联系电话：010-65267783　65263836
经　　销：全国新华书店

印　　刷：北京晨旭印刷厂
版　　次：2016 年 9 月第 1 版　2020 年 8 月第 2 次印刷
开　　本：640mm×960mm　1/16
印　　张：17.5
字　　数：260 千字
书　　号：ISBN 978-7-80256-818-1
定　　价：38.00 元

【版权所有，侵权必究】

如有印装质量问题，请与本社发行部联系调换，电话：010-65263836

前　言

东汉末曹魏初，是一个充满血与泪的时代，是一个充满悲愤和痛苦的时代，诗人们把这血和泪、悲愤和痛苦坚忍地收藏起来酿造了一曲憎恨悲凉的时代悲歌。曹操、曹丕、王粲……都是这个时代里产生的优秀男歌唱家，就在这雄浑、高亢、悲凉的时代合唱队伍里，一个激情澎湃的女高音格外地引人注目，她便是一生饱尝战乱别离之苦的女文学家——蔡文姬，一个不到十岁就名满洛阳的神童；一个父死母离夫亡家破而流落草原的再醮之妇。

蔡文姬是一个极为特殊的历史人物。她具有多方面的才能，琴棋书画，无所不精。她的颠沛流离的生活经历，她的充满魅力的文学创作，更是充满了神奇的色彩。唯其如此，她被视为中国历史上第一个具有广泛影响的杰出女作家。

本书按时间的维度记述了东汉末年的一代才女蔡文姬坎坷曲折的一生，她出身名门却屡遭大难。被掳往匈奴，为左贤王妃，生了两个儿子。十二年后，杰出的政治家、军事家曹操平定了中原，派董祀、周近为使者，赴匈奴赎回文姬。曹操偏听周近，几乎误杀董祀；文姬申述实情，救了董祀。后来曹操玉成其事，使董祀和文姬结为夫妇。董祀后来犯罪又差点被曹操处死。文姬一生中嫁了三个丈夫，而且还留了两个儿子在匈奴牵肠挂肚。其惨状可想而知。只能在"虽生何聊赖，托命于新人，竭心自勖厉。流离成鄙贱，常恐复捐废。人生几何时，怀忧终年岁"的心境中了此残生。也是如此，她从苦难的人生中感悟着生与死的真谛，演绎了千古绝唱——《胡笳十八拍》。她凭借绝世才华和坚强意志扼住了命运的喉咙，最终得以归汉，完成先父兴文治、续汉史的遗志。

蔡文姬非常有才华，是历史上少有的才名盖过美貌的女子。在一次闲谈中，曹操表示出很羡慕蔡文姬家中原来的藏书。蔡文姬告诉他原来家中所藏的四千卷书，几经战乱，已全部遗失时，曹操流露出深深的失望。当听到蔡文姬还能背诵，于是让蔡文姬凭记忆默写出四百篇文章，文无遗误，可见蔡文姬才情之高。曹操把蔡文姬接回来，在保存古代文化方面做了一件好事。历史上把"文姬归汉"传为美谈。

由于时间仓促，作者水平有限，书中错漏缺点在所难免，恳请读者批评指正。希望本书可以让广大读者从中学到知识，开阔视野，全面细致地了解历史人物的传奇人生。

前言 ··· 001

第一章 汉衰亡，生于战乱中的才女

蔡文姬生不逢时，就注定了她要经历充满艰险与跌宕起伏的人生。正如她在《胡笳十八拍》开篇中悲愤地诉说道："我生之初尚无为，我生之后汉祚衰。天不仁兮降离乱，地不仁兮使我逢此时。"蔡文姬遇乱世，家道中衰，命运一波三折。

夏夜的新生 ··· 002

丢弃胭脂的玉手 ··· 008

奏折引出的杀机 ··· 018

泪洒白玉坠 ··· 034

第二章 逢乱世，才女初露锋芒

蔡文姬生活的时代，是汉王朝由中兴走向衰败直至最后崩溃的年代。本章写的是蔡文姬生活所处的时代背景。这个时期，正是中国由统一走向分裂的历史时期。连年的战争加之各种天灾，造成了生灵涂炭，哀鸿遍野。

北国草原上的童话 ··· 044

归乡难 ··· 057

种山深处的奇才少女 ··· 072

不该别离的时刻 ··· 082

第三章 妒红颜，青春岁月情苦涩

她的一生注定坎坷不平。未成年便失去父母双亲，与乳母相依为命。遇上文雅青年卫仲道，结为美满婚姻，却不幸仲道早夭，年轻无子的文姬，只好返回蔡家。而此时，她还不到二十岁。本章主要写的是蔡文姬由少女到少妇，再到寡妇的不幸生活。

生命中的第一曲悲歌 ………………………………… 094

凤求凰 ……………………………………………… 106

新婚岁月 …………………………………………… 117

第四章 异乡情，尝尽人生百味

中原兵变，匈奴南侵，兵荒马乱中，蔡文姬被匈奴左贤王掳至北方大漠，远离故土，开始了漂泊的异乡生活。聊可安慰的是，左贤王对她的真心相待，以及两个可爱孩子的降临，让蔡文姬的生活逐渐安定。但此时北方的枭雄曹操已注意到了这个才名远播的女子，蔡文姬的命运注定又将迎来一次大转折。

流离，她成了断线风筝 ……………………………… 126

左贤王求婚 ………………………………………… 136

马背上的梦幻 ……………………………………… 145

爱，在风沙中飘落 …………………………………… 152

乱世英雄的金壁之举 ………………………………… 161

第五章 怜才女，才女文姬终归汉

十二年后，曹操实力大增，统一北方，想到恩师蔡邕对自己的教诲，用重金赎回了蔡文姬。面对国家大业和儿女亲情的冲撞，她经历了人生道路上又一次撕心裂肺的痛苦，最终毅然走上了回归之路。曹操迎蔡文姬归汉是一件有历史意义的举措，也是爱才和关爱故人后代的侠义之举。

布满阴霾的夜晚 ………………………………………… 170

情怀难割舍 …………………………………………… 178

长离别 ………………………………………………… 188

遭遇野匪 ……………………………………………… 199

胡笳十八拍 …………………………………………… 211

第六章 黄昏恋，爱情映花花更红

蔡文姬能名留青史，最为重要的一个原因就是她没有被时代的洪流吞噬。她始终以其坚韧的品格傲立于世。从她的作品中正体现出她性格上不屈服厄运的抗争精神。蔡文姬给我们留下来的不仅仅是《悲愤诗》，更多的是她坚忍不屈的精神带给后人的感动，以及她闪耀的人格光辉给后世的积极影响。

终承父业 ……………………………………………… 224

松涛馆之恋 …………………………………………… 233

骨肉相聚 ……………………………………………… 243

隐居，最后的漂泊 …………………………………… 255

后记 …………………………………………………… 267

第一章

汉衰亡，生于战乱中的才女

蔡文姬生不逢时，就注定了她要经历充满艰险与跌宕起伏的人生。正如她在《胡笳十八拍》开篇中悲愤地诉说道："我生之初尚无为，我生之后汉祚衰。天不仁兮降离乱，地不仁兮使我逢此时。"蔡文姬遇乱世，家道中衰，命运一波三折。

夏夜的新生

汉灵帝熹平六年六月。

一个黑漆漆的夜里,当更漏刚刚报过亥时后,在洛阳城内一条幽静、宽阔的街路上,忽然有一阵"喀塔咯"的脚步声传来。

这是一伙行色匆匆的夜行人,走在头里掌灯的,是一个浑身家仆装束的汉子,随他身后,有一乘四人抬的轿子。

"这简直是在向前爬呀!这样走下去,我们那边什么也都迟了!"掌灯人嫌轿子慢,不时地回头吼着。尽管被呵斥着的轿夫们,也已个个是气喘吁吁了。

"干啥这么猴急的呀!"一个老婆娘的嚷声,从轿子里传出。

"我可告诉你们,这生孩子可不是着急的事,我接了大半辈子的生了,心里有数,就算他蔡议郎的娘子今儿个晚上要生个龙凤种,怎么地也得折腾到后半夜了。"

听这话,一直在催的掌灯人软了,不吼了,只压低了声音说道:"这死老婆子,说得准就行,今天我由着你……"

静了,只有脚步声。

走过一阵子,突然,掌灯人又开口了:"看,就到了,前面右手路边上就是。"

轿夫们抬头一望,十几步开外,有挂着一排门灯的宅院出现在众人眼中。这宅院就是时任当朝议郎的蔡邕的府邸。今夜,蔡邕的夫人赵五娘临盆。

洛阳是东汉的都城,也是当时天下的第一大都会。它的城建格局,保持了战国时代那些大都会的模式,即"左祖右社,面朝后市"。帝王宫殿、皇家林苑,以及多代汉皇营建的台、观、馆、阁,还有那些从全国各地迁来的显贵、高官、巨富和豪强,都居于城内的南部,即穿城而过的洛水南岸。而那些殷顽百姓、商贾工巧,还有集市里坊,则统统聚集在城北。

蔡邕府邸在城南。

再说那一行人在蔡邕家的院门外落下了轿子。

"医婆请!"此前一直引路的掌灯人说着,一只手把风雨灯举高,另一只手则去掀轿帘,迎那接生婆下轿。

恰在此时,又听得"呀"的一声,宅院高高的门,也先自拉开了一条缝,而后探出个人头来。

"来啦,来啦,接生的医婆请来啦!"当探头人看清楚了门外的一切后,一边麻利地把门开大。一边回头向院内高声地喊道。

随即,接生婆被引进了院门。

蔡家大院曲径幽深。若在白日,则能清晰地辨出,整个庭落以中央的正厅堂为界,被截然地划开为前后两个部分,前院进院门,正中有一条已被那犹如蛟龙般的紫藤所覆盖、直通正厅的铺砖引道,道两旁是用青砖砌成的两厢矮墙,墙台上以及正厅木构中堂的廊下,摆放满了排列整齐、开有一蓬蓬花卉的各式各样的花盆。穿正厅而过是后院,这里园林味道极为浓烈。有高高耸立的桐树;有由齐腰高的排排丛灌隔开的一块块格地，在每个格地间，分别有假石山、清水池、秀亭阁……院底，是两幢坐北朝南的房舍，这里分别住着蔡邕及其在朝中任卫尉的叔父蔡质两家子人。

已过不惑之年的蔡邕，面容清癯，虽为朝官，但仍是一派学者风度。平日在家喜着儒装，白皙的四方大脸，颔下有一组长须飘然前胸，格外温文尔雅。他是一位善于驾驭感情的人，平常许多让人心急火燎的事，他都可以不露声色、平静妥帖地处理好。可在今儿晚上，他却变成了另一个人，无论如何也控制不住自己了，一直是既兴奋又紧张。

说起来也难怪，蔡邕虽然有如此的年纪了，但此前，还从未体验过添子弄瓦的滋味。在自己的头生子即将来世之际，在书斋里受着焦灼煎熬的蔡邕思绪万千，二十余年来婚后无嗣使他难堪的往事，云也似的飘掠在了心头……

那时候，蔡邕娶了容貌端庄、品性淑贤的赵五娘。五娘自幼双亲过世，与其姐姐赵四娘相依为命。嫁过来蔡家后，蔡邕对她爱怜备至，小两口恩恩爱爱地过起了好日子。然而，几年过后，令他们夫妇都很沮丧的是，他们始终没能生个孩子。常言说，孩子是年轻夫妇所共同编织的梦，是他们生命的延续和未来的叠加。况且那时"不孝有三，无后为大"，还是世人皆遵依的至理。无嗣，使他们无限惆怅。蔡邕夫妇想着办法，远近的名医看过一个又一个，各种药方吃了一剂又一剂，可是到头来，仍然毫无起色。赵五娘更痛苦，她不时地劝慰丈夫："我是枉为了一个女人，找个吉日，你还是再续一房吧，我心甘情愿。"

蔡邕总是连连地摇头，并坚决地说："别瞎说了，这无论如何也使不得！"

蔡邕不想纳妾是发自内心的。尽管膝下无子，使生活就像是扬不起帆的船，但他珍惜的是美满的婚姻。他在《协和婚赋》中，就曾这样赞美道:"惟性情之至,好欢莫伟乎夫妇,受精灵之造化,固神明之所使,事深微以玄妙,实人伦之肇始。……婚姻协而莫违……"这着实难能可贵。

蔡邕越是这样做,五娘对他的亏欠感就越是加重,在难遣心中的忧痛之时,五娘便把一种企盼,托寄在祈求神灵的帮助上了。佛教在汉代,已从天竺国传入了中国,五娘对佛陀十分虔诚。她在家里厅堂的殿上,摆了香案,供上佛龛,几只宝鼎铜炉里面终日青烟缭绕。就在这空气中飘浮着淡淡的幽香之中,她好像看到了江天无际,舟帆轻展,载着她美好的求子愿望,正扬帆远航……

时如飞梭,转眼就到了去年春天。一天,五娘得到一个灵感,是来自于一个梦境。她认真地把"梦"讲给了蔡邕:

在一条大路上,有一位行僧身披袈裟,双手托钵,款款地向她走来。行僧单手打了一个揖:"阿弥陀佛!"便审视起她来。她慌忙从怀里取出一锭银子,递了上去。

行僧又打了一个揖,道:"善哉,善哉,阿弥陀佛!"行僧再度打量了她后,道:"女施主,想必是遇到了难事:贫僧愿意为你解脱。"

五娘长叹了一口气,便把这些年求子而不得的苦水一一道出。

那行僧听后大笑道:"些许小事,些许小事!"说罢,轻轻地撩开了袈裟,从怀里取出了一个不过拇指般粗细的葫芦来。瞬间,又变戏法似的从葫芦里拿出了一粒兰花的种子递给她,说:"会开花结果的。"

蔡邕听完妻子的诉说后,兴奋不已,连声说道:"好吉兆,好吉兆!"

如果说因为五娘梦中得花籽,因而受孕的话,这未免太玄了。但是事有凑巧,此后不久,五娘竟真的怀孕了。这对蔡家来说,真是比天都大的事。蔡邕兴奋的不得了,全府人也跟着高兴。

怀胎十月中，蔡邕除去对五娘细心体贴、精心照顾外，整个身心，始终是有一种沉甸甸的自豪。

如今这孩子说生就要生了。

这一晚上，蔡邕从书斋里走到五娘的产房窗下，再从窗下回到书斋，一出一进，一进一出，一直是在闹腾。待子夜过后，他才稍稍地斜靠在书案上，眯一会儿涩重的眼皮。

突然，书斋外传来一阵急嚷，蔡邕"霍"地跳将起来。

"大人，大人！恭喜大人，贺喜大人哪！夫人生了，夫人生了！"随着喊声，有一个侍女气喘吁吁地撞进门来。

"生了?!"蔡邕忙迎身上前。

"回大人的话，刚才夫人平安地生下了一女，她们母女均安好，还望大人速去探望呢。"

蔡邕喜出望外，撇下侍女，慌忙向妻子那里奔去。

蔡邕冲了进来。屋内那些忙活过后的人们，忙闪到两侧，高高地举起了红烛。五娘在床上温存地朝丈夫微笑，在她身旁的五彩襁褓中，是露出小脸的婴儿。他竟一时不知所措了。

"夫人……可好？"好半天，蔡邕才定住神儿。

"恩。"五娘娇弱地应着。

"你，你……这可受累了。"

听丈夫这样说，五娘不笑了，她突然感到自己的心，被一种深切地爱怜揪紧了。很快，这爱怜又转化为一股酸涩，尽管她努力地去控制，不让它突泄出去，但最终双股还是被泪水给浸润，给注满，并涌出眼眶，缓缓地往下流淌。

他更加爱怜她了，忙上前用绢帕轻轻地为她拭泪，而后又是温言爱抚。直到五娘转泣为笑。

而后，蔡邕又慢慢地向自己的女儿俯下身去，端详着，嗅着从她身上散发出来的婴儿气息和襁褓中的槐叶香、艾叶香。

这孩子长得真是水灵，滚圆的小脑瓜上，长着细密的胎毛，白白的脸蛋，直挺的鼻梁，嘴角硬生生地透着秀气。这长相完美无缺，分明是他和妻子优长的精炼，也是他们情与爱的重新组合……

当蔡邕恋恋不舍地收回了目光，不知接下来要做甚事时，还是蔡邕的妻姐赵四娘扯出话题，嚷着要蔡邕此刻为他的女儿起个名字。

这一提议，给蔡邕提了醒，他的脸上现出得意之神色。他想起五娘做梦时，那行僧给过她兰花籽的事，便道："常言说，子无贵贱。一个女孩子家，做父母的将来虽不指望她出将入相，但也希望她能成为一个卓绝不群的人。所以，一定要把名字起好。"

思索片刻，蔡邕才对众人说道："我女儿骨相非凡，好似美玉，她的名为琰吧。至于字嘛，我相信她长大后，能承继我们蔡家世代精通文道的族风，叫她文姬。还有她的乳名，就唤做兰儿。"

众人听罢，皆称贺。

拾在此时，那女婴——蔡文姬被惊醒了。或许是她与父亲的激动心境发生了感应，或许是受到了屋内所有的人兴奋的情绪的感染，总之，她"哇——"地一声大哭起来了。

"女儿呀，你是我们后半生的幸福啊！"听着小文姬的哭声，蔡邕夫妇在心中，都是这样甜蜜地想。

丢弃胭脂的玉手

俗语说得好，只愁不养，不愁不长。小文姬在家人精心哺育下，转眼就快过百天了。掐指一算，她的"百岁"日，恰好是九月初九——重阳节。

汉朝时，人们是很讲究过重阳节的，喜庆的习俗也很多，有插茱萸、吃蓬饵（花糕）、饮菊花酒（用菊花瓣浸泡过的酒）、赏菊、登高……这些活动，是为了消灾避邪，求得长寿。所以，在临近节日的那些天里，整个洛阳城里的人们，都为筹办节日而忙碌着。

这些天来，蔡家大院的喜兴气氛，更显得浓烈。因为在节日中还要为小文姬庆贺"百岁"，这着实需要好好准备一番的。

九月初九这天，蔡府院子里一派重阳节的色彩：百卉丛中，再插植了许许多多的茱萸枝，这使得弥散在空气中的花香，又有了茱萸的浓烈；主要的房门前都用菊花的枝、朵扎架成一个个的"花门"，让人从"花门"中进出，且随时可以从"门"上摘下花朵，或插在帽檐上、头上，或戴在胸襟前；后园中秀亭的柱上，换上"朝饮木兰之坠露，夕餐秋菊之落英"的新对子。亭四周，又摆满了供家人赏菊用的多种名贵菊花……

厅堂内则突出小文姬的"百岁"喜兴：高深宽阔、典雅明亮的大厅收拾得干干净净，那些几案架凳、锦幔屏风、古玩字画等陈设，也都布置得井然有序。迎门正面墙壁上的显眼处，还粘贴着一张大红的彩纸，上面由蔡邕重笔亲书"喜庆百岁"几个楷字，使人看后顿生悦意。

看罢眼前的一切，蔡邕兴奋了，激动了，不禁得意地说道："九九重阳佳节日，恰庆兰儿百岁时，该是如此讲究啊！"

今天蔡家的庆典活动，没请外宾，因为此次不比小文姬做"满月"。那天，各路宾客，充盈庭堂，热热闹闹地喝了一大天。而今小文姬的"百岁"庆恰是重阳节，过节，谁家也要团团相聚，所以不好相邀。尽管如此，就蔡邕和其叔父蔡质两大家子人欢庆起来，也是蛮热闹的。

说起蔡门叔侄同府而居，还需有个交代。

早年，蔡文姬的祖父蔡棱同其弟蔡质都住在陈留郡的圉县城里。

蔡棱和蔡质都是胸怀大志的人，且各守一艺。蔡棱文墨精通，谦恭有礼，刻意经儒，将来是想以文道出人头地。蔡质尽管起初也是能文善墨，曾经写下专门介绍汉代百官职能的《汉职仪》等著作，但他好动，对于一生将要正襟研读经学，渐渐地失去兴趣，转而崇尚起武功来，更多的时间，是拜师习武。

岁月匆匆，认真地按照各自的生活轨迹翩然行进的蔡氏兄弟，经过努力，都出了名。先是被书香浸染了的哥哥，那一年里，经乡里清议后，被举为名士，再经察举，终为"孝廉"，完成了一个既精通经学又有高尚品行的儒生和向上层社会攀登的重要行程，家里家外的亲朋好友，都替蔡棱一举中官备感高兴。

然而，冷眼察得官场腐败的蔡棱，深知仕途的艰险，对于这次课试，就像一个普通的骚人墨客，仅参加了一次极平常的笔会一样，过后轻轻地挥一挥衣袖，漠然而去，归乡继续隐居著述，传经授道。而弟弟

蔡质却与哥哥不同，他到了察举的年龄被举"孝廉"后，课试中榜便去做了官。他从令、长、丞的低职做起，最终竟入迁朝廷，任专门负责统率守卫京师南宫和北宫，以及诸掖门的卫戍部队的总领——卫尉，此官职为朝廷的九卿之一，甚是显赫。

蔡棱和蔡质兄弟俩依遂了己愿后，按照老父撒手西去之前留下的遗言，把祖上留在围城的家业一分为二，哥哥留居围城，而弟弟家迁洛阳。

单说蔡棱一家人在围县日子过得倒也富足。更让蔡棱高兴的是，儿子蔡邕师从于文宗大师胡广，年仅十四岁就学业有成：他好辞章、通音律、善鼓琴、深于经术、通晓天文、熟悉汉文此外还长于碑刻、工于篆隶，真可谓是一代骄子。

常言道：天有不测风云，人有旦夕祸福。就在蔡棱一家人的生活，像倒在杯里的美酒一样，只需细细去品味之时，一场重病，把蔡棱拖向病榻。虽然多方求医问药，但仍旧无济于事，时间不久，便病入膏肓了。

深知自己生命的火花即将要熄灭的蔡棱，望着年少的儿子，听着相濡以沫的妻子的悲啼，心都碎了。临终前，他把儿子和夫人叫到床前，一字一板地对儿子叮咛了三件事：一是让儿子谨记，日后若为文，则要精益求精，为后世留下芳彩；若为官，则要清清白白，忌与暴恣为邻。二是日后要不挟富贵，好为恭俭，照顾好自己的母亲，以报父母养育之恩，以成孝悌忠信之俊。三是要敬重叔父，以生父之尊视之。蔡邕热泪长流地答应了下来。

蔡棱病逝后，丧夫后巨大的痛楚，绞得蔡邕的母亲心碎，她接着也病倒了，一病便缠绵于病榻三年。

三年之中，蔡邕竭尽一个做儿子的对母亲的孝道。他朝夕侍侯，药必先尝，食需送口，为母亲洗涮搀扶。在这三年之中，除了因寒暑易节，必须更换季衣外，他平日里很少解衣宽带，为的是好在任何时候、任何情况下，都能及时地出现在母亲身边。

有一次，母亲病情加重多日，蔡邕也七十多天没有安寝。为此，蔡母心满意足，时时地流着泪反复地说着一句话："伯喈（蔡邕的字），让我心疼啊！"

蔡母临终之前，请家人把小叔子蔡质从洛阳找到了榻前，垂泪把蔡邕托付给了他。老嫂比母，蔡质叩头应承了下来。

当送葬的队伍在唢呐的吹奏声中，缓缓地把蔡邕的母亲送去墓地之后，蔡质便要即刻把侄儿蔡邕带去洛阳，但蔡邕尽孝，执意要依照礼节为母亲守墓。蔡质答应了他。

在母亲的墓旁，蔡邕搭了一间小茅屋，虔诚地在这里住了下来。

说来也奇，在蔡邕动静皆守规矩地守孝在墓旁期间，不知从哪里跑来了一只驯顺的小白兔，也终日地伏在小茅草屋门前，陪伴起蔡邕来。孤寂愁苦中的蔡邕，望着这只毛白如雪的小生灵，甚是激动。他眼里闪动着动情的泪花对着小白兔说：

"知我心的小白兔呀，我蔡伯喈真是太感谢你了！"

在蔡邕小茅屋的门前不远恰巧生长着一棵并生的奇树，它枝叶茂盛，树干坚实粗壮，就像是守卫在蔡母墓前的一尊伟奇的卫士。这树也使蔡邕舒心、惬意，从中能感觉出许多宽慰和美好的希望。

蔡邕贤孝尽悌的品行，已在当地赢得了好名声，现在又加上了小白兔相伴，墓前有并生奇树，一些好事人们添枝加叶一传播，迷信的人们便不认为是一种巧合，而是赞叹蔡邕的高尚品行已感动了神灵。于是，四里八村的乡邻们，都纷纷或结伴或举家地前来观瞻。一时间，能来这里一睹，成了当地纷传的美谈。

待蔡邕守孝期满后，这才去了洛阳城，在蔡质家住了下来。

在这里，他觉得同自己的家毫无二样，失去了双亲的他，又得到了亲情的满足。尽管后来蔡邕娶妻成家，并且步入朝中做了官，但依旧与叔父同府而居，两家的财产也再没分开。

这件事在蔡质看来，心里踏实，觉着没有辜负兄嫂的愿望，特别是侄儿在自己的荫护下得以茁壮成长，也算是对九泉之下的亡者以慰藉吧。而蔡邕呢，更是发自内心地感激着叔父和婶母，他常说："叔婶的养育之恩，我这辈子忘不掉！"

回头再叙前面的话题。

蔡家喜庆的酒席，是从中午时分开始的。蔡家的人在大厅中围桌坐下，他们有说有笑，喜气荡漾在每一个人的脸上。一切妥当后，居中而坐、满面春风的蔡质开场说话了："今天是重阳节，巧得很，又是我的侄孙女兰儿满百天，真可谓是双喜临门呀！我看这样，在座的诸位今天尽可不必遵什么规矩，要开怀畅饮，要尽意尽兴，当求一醉。你们看，就连我这么大年纪的人了，也是准备喝个一醉方休的呀！"说完，蔡质真的还做出了酒汉的醉态状，直把大家伙逗得大笑起来。一下子，厅堂内整个的气氛活跃了。

见丈夫说得畅快，动作滑稽，坐在他身边的蔡老夫人，忙嗔开了他："看你，在子孙面前，怎么没个正经的，还能喝成那样吗？"

她这一番话，说得众人笑声又起。

这时，坐在蔡质夫妇右侧的蔡邕，见叔婶如此高兴，忙接下话茬说："我看叔父说得极是，今日醉则得理。不过话又说回来，婶母的意思大家也要明白，酒喝得不可太忘情；不然酒后赏菊，若真因酒醉而有个闪失，那谁也担当不起的哟。"

"哪能，哪能，喝酒只是个气氛而已。"众人异口同声地说。见此时的气氛热烈了，蔡质觉着到了火候，便大着嗓子，冲立在左右的家仆们喊道："开席！开席吧。"

"哎——莫急，莫急嘛。"蔡老夫人打断了丈夫的话，"你看看，还缺谁呀？"

蔡质闻之，满桌一瞧，这才发现蔡邕家只到了他们夫妻两个人，怎么不见小文姬呢？

"伯喈，卖的什么关子呀，还不快把我那侄孙女抱出来，大家瞧瞧。"蔡质冲着蔡邕说道。

"对，抱出来呀，大家瞧瞧！"桌边坐的人都应和着。

"就来了，就来了。"蔡邕满脸得意地说完，向坐在身旁的五娘递了个眼色。

五娘心领神会，即刻回过头去，向隔屏后面说道："四姐，把兰儿抱出来吧。"

屏风挪动，落落大方的赵四娘怀抱小文姬，就从那屏后走了出来。

众人见此，欣喜若狂，争着喊着，这个要抱，那个要看。

小文姬呢，她眨着亮晶晶的眼睛，一点儿也不怯场，反倒不时地发着"咯咯哈"的笑，声如银铃。

"这孩子太可爱了！"

"好一个玉琢的女娃子呀！"

在满堂一片不绝的赞声中，蔡老夫人这才又说话了："来，快让我这怜喜人的孙女'抓前程'吧！"

"对，对！"

"好啊！"

众人应和。

很快，餐桌上便布满了杂乱的物品，有笔砚书帖，有琴棋字画，有刀弓箭棍，还有菱花铜镜、胭脂盒、首饰匣，花花绿绿的裙褥、白银、商幌、兽皮、雉鸡翎，等等。

五娘见物品备好，便起身从姐姐的怀里接过小文姬；她围绕着桌子慢慢地走了起来。

小文姬好奇地瞅着桌面。

众人紧张异常，厅堂里鸦雀无声。

该"抓"了，五娘把小文姬凑近桌面。

只见小文姬伸出她那胖乎乎的小手，先是拿起了胭脂盒，不过只玩弄了一会儿后便丢开了。接着，她又像对围棋和雉鸡翎都发生了兴趣，但终没去拿。最后，她终于抓牢了一件东西，再不撒手了。啊，那是一支毛笔！

"好啊，太好了！"众人都欢呼起来，显然这是众望所归的结果。

蔡邕更是欣喜和激动。果然是我的女儿，她"抓"的那是只祖传的毛笔啊！

这毛笔是蔡家的传家宝。当它被一代代传给后人时，还传下了有关它的故事……

这笔，最早为蔡文姬的七世祖蔡勋所用，号称"诚真"。蔡勋在汉平帝元始年间，为郿县（今陕西郿县）县令。他为人孤高耿介，在朝秉正忠贞。在那吏治腐败、政治黑暗、人民遭难的多事之年中，蔡勋不流世弊，认真履行着只治理一方水土的县令权责，使郿县民顺政清。

汉元始五年（公元5年），元帝刘奭皇后的侄子、时任大司马的王莽专权，毒死了十四岁的平帝刘衎后，拥立了两岁的孺子刘婴为帝。王莽以摄政的名义，居天子之位。初始元年（公元8年），王莽终于篡汉称帝，改国号为"新"，次年改元为"始建国"。

王莽当政后，改汉行政官制，由于蔡勋声誉四溢，因而，被授迁厌戎郡连率（新政改汉陇西郡为厌戎郡，原郡守改称连率）。对于一般小官吏来说，这是一生仕途中梦寐以求的美差，但刚直不阿的蔡勋嗤之以鼻，当下，便执"诚真"写了一篇痛斥王莽的檄文，然后把拜迁的印缓抛到了地上，便携起妻儿老小，弃官避入了终南山中。

在此后许多年里，蔡门家势时起时落，但"诚真"这传家宝，实际上也是蔡家的族训，一直为后人珍视着。

再说蔡家的人见小文姬"抓"得遂心，都很高兴。蔡质也是来了兴致，他欢心地把小文姬接过来，抱在了怀中，乐滋滋地亲吻起来。

可巧，小文姬极会哄人，她在叔爷的亲吻下，不仅一点儿也不谅畏，还用手去抓蔡质的胡须。这又引来满堂幸福的欢笑。

就在这欢乐声中，隔桌对面坐的堂弟蔡谷笑吟吟地对蔡邕开口了："大哥，这下可好了，你是后继有人了！"

"是啊，这孩子若是这样的话，我会精心地点拨她的！"学识渊博、满腹经纶的蔡邕油然产生了一种责任感：一定把女儿培养成材。

小文姬"抓前程"开了个好头，接下来喜庆的酒宴，喝得快活。几个时辰过后，虽然每个人都有些酒意了，但兴致依旧不减，交杯换盏的同时，还玩起了喝酒时常做的游戏：连句作赋，弹曲唱歌，行酒令，打字谜……

再后来，还是蔡质又掀高潮，只听他用洪声，对家仆吩咐道："来，把桌上的残酒撤换掉，再把用波斯菊泡过的酒端上来，大家尝个新鲜。"

听说上波斯菊酒，大家的情绪又火热起来。

波斯菊产自国外，十分名贵，只有皇宫内院才有，由外使带回。今日泡酒用的波斯菊，是节前蔡质想尽办法才从内宫弄来的。

说话间，波斯菊酒就端上来了，分与众人的杯中。

蔡质把着酒杯，兴奋地说："常言道，淮南为桔，淮北为枳，尽管它们同形，但味道却异，这是因为各出己地的缘故。波斯菊产地，离我们洛阳远隔千山万水，其味道肯定独特，来，大家快品尝吧。"

说完，蔡质先自慢饮细品起来。大家伙立即喝来，并都啧啧地品着味道。

"这波斯菊酒味道香烈，沁人心脾。"

"这酒过香过烈，不如中土的菊花酒柔和好饮。"人们品过之后，依着自己的口味，发表见解。

"我看应该是这样，"蔡质最后说，"说它浓烈，有理，说中土酒柔和，也有理，这是自有所好。我说可谓各有千秋！凡物总得多多益善啊，今品波斯菊酒，权当是多得一味罢了。"

大家伙这边谈得热烈，那边的四娘却也来了顽皮劲儿，她见小文姬眼睛盯着桌上的菜看，馋得很，便用那箸尖沾上点波斯菊酒，点入了文姬的口中，直辣得小文姬大哭起来。

等大家弄明白了是怎么回事后，都笑着责怪起这给孩子做乳娘的四娘来。四娘无奈之中，只好自我解脱地说："人生五味，都让这丫头尝尝，这时吃了酒，长大后会什么样的苦酒都可抵挡啦！"

蔡老夫人没责怪，她认真地吩咐着四娘和五娘说："这么大的孩子馋饭，可适当地喂给一些米汤、蛋羹，以助乳力。"

姐俩点头应了。

蔡老夫人因今日心情特别的好，她饮了几口菊花酒，所以未等到吃上花糕，就觉得倦意袭上身来，有些支撑不住了。

蔡邕、蔡谷见状，忙唤家仆，欲扶老人回房歇息。可是老夫人极重礼节，定要坚持下去。蔡质借机提议，众人离座撤席，都到后院花园赏菊花去。

众人一路向后院行来，其间都采些菊花或茱萸枝，插在头上、胸襟上，或戴在耳后。

五娘特意把一朵红色的菊花，插在了蔡老夫人的头上为祛邪避灾。兴奋之至的蔡老夫人，则接过侍仆递上来的花朵，给小文姬戴在了耳后，是对这孩子的祝福。

后院秀亭四周，满是争奇夺艳的菊花：有蕊若莲房的万龄菊，有灿黄浑圆的黄龄菊，有个大清纯的喜容菊，有桃花菊、木秀菊、冠群芳、大夫黄、大金铃、大金黄，等等。

大家伙一下子都被这盛开的菊花给激悦了，皆啧啧称赞着。

情动之中，蔡质让众人评说一番菊花的品德。话题一出，大家纷纷道来。

"菊花锦簇，那是友爱！"

"菊花不多争养，那是秉性不贪！"

"菊花为人观赏，这叫与人为善。"

"菊花虬曲莫测，也是满腹经纶呀！"

蔡质见大家见解不凡，心中甚喜，便意味深长地说："你们个个说得好。菊花的确是一种名贵的花，有着高洁的品性。花儿如此，我们世人不可不如花，愿你们学菊花的高洁自强不息。"

蔡质发现蔡邕皱眉不语，便近前探问。

蔡邕见叔父关照起自己，忙解眉微笑。不过，此时他面对菊花仍显心重，过了一会儿，叹了口气道："菊花性喜露冷霜寒，偏向深秋时节而开放，真是好品格呀！只可惜世间却有那么多的人，却喜欢趋炎附势……"

蔡质心里明白了，赏菊言志，触发了蔡邕痛心时政的心事来。蔡质没再说什么。

奏折引出的杀机

赏菊过后各自回房歇息。

相知莫过于夫妻。五娘发觉了丈夫赏菊时的神情，便知道他有了心事，当着众人的面，不便多问，只好等回房后再说了。

作为小文姬的乳娘的四娘，此前夜里一直是照看着文姬的。今儿个例外，四娘不胜酒力，在回房的途中，已现出了倦怠样子。五娘不忍今晚再劳累她，劝她独自回房，文姬由自己哄。

小文姬今天一直处于兴奋状态。尽管白天没得睡上一觉，可随着五娘回房后，仍旧蛮有精神。最后，就连五娘都因得眼皮睁不开了，文姬却还是玩得兴致勃勃。无奈之中，五娘由了她，自己歪躺在了她的身边，不觉中，睡着了。

一觉醒来，城上谯楼已敲三鼓。五娘猛一惊，抬头一看，小文姬不知什么时候也自安睡了。这时，才发现蔡邕的被褥依旧齐整地放着，他根本就未曾回这房来。

正惊异间，忽然闻得琴声郁郁，不绝于耳。五娘起身离床，来到了窗前。推开窗棂，外面夜沉如水。五娘倾耳辨听，琴声是从蔡邕的书房中发出。听着这琴声，五娘想起了蔡邕平日里常说的那句话："琴音，可以表达心志：激悦之声是振奋，悲泣之声是幽怨，靡靡之音是颓废。"无须说，此刻，蔡邕一拨是郁弱，再拨是哀泣，三拨是忧患。五娘听出来了，丈夫是在借琴音表达郁闷的心情。

作为一名正直的朝官，蔡邕面对每况愈下的时政，极为痛心：这样下去，大汉的江山早晚毁于一旦。

蔡邕的担心，不是杞人忧天。

东汉朝政，自和帝、安帝之后，再到桓帝，以及当今执政的灵帝，朝政愈来愈走下坡路。皇帝的昏庸无道，宦官的尊荣横暴，官僚的趋炎附势，已足使汉治腐败欲坠了。再加上天灾连绵，边疆战乱不断，豪强势力的日益扩张，饥民百姓无法生计而纷纷揭竿而起，这更加速了汉政崩溃的进程。

面对如此危机的局面，年龄尚不足二十岁的灵帝不仅终日里醉生梦死，不去亲理朝政，而且还把朝政大权委托给了宦官或亲宦官的臣子。太尉李咸被免职，由一向与宦官串通一气的段颎取代；秉承父荫的无能之辈大鸿胪袁隗，顶替了桥玄做司空；臭名昭著的侯宦唐衡的弟弟唐珍迁升要职。这伙人上台后，没过多长的时间，便把宫廷的各个署的令、丞职，皆委以宦官，一时间堂堂汉政，成为宦官的天下。

正因为时政有如此多的昏昏噩噩，怎能不引起蔡邕忧心忡忡。和蔡邕一样的正直的朝官们，出于维护皇权的目的，都在积极地想办法，为日趋颓败的大汉朝政提供和寻找救治良方。蔡邕这些年就是这样做的。虽然权奸当道，党祸惨烈，但蔡邕始终没有退避三舍，或冷眼旁观，而是三番五次地愤然上书，论人论事。但是结果却令他沮丧，不被皇帝所理睬不算，反倒遭到众宦的围攻和毁谤，弄得朝野上下，沸沸扬扬。正因为如此，每每谈及此事，蔡邕都感到无比伤心。今晚因赏菊触痛了他叹国运日衰、鄙群阉跋扈的心事来，使他难寐而抚琴。他越弹便越觉得

心情沉重，泪水沾湿了前胸。

蔡邕不得不停了下来，拍手拭泪。

突然，他感到身上多了一件罗衣。回头看时，只见五娘不知什么时候站在了身后。

"噢，是我的琴声扰你歇息了吧。"蔡邕问。

"没，我是哄下兰儿睡后，先自也睡了一觉。醒来时，见你仍未安歇，怕你夜里着凉，这才赶来的。"五娘回答。

对话间，五娘见蔡邕满脸是泪。她没猜错，丈夫挥泪抚琴，定又是为国事烦忧。她内心涌上一阵酸楚，本想劝慰丈夫几句，但一时又没有恰当的话题。稍许，她才转着弯子说道："这喜兴的日子，你却尽想那些烦心事干嘛？这么多年，你清正耿介，高风亮节，朝野共知。我想皇帝的心中也会有数。现在还是搁下令人忧烦的事为好。以后若遇机会，自会洗刷蒙尘的！"

蔡邕听了，十分感动。这一刻，忽有这样一种感觉油然浮上心头：朝政之事，何必带回家来，使爱妻不得安宁，这未免太自私了。于是，蔡邕当下点头说："如此甚好，今儿个看在吾妻的面上，就此罢啦。"

五娘听罢忙说："我不是阻你弹琴，只是心疼你。为何不快快乐乐生活呢，依我看弹琴要多弹些欢快的曲调，自己高兴，别人听了也心舒。"

"好，好，依着你。改日我备些欢悦之音，专门弹给你听，这可好了吧？"蔡邕说。

五娘嫣然一笑，说："随你。"

蔡邕也笑了。

"夜深了，我们去睡吧。"五娘趁热打铁。

"嗯。"蔡邕答应了。

回屋躺下后，不久五娘便睡了过去。心绪难平的蔡邕还是不能入睡。

寒暑易节，转眼就到了熹平七年（公元108年）五月。

这是春和景明的季节，一切都又复苏了。远处连绵的山岗，换上了新绿，银链似的洛水，舒缓轻快地流淌着。尽管时局难测，但京城依旧：王侯府第和豪门高宅的马车，翩翩驰过大街，去郊外春游。那些身穿时样新装、脚步摇曳的纨绔子弟，那些高髻广眉、时髦俏丽的贵妇，那些挑着柴炭、流着黑汗的山民，背篓装满各色土产的村姑，以及那些装束各异、远道而来的商贾，又汇集到了闹市区，这不仅形成了一块色彩斑斓的街市盛景，而且就是在奏着一曲没有开头也没有结尾的民谣。京城习气，就是如此。

小文姬快满周岁了。蔡邕甚是喜欢自己的宝贝女儿。每每和女儿在一起时，听着她牙牙学语的稚音，望着她蹒跚学步的拙态，或从她那灵秀的神气中和乖张的个性里，已感觉到了她的天资聪颖、禀赋异常，这都会使他忘掉一切烦躁，唤起他无限的雅致和愉悦。

近一年来，蔡邕把自己的精力，都放在了两件事上：一是忙着撰写他毕生都在追求的目标——大型史典《后汉记》；另一个则是几尽己能关照好小文姬。他认为这两件事都十分重要，缺一不可。

关于撰史，其实，蔡邕入朝为官，主要以此为主业。建宁三年，三十八岁的蔡邕被司徒桥玄征辟入仕，先递补为平阿县的县令，未几，入宫拜为郎中，在洛阳南宫中的东观藏书馆里，专事校理图书，实际上是从事史典的考据。在我国，对历史文献提出质疑后，进而整理，称之为考据学，此肇端，就始于汉代学者的整理文献典籍。蔡邕承继前汉学者们考据文献的传统，在东观深居简出，博览群籍，锐意穷搜，很快便因"校"业颇丰而名躁一世。实际上，像他这样朝廷一直希冀和寻觅的人

才，一经有了用武之地，自然会大放异彩。接着，蔡邕从郎中位上脱颖而出，迁拜为政务上得参朝的议郎。在任新职后，除去政务，他潜心研思的，就是想像前人班固撰写《前汉书》一样，去补充续撰记载从东汉光武帝始，直至当朝灵帝这段历史的纪传性史书——《东观汉记》。结果，他心想事成，最终真的参与其中。为此，他感到心满意足，同时也感到沉重的压力。撰史著文，特别是执笔当今，是需要渊博的学识和十足的勇气的，是非一般凡人俗子所能为的。好在蔡邕功底深厚，所撰出的几篇纪表传志，皆文直而事赅，文赡而事详，显而不秽，深受有识之士的赞扬。他也深知，这并非是一蹴而就的事情，也许要耗费一生的精力，不过他想好了，即便如此，也在所不惜。特别是小文姬的落生，给蔡邕的心头，一下子又注入了活力，他觉着自己有了能够继业之人，写起来更是有劲儿了，

至于关照女儿，就更不用说了。对蔡邕来说，这是十分惬意的事，几乎除去写作外的时间，都放在了这上面了。小文姬哭了闹了，他会小心地哄着；小文姬拉了尿了，有时他会亲自为之撤换、洗濯；特别是当女儿有了病了，哪怕是有一点儿小病，他都会急得火烧火燎，家外忙着求医，家里忙着熬药，直到女儿康复如初……

蔡邕的这些琐事做得多了，自然会使文姬的娘赵起四娘"嫉"心大起。她总开玩笑似地对蔡邕说："大人对待自己的女儿可别过于劳累了哟，不然闲的人多了，会都不满意你的。"

每每听到这话，蔡邕先是开怀大笑，转而会十分认真地说："你们可怎知我对女儿的期望呢。她现在还小，待她日后得以辉煌，承继了我现今做的这番大事，到那时，若因为其父我在她年小时，没有为她做上点滴，这岂不是成了憾事！如今虽劳累了些，也是心甘情愿的啊！"

还好，蔡邕为女儿没有白做，才满周岁的小文姬对父亲感情至深，

有时还非得同父亲在一起才安稳，这更使蔡邕心如灌蜜，甜甜的。

话分两头，再说这段时间里，以往一向只知驱车荡舟、吃喝玩乐、不问国事的灵帝，突然一反常态了，对玩的把戏不再有兴趣，无论是在朝廷上，还是回到后宫，时时地大发脾气。每每此时，无论是谁，只要在他身边，都要挨骂。当然，灵帝也有沉闷时，这更可怕，这时，他会长时间地瘫在一个地方，刀把似的瘦长脸上挂满了汗珠，鸟嘴般的双唇嗫嚅着，两只眼睛直勾勾地痴想。

灵帝如此举动，众大臣都是心惊胆战。尽管谁也不挑明因由，但多数人心里都是很清楚，灵帝变态，不是因为自去冬今春以来，全国范围内自然灾害频发，时而雷霆陨雹，时而地震蝗虫，时而暴雨疾风；也不是因为内忧外患，流民暴动，周边的外族大兵侵扰，各州郡救援的文奏，似雪片似地向朝廷飞来。而是因为此间接二连三发生的种种越传越奇的"妖异"现象，让他发慌，使他心神不定。

说起这些妖异现象，还真传得活灵活现：去年底，侍中署内，有一只母鸡，鸡冠越长越长。有一天，这母鸡竟啼出鸣来。雌鸡一下子变成了雄鸡，足使宫廷内外好不惊诧。

今年初，在一日夜间，有一个装扮怪异的白衣人，来到了王宫的德阳殿，恰与中黄门桓贤相遇。桓贤喝住此人，询问其进宫有何贵干。那白衣人见桓贤问话，非但没有惧怕之意，反而厉声地反问桓贤道："梁德夏传我上殿，你为何要阻挡我？快快闪开！"桓贤听罢此言，甚怒，因为据他了解宫中并没有梁德夏其人，明明是这白衣人在此欺诈。于是，桓贤即刻迎上身去，意欲将那白衣人扭住，以详讯来历。不想，在桓贤赶到白衣人身前，伸手抓去时，却落了个空，转眼间，白衣人便不知了去向。这下着实使桓贤惊骇住了，他慌不迭步地去宫廷档案中查找梁德夏，结果确实不存在。此后，桓贤又查问了宫廷内外，亦皆不闻。

没办法了，对于此事，桓贤最后只好约略奏报，留作疑案待查。

稍后不久，在某日，突然有一道黑气自天而降，堕入灵帝常去的温德殿东庭中，长十多丈形状似龙，盘踞在那里歇息了好长时间后，才渐渐散去。

又一日，在玉堂后殿庭上，有青色的蛇出现。

当众臣皆感到事态严重，又商议不出如何能解灵帝的心病之时，最后，还是掌宗庙祭祀和礼仪文化的太常，想出一个好办法来。

这一天，太常来到了灵帝的身边。上前拱手道："臣今来有话想对皇上讲……"

"咳。"灵帝挥手打断太常的话。

太常见灵帝尽管如此粗暴，但看得出尚没有不让他讲下去的意思。便干咳了一声说："臣讲的是有关此间多发妖异现象之事……"

灵帝听到这里，那双直眼有了些神态。

"皇上，去冬今春天气反常，多有灾害肆虐民居，另有内忧外患，兵荒马乱；再就是这妖异现象，宫中多出……"

"别讲了，"灵帝又打断了太常的絮语，"这些朕心中已知，若说，还是说如何是好吧。"

太常再恭敬地说："皇上极其聪慧，就在于此。其实释灾异、求消灾的办法，皇上亦自心知。我记得去年夏间，在一天里，一阵疾风刮过之后，皇宫御殿后面，有棵百年生的老槐树，先是被风连根拔起，接着，又复倒竖在那里。对于这次异象，皇上不是处理得很好，亲驾去北郊地坛祭祀了吗？"

灵帝转动着眼珠，心里寻思一阵后，在他的脑海里依稀记得有过此事，不过他心里清楚，自己从来就没有想过怎么去消灾治异。对，又想起来了，那次的祭祀之举，是受个下人"点拨"而进行的。这时，再糊涂的灵帝，也悟出了太常话语中的意思，这就是再找那人点拨一下。别说，这倒是个好主意。

灵帝抖擞了精神，提高嗓门，对太常说道："你说的那事，已经过去。如今朕国事繁多，为些妖异小事，不可能亲自化疑。"

太常见灵帝理解了自己的弦外之音，心中暗暗高兴，忙不迭地说："皇上言之有理，此等小事，还是由下人去做为好。议郎蔡伯喈虽然不是方士，但他对于术数还是略懂一二。像他这样的人，朝中还有几位。不如把他们一道找来消灾释异。"

灵帝的眼睛明亮起来："正合朕意，正合朕意。不过，不知那蔡伯喈能否承担此任？"

太常说："既然如此，皇上何不找些此前蔡邕所启文奏阅之，以为衡察他能力的凭证呢？"

"朕自会这样做的。"灵帝兴奋地说。

蔡邕最近的谏奏有两次，一次是去年夏天，在灵帝诏命群臣，各自陈说应当施行的主要政务时，呈给朝廷的；另一次则是去年秋天，朝廷见北疆边患日甚，便要发兵前去征讨鲜卑人。

蔡邕得此消息后，殿前奏议，谏阻北征。也许这两次奏折灵帝当时阅过，只不过是他不理政事，没当作一回事罢了。

回到后宫，灵帝唤人翻找出蔡邕此前的奏折，认真地读了起来。特别是对陈说政务的奏折，读来甚感深刻。灵帝读罢后心里想：蔡伯喈这家伙不仅文史精通，说起政要也甚谙明，应马上把他召至宫中，朕要当面让他说灾释异！

灵帝欲召蔡邕进宫的想法，蔡邕不可能知晓，他依旧或潜心治学，或享着天伦之乐，日子过得也还舒心。

一日，晚饭后，蔡邕夫妇二人抱着文姬怡然自得地坐在了书房中。

先是逗着文姬几多笑过,接着二人又来赌茶逗趣,由五娘指向书橱中的书史,言某事在某书、某卷、第几页、第几行,以蔡邕中否决胜负,胜则饮香茗,负则为饮者捧杯。

这等事情对蔡邕来说,真的不算什么,结果几个回合下来,多是蔡邕饮,五娘捧。使得五娘连呼这种逗趣是自己的失策。

玩笑过后,不知不觉中,夫妇俩人的话题又回到女儿文姬的身上。一谈女儿,蔡邕的话就多了,特别是说到女儿的将来,他更是兴趣盎然。可是,五娘却有些茫然。蔡邕谈兴大发,五娘总是欲言又止地望着丈夫。渐渐地,蔡邕便发觉了今日妻子这不对头的情绪。于是,结束了自己的阔谈,追问五娘道:

"你今天这是怎么了?有什么话要对我说?为什么想说又不言,吞吞吐吐的呢。"

"我……噢,是的,女儿将来定有出息的。"五娘极力掩饰起来。

"你还是有话要说。"蔡邕逼问着妻子。

"那……那我就说了。是这样,昨天夜里我又做了一个梦。梦见一轮明月突然自天而降,飞落到了我的怀里。突然阴风大作,从一团乌云中蹿出一只凶狠的狗,狠狠地扑过来后,把我怀中的月儿吞食了。我一惊,便吓醒了。这时,发现本来是躺在我怀里的女儿,不知何时,已经翻滚到离我很远的地方。真让人揪心,咳,也不知道这预示着什么。"五娘一口气讲完后,不禁忧虑地叹了口气。

"噢,是这样。"蔡邕听完五娘讲梦后,眉头紧锁,站起身来,在房中踱来踱去。东汉时,迷信各种征兆,蔡邕也是如此。

"难道女儿会有大祸?"五娘焦急而担忧。

蔡邕想了想才说:"我女大贵,不必多虑。不过话又说回来,时下世间多有妖异现象发生,还是多提防着点好。这样吧,远处讲,待兰儿生日那天，我们须带她到白马寺去还愿。眼下要做的，该给兰儿身上配个护身符，这样会消灾化险的。"

五娘满意了。

然而，蔡邕不会想到，为妻子释梦，解了心疑，随后为灵帝的释异，却招来了大祸。

一天，早朝时分。天明后，百官皆由南宫正门前下马车，按照宫礼，依次沿南宫正门被引入昭阳殿殿门，一律面朝西站在东厢敬候。卫官、郎中及中郎执戟站立在殿阶的两旁。

昨日里，蔡邕在府中得到宫中传下来的圣旨，说到次日宣他进宫为皇上解灾释异。蔡邕好不兴奋，连声地对五娘说："圣上视伯喈我为方士，实是对我之鼓励，我将尽力而为之。"当晚，蔡邕舒心地坐下来，将思绪整理了一遍后疾书成奏，待他完成，天已微明。尽管一夜不曾睡下，但心里却感到十分踏实。随后，蔡邕洗漱了一番，换上新官服，亲罢女儿，便出门上车，直奔皇宫而去。

灵帝在宦官簇拥下来到殿上，百官皆俯伏敬礼，不敢仰视，宫内肃静异常。待大臣们依尊卑位次朝拜完毕，肃立敬候之后，便有宦官当堂宣旨："圣上今朝宣诏下列臣官议事……"

那些没有宣诏到的众臣退朝后，被宣诏的议郎蔡邕、张华，以及光禄大夫杨赐、谏议大夫马日磾、太史令单扬等人，先诣金商门，随后被引入崇德殿。崇德殿是举行中朝的地方，皇帝日常在这里接见少数的可以和皇帝商讨国家大事的大臣。这里也还有皇帝的近臣，轮流值班，以备顾问及撰写文书和调令。

蔡邕他们在这里敬候了多时后，灵帝才至，侍他左右的，仅有中常侍曹节和王甫两位宦官。

一切礼仪过后，看来灵帝真的被妖异传闻搞怕了，刚才早朝上那庄重严肃、威风八面的表情荡然无存了:"最近灾变妖异现象不断发生,也不知上天在谴责什么,朕焦虑、恐惧得很。平日里,朕也曾问过一些卿士,以为可以听到一些什么真解,然而,他们所答,不切题涵。朕召众卿来此议事,就是觉得诸位经学高深,应该能够如实地披露得失。切不可犹豫不决,或自生疑虑和避讳。"

见灵帝如此信得过,众人感到无比荣幸,便都是倾其诚心,引经据典,奏对详尽。要说谈得很好的,还当属杨赐的一番话,杨赐说:"《春秋谶》中说:'上天投下彩虹,天下怨忿,海内大乱。'现在嫔妃、婢女、宦官之辈共同专制朝政,欺骗蒙蔽皇帝皇后,幸亏上天显示征兆,谴责警告。《周书》也说:'天子遇到怪异现象就要休养德行,诸侯遇到怪异现象就要修明政治,卿大夫见到怪异现象就要尽职,士庶人见到怪异现象就要修养自己的身心。'希望陛下斥逐奸邪臣子,赶快征召贤德名士,断绝假传圣旨,停止无节制的娱乐,才可希望上天收回威严,各种变异现象就可以平息。"

在众臣慨然畅言之间,灵帝始终不曾言语,只是侧耳倾听。待一阵言谈过后,众人该说的都说了,殿内暂时沉寂起来。

灵帝见再无人主动发言了,以为众人都已一一表态。突然,他想到议郎蔡邕至此还未曾发表见解,便把探询的目光投向蔡邕,然后问道:"蔡议郎为何不言,你的所见如何呢?"

蔡邕性情耿直,心地坦白,一向善谏。只不过他是以学者的诚学态度,先是倾听别人的谏议。听到灵帝点名问到自己头上,慌忙说道:"臣真诚地认为陛下圣德公允明智,深切悲悼这世间的灾祸。如褒奖我这才学浅薄的人,并垂思下问于我,而这本不是臣这矮蚁般小人物所能胜任的。但是臣被圣上宣诏于此,确实又是我贡奉一切去报答朝廷的时刻。对此,臣自昨日得知今日议事的内容后,恐自己笨嘴拙腮,在圣上面前说得语无伦次，既言不到要害，又使陛下听不到中肯的告诫。于是，臣当夜疾书，倾其自身薄力，把有关的谏言面于纸上，以代谈言，望圣上疏此阅折。"

说罢，蔡邕长袖一抖，从里面取出一纸奏折，上前恭敬地递给了灵帝。

灵帝见此，欣欣然面有喜色，忙向左右的曹节和王甫吩咐道："取来，用那皂囊密封，待朕夜下读阅。"

曹节和王甫二人接过蔡邕的奏书，当下密封。随后，灵帝宣布散议。

蔡邕走出皇宫大门，感到浑身轻松。从圣上推诚下问，到奏折面呈灵帝，借此释异机会，自己揭批时弊的愿望终得以实现了。他突发奇想，待灵帝采纳了自己的谏议，英明决断，一下子扭转了如今的颓势，我大汉江山还愁不保吗？

晚上，皇帝的寝宫里，点起了通明的蜡烛，把整个房间照耀得如同白昼。灯下，穿着晚服的灵帝，伏案启封，细心地对蔡邕白日里呈上来的奏折，阅读起来：

臣伏惟陛下圣德允明，深悼灾咎，褒臣末学，特垂访及，非臣蝼蚁所能堪副。斯诚输肝沥胆之秋，岂可顾患避害，使陛下不闻至戒哉？臣伏思诸异，皆亡国之怪也；天于大汉，殷勤不已，故屡出祆变，以当谴责，欲令人君感悟，改危即安。今灾眚之发不于他所，远则门垣，近在寺署，其为监戒，可谓至切。蜺堕鸡化，皆妇人干政之所致也；前者乳母赵娆，贵重天下，生则货藏侔于天府，死则丘墓逾于园陵，两子受封，兄弟典郡；继以永乐门史霍玉，依阻城社，又为奸邪。今道路纷纷，复云有程大人者，察其风声，将为国患，宜高为提防，明设禁令，深惟赵、霍，以为至戒。今圣意勤勤，思明邪正。而闻太尉张颢，为玉所进；光禄勋姓璋，有名贪浊；又长水校尉赵玹，屯骑校尉盖升，并叨时幸，荣富优足；宜念小人在位之咎，退思引身避贤之祸。伏见廷尉郭禧，纯厚老成；光禄大夫桥玄，聪达方直；故太尉刘宠，忠实守正，并宜为谋主，数见访问。夫宰相大臣，君之四体，委任责成，优劣已分，不宜听纳小吏，雕琢大臣也。又尚方工伎之作，鸿都辞赋之文，可且消息，以示惟忧。《诗》云："敬天之怒，不敢戏豫。"天戒诚不可戏也。宰府孝廉，士之高举，开请以辟召不慎，切责三公；而今并以小文超取选举，近者托之门，违明王之典，众心不厌，莫之敢言。臣愿陛下忍而绝之，思惟万机，以答天望。圣朝既自约厉，左右近臣，亦宜从化；人自抑损，以塞咎戒，则天道亏满，鬼神福谦矣。臣以愚赣，感激忘身，敢触忌讳，手书具对。夫君臣不密，上有漏言之戒，下有失身之祸。愿寝臣表，无使尽忠之吏，受怨奸仇，则臣虽万死，感且不朽矣。

认真阅读完蔡邕的奏折后，灵帝心烦意乱，也许是他自继承皇位以来，第一次如此用心地审视了这样的一份极有分量的政谏。蔡邕所言在一些方面不无道理，但一想到如何去梳理这乱如麻团的朝事，浑身便冒出了冷汗，他发愁了，无奈之中，连声叹息。灵帝想，看来真得从整治奸官入手，进而谋划一出拯救大汉江山的全策了。

蔡邕在此奏折的最后提出，要灵帝密藏此表章，以免失漏给奸人，会受到邪恶势力的仇恨和报复，不是没有道理的。此时，立在灵帝身后的中常侍曹节，就是这样的奸人。白日里，在众人面谏灵帝时，每每提及那些时弊，特别是要圣上"斥逐奸邪臣子"的呼声，足使在场的他和王甫胆战心惊。他们心里十分清楚，这些年来把朝政闹得一塌糊涂的，正是他们自己。不过如今宦官单独受宠，实属不易，也是经过与那些党人士族殊死争斗得来的。"绝不能让他们就这样左右了皇上!"曹节在心里发着狠地说。

曹节,本是南阳新野(今河南新野南)人,汉顺帝初年,以西园骑迁小黄门。桓帝时迁中常侍,奉东都尉。公元168年,汉灵帝即位后,拜外戚窦武为将军,窦太后临朝。此后,儒生陈蕃与窦武密谋,准备打击曹节等宦官势力,请窦太后批准。但是,窦太后却下不了决心,原来窦太后宠信灵帝的乳母赵夫人,赵夫人又与曹节的关系密切,因此不忍加罪曹节。风声传到曹节耳中,他干脆先下手为强,假托灵帝诏命,杀死窦武的亲信尚书令尹勋等,逼窦武自杀,幽禁窦太后于南宫云台。曹节因此升长乐宫卫尉,封育阳侯,增邑三千户。公元169年,曹节任车骑将军,秩中二千石,不久,改任大长秋。有人揭发他与侯览的罪行,揭发信贴在朱雀门上,引起很多人观看。灵帝诏命司隶校尉刘猛捉拿此人,刘猛认为此人言词忠直,不肯用心搜捕,过了月余仍抓不到主犯。刘猛降为谏议大夫,由御史中丞段颎取代刘猛,大捕疑犯,此案牵涉太学生一千多人。曹节借此掀起迫害"党人"的高潮,史称第二次"党锢之祸"。随后,曹节又勾结王甫等人,诬告桓帝的弟弟勃海王刘悝谋反,把他杀了。曹节因"功"增邑至七千六百户。他的父兄子弟皆为公卿校尉、牧守令长,遍布天下。

曹节自白日里听了众臣谏议后,心有不顺。多年来宦海生涯练就的心狠手辣,让他产生了这样一种心理,这就是要把这些个敢言弊、敢谏政的士官,以及他的政见,一起扼杀,不然一旦灵帝听信了他们,自己的好日子将一去不复返了。时下,曹节见灵帝如此不高兴,有心上前谄媚取悦,但知道灵帝的坏心境,是由于读了蔡邕的奏章而引起的,不知蔡邕都奏了些什么,自己便无从下口。所以,便眈眈注视案面,想了解个究竟。但恨相距太远,无论如何也看不清楚,又不敢抢前明视,只能

是心中暗暗地着急。

十分凑巧，灵帝叹息了几回过后，便起座更衣。这下曹节可得了机会，慌忙趋近案前，细细地对案上摊开的奏章读了下去，这下，对其中的内容便知晓了。

"好你个蔡伯喈，解灾释异，竟在圣上面前搞起我们来了，你小子等着瞧吧！"曹节心里恨恨地说。

转日，曹节唤来心腹，去传在蔡邕的奏中所斥责的程璜等人，来他家里有要事相商。

曹节的豪宅，就明目张胆地修建在宫墙外面，其实他们这些宦官在外立府，是世人皆知的事，只不过是瞒着灵帝罢了。为此，他们编造出"天子不能登高，登高则百姓离散"的谎言吓唬灵帝，目的就是不让灵帝在高处看到他们的豪宅。

很快，程璜、张颢、伟璋、赵颢、盖介等几个臭味相投的奸人便聚到一起了。当曹节添枝加叶地把蔡邕写给灵帝的奏章里的内容，告诉给了这些人后，这下可把这些个平日里在朝廷内外骄横惯了的奸臣贼子们的肺给气炸了。当即，他们就要把蔡邕搞掉。还是曹节老谋深虑，他认为乱搞不行，总得找个时机。不过这一点他们是有共识的，就是越快越好，以免灵帝听得像蔡邕这样的谏言多了，会把他们搞掉，到那时一切都晚了。

转眼间，来到了这年七月。经过几个月来的认真思考，灵帝对蔡邕等忠臣良士的直谏有所动了，他凭着自己的感觉，开始做起"大事"来。先是下诏改元，把熹平改号光和；接着又令赦天下，暂缓民众的怨声；再后就是换臣，他把朝中大小官位上的臣子，走马灯似地更换起来，使得这些官臣在任时，多则数旬，少则只几日，一时弄得朝廷众臣今日不知明日职。

面对如此局面，蔡邕心里总是高兴的，不论灵帝做得怎样，但终归他开始"为"政了。蔡邕为自己终能为振作朝纲出了力，而兴奋和自豪，此前那一直笼罩在心头的多年屡谏不纳的阴影，荡然而去。此刻，蔡邕还在暗下决心："自己在朝一日，定继续将所学所能献与圣主！"

可是，正是由于灵帝的频繁更换臣子，那些被弹劾了的官员们和曹节这些宦官们，欲置蔡邕于死地的报复活动，大大提前了。一场大祸，向蔡氏家族袭来。

蔡邕平素里与司徒刘郃一向互不服气，蔡质又与大臣阳球之间矛盾很深。而阳球又是宦官程璜的干女婿。所以干起坑害蔡邕这事来，他们是卖足了力气。程璜、阳球等人，暗地里指使他们自己的一个党徒，密奏灵帝，诬称：蔡邕、蔡质叔侄二人，屡次将自己的私事，请托给刘郃去办。刘郃因为官清廉正直，不徇私情，因而不肯相从。为此，他们叔侄二人对刘郃怀恨在心，不仅无时无刻地不在想中伤刘郃，而且还密谋想杀害刘郃其身……

正因为自己干出许多"政绩"，而更加踌躇满志的灵帝觉得此事非同小可，若真有其事的话，应将蔡邕叔侄拿下治罪。于是，诏命曹节、程璜等宦官调查此事。

这下正中曹节等人的下怀。他们给灵帝的奏折中，不仅肯定蔡邕叔侄欲谋害大臣之事属实，而且还添加了蔡邕大逆不道、毁谤朝廷的新内容，并力主罪当处死。

灵帝立刻下诏尚书台传拘蔡邕、蔡质审讯。

当蔡邕弄明白是怎么回事后，一下子出了一身冷汗，因为这是性命难保的事。他静下来把这件事情仔仔细细地思虑一遍后，便觉察出定是那些宦官们在暗地里作祟。他必须上书辩诬，让圣上明察。

蔡邕的上书虽然写得详明，无奈程璜等人定要加害于他。他们贿赂了尚书台，使此书压在了那里，而依旧按照他们的意思，将蔡邕叔侄的罪状，再奏灵帝，坚请圣上收捕蔡邕、蔡质下狱，以便彻底查讯。

灵帝本来就糊涂，再见尚书台的查讯奏章，下诏同意尚书台之议。这样，蔡邕和蔡质即刻被枷具拘锁，押入洛阳的大狱之中。

蔡邕和蔡质下狱后，监官有司不敢忤旨，因为是大案，又不得马虎，决计认真查对。可恰在此时，有人暗中送来程璜的嘱托，定要依据原审案卷，不得重查。有司惧怕程璜，只得照此办理。随即判蔡邕与蔡质"公报私仇，犯大不敬"罪，应斩首示众。

泪洒白玉坠

蔡邕和蔡质被定死罪的消息传到蔡府，这简直就是晴天霹雳。

整个蔡府，笼罩在一片哀伤之中。蔡老夫人和五娘一对妇道人家，死去活来地哭上一回又一回，不知如何办。倒是蔡质的儿子蔡谷很有主见，他认为父亲和堂兄入狱，根在奸官作祟，目前仅是狱官所为，最终还待皇上批准，如果此时打通关节，托上一个可靠正直的官吏，代为在圣上面前说明真情，兴许还是有救的。

情急之中，五娘突然想到了桥玄，认为桥玄与蔡邕关系甚密，他会鼎力搭救的。

想当初，蔡邕因无人举荐，徒有奇才，赋闲在家里，结果，慢慢地使他产生了一种怨怒的情绪，终日闭门不出。此间执笔为文，都是以一种近似于嬉戏、自我解嘲的笔调，来表达对时弊的热讽和不得贤官明士之识的心绪。《释诲》一文，就是表现蔡邕这种心境的代表性文章，文中他自比东方朔、扬雄、班固和崔骃等人，道出了想以自己的学识，为振作朝纲出力，但却又难与腐恶势力同流合污，因而十分烦恼的心境，同时还兼有勉励和警戒世人和自身的味道。正是有了这篇文章，他才被时任司徒的桥玄所发现、所赏识。桥玄爱惜蔡邕的才华，所以不计地位的屈尊，对他以礼相待。而蔡邕呢，那种不为人识的心理，得到了平衡之后，对桥玄极为敬重，发奋要凭借自己的学识，去回报桥玄的伯乐之识。蔡邕对桥玄是一往情深的，给予桥玄很高的评介，这在他后来所撰写的《太尉桥公庙碑》、《太尉桥公碑颂》等文赋中，都有充分淋漓地表达。

当桥玄得到蔡邕和蔡质被判死罪的消息后，真是吃惊不小，尽管眼下他已卸职赋闲，但他立即想出了办法。他知道此事若得转机，非得能有皇帝信得过的近臣，在皇帝面前力谏才行。经桥玄仔细琢磨后，他想到了一个最佳人选——中常侍吕强。

吕强，字汉盛，河南成皋（今河南荥阳）人，最早在宫中为小黄门，后来迁为中常侍。他清廉忠诚，一心奉公，是东汉朝中不可多得的一位正派宦官。如灵帝根据许多先例封他为都乡侯时，他坚决推辞不肯接受。并以"汉高祖重约，非功臣不侯，所以重天爵，明劝戒"，劝灵帝不可滥封。后来黄巾起义爆发，灵帝询问如何对付时局时，吕强提出诛贪官、赦党人、考课刺史和二千石官等。灵帝予以采纳，大赦党人。再后来，中常侍赵忠、夏恽诬告他与党人共议朝廷，谋行废立。灵帝不明真相，令中黄门手握武器召他。他闻讯大怒，说："吾死，乱起矣。

丈夫欲尽忠国家，岂能对狱吏乎？"说毕自杀身死，以保忠节。当然这是后话。

单说吕强受桥玄之托，并了解了案情后，认定蔡邕无罪，答应为蔡邕据理力争，在灵帝面前求情作保。

十分关键的"蔡邕之祸"的廷议，终于来到了。

当廷，两种意见争斗得十分激烈。以曹节为首的奸宦，当然是力主维持死判，而且是事不宜迟，要灵帝立断。另一边，吕强以及一些正派的大臣，则力谏灵帝改判。吕强谏道："圣上前召议蔡邕，对问于金商门，蔡邕不敢怀道迷国，而切言极对，讥呵宦竖，陛下不密其言，至令宣露，郡邪膏唇试舌，竟欲咀嚼，造作飞条，陛下同受诽谤，若致蔡邕刑罪，此岂不有负忠臣。望陛下三思。"

听了吕强的慷慨陈词，灵帝觉得似有道理，对蔡邕叔侄也产生了恻隐之心。但尚书台查讯有据，又不好全盘否去。最后，灵帝经过权衡，还是网开一面，将蔡邕、蔡质二人均减除死刑，判蔡邕髡钳（一种递去头发，以铁圈束颈的刑罚），与室家徙放，九月中去朔方（东汉置朔方郡，治所在今内蒙古杭锦旗西北）服劳役，并且不得因任何赦令而免除刑罚。至于蔡质，判服刑期，下洛阳狱中。

当蔡邕知道了这样的境遇后，痛苦极了，呆呆地跪在牢中的地上，一动也不动：可怜自己一腔冤屈，无处诉说；更可怜妻女也遭此连累，兰儿，她才将满周岁呀。想到这些，泪水不知不觉从他的面颊流淌下来，哀怨道："五娘，兰儿，我对不住你们！朔方郡远在北荒，势为死地，谪去者十不存一。我自取罪戾死不足惜，可怜你们只怕也有去无回呀……"

这场飞来的横祸，一下子将蔡氏门族推入了绝境，此后的日子里，呆滞和木讷几乎成了蔡家大院内所有的人生活的全部内容。蔡老夫人年老体衰，悲愤伤身，一下子就病倒在床榻上。五娘也因整日都是以泪洗面，几天过去，两鬓顿时就多生出了几绺白发，眼角额前也增添了许多的皱纹。

这天晚上，一弯惨淡的月牙，毫无表情地发出清冷的淡光，人间的悲欢离合它是见得太多了，所以对什么也不为所动，甚至就连一声轻轻的叹息也没有。

小文姬年幼，不谙世事，对于家里顷刻之间所发生的翻天覆地的变化，毫无所知，玩累之后，已经睡下。此时，偌大的空荡荡的房内，只有五娘一个人，呆呆地坐在床前，望着烛光叹息。

"笃笃笃"轻微的叩门声响过，把五娘从心悯中唤醒过来。

门开了，一缕冰凉的月光，随着来人泄进屋里。

"少夫人，少夫人。"进屋来的是一个侍女，她的手里端着一碗热气腾腾的荷包蛋面汤。

"少夫人，您有几日没好好地吃些东西了，厨子为你下了这碗面，来，趁热吃了吧。"侍女边说边把面碗放在了五娘的近前。

侍女见五娘没有反应，只好悄然退下了。

汤面凉了。和往常一样，甭说是吃，五娘连看它也没看上一眼。这些天来，灵魂迷失的五娘，始终是在痛苦的旋涡里挣扎着。

俗语说得好，爷奶最疼孙。正当五娘终日里都是极度痛苦之时，蔡老夫人更为孙女焦虑。尽管病着，但她觉着小文姬的命运太苦，便考虑着能为孩子寻个出路，认为把这个可怜的孩子留在自己的身边好。虽然自己年纪大了，身子骨也软，或许有些地方会照顾不周，但这样做，总比让她远上北疆，随她父母去过漂泊不定的生活要强得多。主意打定后，蔡老夫人便想找个机会，把这事和侄媳说。

一天傍晚，蔡老夫人的精神比往日强了许多。于是遣下人去把五娘找来。

很快,面容憔悴的五娘,抱着文姬过来了。

小文姬越发怜人了。当她一见到蔡老夫人后,觉着可亲,便要挣开母亲的怀抱,向老夫人扑去。望着小文姬天真无邪的小脸,老夫人内心欢喜和酸楚交加,热泪滚出眼眶的同时,也坚定了收养她的决心。

五娘问过老夫人的身体后,坐在了她的身旁,再没了话语。

这时,蔡老夫人才用她那昏花的老眼,见五娘已憔悴无比,与以前相比,就如同换了一个人。这下,她又不忍心了,本来已到嘴边了的话题,又咽下去了。

五娘知道婶母唤她是有话说,可又不好直问,只能悄然地等待着。就这样,两个同病相怜着的女人,默默无语了好一阵子后,最终还是蔡老夫人伸出手抚摸着小文姬的头,用颤微微的声音说话了。

"五娘,这些天来,我一直在想着一件事,这事也算相求与你,不知道你肯不肯答应。"

"婶母,你这是说的哪里话,只要是我能做到的,我都会去做的。"五娘平静地回答。

见五娘开口痛快,蔡老夫人便和盘托出了她的想法。

"说起来兰儿这孩子的命太苦了,如此幼小的年龄,却要和大人们一样去遭大罪……我想好了,依我……还是别让她跟你们去的好,留下我带,她会幸福的……"

这个绝望而又充满希望的想法,此前,也在五娘脑海转过,可是,她认为如果这样做了,无疑是自己干了件更令她痛苦的事。尽管女儿随父母流放北疆,说来是实在不公平,但要让女儿离开父母,却怎样也无法接受。五娘也知道,一旦把文姬留下,婶母会花费自己的全部精力和心血,去照顾好文姬的。但她无论如何也不敢想象,孩子离开了亲生父母之后，会是怎样的一种情景。

蔡老夫人见五娘的表情茫然，便知道了五娘的心中很不情愿。年纪大了，毕竟是经历这世间的风霜雪雨多，此时，蔡老夫人用一颗伟大的慈母心，理解了另一颗同样是伟大的慈母的心，不再强求把文姬留下了。

稍后，蔡老夫人将文姬从她转怔为泣的母亲怀里接了过来，长长地亲吻过后，没有再说什么，而是用手去枕下缓缓地摸索起来。最后，当她抽出手时，五娘虽是泪眼，但看得清清楚楚，老夫人的手里拿着一个缀着金链、晶莹剔透、精巧闪光的心形玉坠。

老夫人说："自古以来，忠良遭陷，是常有的事。可我们蔡门毁于一旦，着实让人痛心啊……现在说什么都已经晚了，都已经没用了。五娘啊，要正视眼前，不可过度哀伤。实话说，沧桑人生岂是一个或数个夜晚就能够装得下的吗？我们虽是弱女子，但应该自现在起，在心中营造起一个坚强的心，一路凄风苦雨，一生正义相随……"

五娘拭掉脸上的泪水，认真地听着。

老夫人继续说："要分别了，尽管是我们被屈落魄，但我们应该笑对人生。我这里有玉坠一只，这是我娘家祖传的家宝，戴在身上会逢凶化祥。今天我就把它送给我的孙女文姬，也算是我对她的祝福，对她的期望，对她的思恋……今生再难见面，等她长大后，她会凭此念起我……"

蔡老夫人说到这哽咽了。

五娘捧着这个浸染着婶母大半生印迹的玉坠，激动万分，此时她没了眼泪，这并不是泪已流干，而是她从蔡老夫人的刚毅中，找回了自己负侮不丧志的感觉。望着女儿，她心里坚强地说：我和伯喈再难再苦，也定要抚育她成材，不能辜负老夫人的一片心意呀……

光和元年（公元178年）九月，蔡邕、五娘、小文姬，以及此前一直跟随他们生活的四娘，北徙的日期到了。

临行的前一天晚上，好心的狱吏，安排了一次他们的会面。

狱中，劫难后的一家人，终于在分别了几个月之后，重又聚在一起了。

乍一相见，热泪潸潸，是欢喜，是愁痛，是忧恐，还是希望，谁能说得清楚呢？

"假如……"蔡邕叹气。

"什么……"五娘轻问。

"假如……不写这个奏折，谗言到不了皇上的耳朵，就不会有这次流徙了。"蔡邕脸上掠着凄楚的"笑"容说。

"这也不好说。"五娘安慰道，"鹰要吃鸟，狼要吃羊，一门心思害你的话，才不管你去如何做呢。"

"你说得不无道理，可毕竟是因为我写了奏折，才连累了家人，想起来我的心真是难过呀。"说到这，蔡邕眼窝一热，涌出泪来。

"我们一家人能在一起，不是很好吗？"五娘嘴上虽这样说，可也是真情毕露，鼻子一酸，也捂着脸哭啼起来。

"你们这是怎么了，让孩子怎么看？"抱着小文姬的四娘依着自己的脾气，唯恐这样的悲凄无休无止，忙"冲"他们说。

蔡邕夫妇很听话，忙收了泪，用笑脸，把文姬拥在了怀里，一直愣生生的小文姬见此，高兴起来，在父母的怀抱中，幸福地笑了。多么天真的孩子。

转天清晨，晨曦浓郁，这是个好天气。

出洛阳城北谷门外，是一望无垠的旷野。大地总是宽厚无比，它用它那博大的胸怀，容纳了投奔它而来的一切。

高高的木轮囚车，缓缓地行走在这片大地上。远离了，洛阳。这里留下的，只有蔡氏一家人心中永远不愈的创伤。

车内的蔡邕，此时的心绪，实难平静。人经不住岁月的研磨，年华，就像转动着的车轮，悄悄地滚到洛阳，又从洛阳悄然地滚去。日后将寄居何方？终老何处？……真不敢去想。当他知道受交髡刑罚后，倒是很平静的，这也是这次遭难的最好的结局了。回过头来看仕途，扪心自问，是坦荡的，因而无悔无怨。如果说稍有遗憾的话，只能说是官场利害，使自己落魄之后才终有所悟。这太晚了，如今只好自我安慰了。

蔡家人就在许多送行的亲朋好友安慰和哭泣声中启程了。送行的人明白，也许今生今世再也不能谋面了，唯祝远行的人儿，多多保重吧！

"去故都而就远今，遵江夏以流亡……"车上的人眼里都蒙着一层泪光，轻轻地吟着屈原的哀歌。

远去了，走远了……

第一章　汉衰亡，生于战乱中的才女

第二章

逢乱世，才女初露锋芒

　　蔡文姬生活的时代，是汉王朝由中兴走向衰败直至最后崩溃的年代。本章写的是蔡文姬生活所处的时代背景。这个时期，正是中国由统一走向分裂的历史时期。连年的战争加之各种天灾，造成了生灵涂炭，哀鸿遍野。

北国草原上的童话

蔡邕一家人出洛阳，经河东，过上郡，风餐露宿一路北上，途中历尽千辛万苦，在光和元年（公元178年）初冬，终于到达了被流放地——五原郡的安阳县（今内蒙古包头市西北）。

五原郡是汉朝北方八边郡之一，这里初为匈奴人的领地，极为荒凉。早年汉武帝时，汉将卫青击楼烦、白羊王于河南地（即今内蒙古河套与河套以南一带），驱逐了匈奴，汉朝便在这里设郡治理。由于这里发展缓慢，地广人稀，历来就成了中土被流放囚犯的集中地。

一般说来，被流放来此地的刑徒，必须服苦役，男犯要承担那些筑城、开通道路、修桥、冶铸钢铁等劳作，当时亦把他们称为"城旦"。女犯则承担田间活计以及舂米等劳作，所以她们又被称之为"城旦舂"。无论是城旦，或者是城旦舂，在这里都要忍受着沉重劳役的折磨，同时，这些人的生活待遇极差，常常因饥寒交迫或者是瘟疾疫病而丧生。所以，一旦来此服刑，真就可谓是命运难下。

安阳县，是五原郡的一座边城。

载着蔡家人的囚车进了城里后，车就径直地奔向了县衙署。

在衙署的外堂，两个押送他们来此的兵士，很快地办好了交接手续，而后，便自寻了去处。留下了蔡家人等，等候下一步的发落。不想，随后发生的事，却是他们万万也没有料想到的。

正当蔡家人在堂内思虑着衙署会对他们有如何动作之时，突然，从内堂里走来一位差役，一一查对了每一个人的身份后，接着便悄声地说："你们跟我来吧。"

蔡家人并未多想，便随那差役来到了衙署的后院，沿着一条蜿蜒的小石径，一直到了院子的深处。最后，来到一个四面粉墙的小宅院内，停在一座庭轩阔敞，窗户明亮，恰似一厢静谧的书斋的房舍前。

这下，大家心中都犯了疑。

"这是什么地方？"

引路的差役，根本不去在意众人投来的不解的目光，只尽心地做着自己的事。

他拉开了房门，把蔡家人都让进屋里，并让蔡家人落座，没说什么，转身离去了。

房内清雅舒适，里外两间。外间是客厅，亦是书房。客厅迎面的壁上，垂有一轴颇有古意的山水画卷。右面靠墙立着一个摆满典籍的书架。书架下放着大书案，案面上摆放着笔、墨、纸、砚等文具，书案后座两边的地上，堆积着函帙和画轴。看来，这房屋的主人可是一位喜书善墨之人。

蔡邕好长时间没有置身在"书卷芳知友"的温馨氛围之中了，现在他感受到一种欣慰。不过，他又是满腹狐疑：

"是什么人要我们到这里来？"

"他要我们到这里来，又想干什么呢？"

正当蔡邕和一家人狐疑之际，有侍童走进屋来。只见他端着一壶茶水，先把茶几上几只精致的漆竹茶盅轻轻地摆好，而后又斟上茶水，也没说什么，悄然地退了出去。

立时，整座房间，便弥漫了一股宜人的茶香。的确口渴了，或者说是众人难耐这茶香的诱惑，都想去喝，可在没有弄清楚情况之下，谁也没有去端杯。

"蔡议郎，蔡先生，晚生来迟了。"随着声音，有一位身着官服的男子，从门外奔进屋来。

屋内的人都站起来，循声望去，谁人也不认识此人。

"惭愧，惭愧，晚生公干在身，不知下人关照得如何呀？"那人很客气，脸上还堆满微笑与善意。

那人见蔡家人仍旧站在原地发愣，便掩嘴自我介绍了："晚生乃此五原县令，姓周名越。"

听说是县令，蔡邕忙给他行官礼，然后说："罪囚失礼。"

"免，免，还不落座。"县令忙说。

"周县令，罪囚有一事不明，敢问其缘，县官不对我等尽快发落，为何引至内宅。"蔡邕问。

"不必着急，坐下说也可以吗？"周县令答道。蔡家人只好怯怯地坐了。稍后，周越县令才认真地讲述起来。

"是这样，早年晚生曾在京师洛阳的太学就读。在那里，亲耳聆听过恩师蔡先生您的教诲，也曾到过恩师府上求拜，蔡先生博大精深的才学，晚生真是发自内心地敬佩呀。"

蔡家人听罢此言，心里都比先前踏实了一些。蔡邕说："想不到罪囚之徒，仍受到如此的敬重，真是问心有愧呀！"

"愧？先生何愧之有？此前，本县令已听得京城那边传来的信讯，先生一家此次蒙难，全是宦官佞臣一方谗行，真是让人气不过呀！"周越县令十分气愤。

一句话，勾起了蔡家人许多内心的酸楚，还是蔡邕苦笑了一下，说："唉，旧事莫提，如今我等来这安阳，毕竟是重罪在身，须得认真思过啊。"

周越县令望着被不幸的命运捉弄着的蔡邕及妻小，内心也是酸楚，同情地说："先生不必难过，别忘了，在这安阳境内，晚生尚有一点权限。朝廷可以如此判决，但我也可以不让恩师与一般流徒混日。在你们未到之前，我就已经想好了，先生一家来后暂在我这里栖身，待到隆冬过去，我再为你们安排他处。"

周越的话，如久旱的甘露，滋润了蔡家所有人那已是枯萎了的心。不过，考虑到周县令这样做的后果，蔡邕不无担心地说："这样做使得吗？周大人，这可是犯上欺君之罪，以公徇私呀。"

"徇私？先生真是一介儒生。"周县令霍地站了起来，回身从案下拿出了一个信封，用手掂着说，"这是京师的程璜、阳球要我加害你们一家的密令，这就是为公吗？不过他们找错了对象，我怎会为虎作伥，助纣为虐？更何况要我害的，还是我最为敬重的人呢。"

蔡邕还有什么话可说呢？此刻，愤慨和感激交织在一起，使他的身子发抖。

"好了，好了，该说的话也已说明。先生还是依我这样的安排而做。也算晚生对恩师以往的栽培的一种回报吧。"周越县令笑吟吟地说。

命运无情，人间有爱。再也控制不住自己的蔡邕飞跑过去，抱住了这位为善为情的县令，哽咽地说："大人，我又拖累您了。"

周县令安慰着他说："恩师，不能这样说，尽管晚生深为先生的落难而震惊，但也真难得先生来我这一方薄地，能与恩师再度重逢，应该是我三生有幸啊！"

言罢，两人都含泪而笑了。

随即,只听得周县令说了一声"请",便把茶递了上来。

蔡邕从周县令手上接过茶盅,细细品了一口,只觉得神气酣畅,满口生香。然后仰脖便饮了下去,喊了一声:"痛快。"

尽管屋外朔风冽冽,但蔡邕一家人倒觉得他们又回到了温馨的中原家中。

北国的冬天,来得快,去得也快。好像那彤云密布、朔风劲吹、纷纷扬扬的大雪花刚刚还在;可转眼间,仿佛一夜春风刮过,便是绿草如茵、花开鸟鸣了。

蔡家人在北疆迎来了他们到这里后的第一个暖日融融的初夏。

小文姬已长过了两周岁。她记得此前不久,一天里她与父母,与她的乳娘,赶着满载的马车,赶着一小群牛羊告别了那个叫它"安阳"的地方,沿着一条弯弯的河流远行。

走啊走啊,走了好长好长的路,人也累了,马也累了,来到了一片一望无边长满绿草的旷野里。

父亲说,这里是大草原。

就在这个叫"大草原"的旷野里,她们依旧在走,最后在一处依林傍溪、脚下又是厚厚的绿茵的地方,停了下来。

父亲兴奋地说:"好,我们就住在这里吧!"

母亲当时不解地问:"这里,这里什么也没有,我们怎么住?"

"咳,你怎么就这么笨啊,能说什么也没有?这里不是有茵茵的绿草吗?不是有清清的溪水吗?不是有我们一家四口人的其乐融融吗?"

于是,他们全家人一起,把车上的行李和农具搬下来,在背风向阳的地方搭成一个小草屋。在溪边搭成饲养牛羊的栏舍。

这里从此有了人声,有了畜声,有了他们一家和和美美的生活。

小文姬很满足。母亲每日都是在做着房舍的洒扫、洗衣做饭的活计。父亲每日早出晚归，执鞭放牧。但再忙再累，每日里他们对她都是细加抚育，教她各种知识，讲解身边常发生的那些个事的道理。

小文姬虽然未谙世事，但她隐约地感到大人并不总是其乐融融，有时父悲母泣，她也不明白这是怎么一回事，经常犯寻思。

在一个阳光灿灿的日子，草原上百花竞放，生机盎然。小文姬缠着母亲要到草原上玩，五娘便带上女儿出了家门，去到那绿茵茵的垫子上无拘无束地玩耍，去到那生命中无所顾及的地方去陶醉……

玩乐够了，娘俩随意坐了下来。

忽然，有一只硕大的彩蝶，飞落在了她们前方不远处雪白雪白的花上。

小文姬突发奇想：这只彩蝶真是漂亮，我何不把它逮住送与父亲，他一定会十分高兴而夸奖我的。于是，小文姬便悄然起身，屏住声息，小心翼翼在俯身移步，向那彩蝶靠了过去。可是，就在她即将张开手臂，捕捉那蝶时，那彩蝶却异常乖觉，倏然展翅膀空，飞跑了。小文姬毫不气馁，她跟随着那只彩蝶奔跑。此时，那只彩蝶并不慌张，像是十分喜爱追逐自己的这个女童，故意逗她玩耍了。它并不远去，一会儿落下停留，一会又飞起离去。

小文姬更有兴致了，张着两手随蝶飘飞。

五娘望着女儿欢快的身影，心里高兴。起初，她替女儿着急，但时间久了，她又担心累坏了女儿，便开始嗔叫了："兰儿！兰儿！别跑了，别跑了！"

小文姬仍在奔跑，她任性地回答："娘，我非抓住它不可。"

望着满头是汗的女儿，五娘又心疼又高兴。她走过去，把小文姬拥起，问道："兰儿，你父亲会感激你的这份孝心的。不过，我看还是不要抓它吧，我们可不能随意地残害生灵啊，兰儿，你为何要捉这只蝴蝶呢。"

"我要送与父亲，让他开心。"小文姬认真地答道。

"兰儿，你年龄还小，有许多的事情不懂。如今在这人世间，处处都是在拿着生灵做儿戏。连年战争，无休无止，使得百姓生无安身之地。还有那朝廷中得势的小人们，他们也是任意在诬害好人。你父亲就最痛恨这残害生灵的人了……"

五娘说到这里，眼圈就红了。

小文姬尽管不完全理解母亲的这番话真正的含义，但她见母亲说得伤心，忙说："母亲莫难过，我按您的意思，不抓它便是了。"

"还是采集些野花拿回去吧。以前，我和你父亲住在洛阳时，想起来就如同在眼前啊。"

父亲很喜欢的，娘也喜欢。

"母亲，我们的家先前不是在这里吗？"

"不是，是在洛阳。"母亲答。

"洛阳是个什么地方？"

"离这很远、很远，那可是我们汉朝的都城啊。"

"那儿什么样？有草地，有牛羊，有彩蝶吗？"

"没有，都没有。"

"那有什么？"

"有皇宫，有皇上啊！所以全国的人都向往着那里。"

"讲讲，娘，快给孩儿讲讲洛阳。"小文姬突然对那以前父母住过的地方神往了。

听文姬这么一说，母亲反倒不言语了。看得出，她是不愿提起洛阳的事。

小文姬更急了，她今天非要母亲讲讲不可。于是，她缠着母亲说：

"娘,你一定得给孩儿讲啊。"

五娘见女儿如此有兴致,她想了想说:"洛阳的故事多了,娘就拣几个好听的给你讲吧!"

"太好了。"小文姬拍起了小手。

于是,在这莽莽的北国草原上,那些来自中原家乡的故事,来自让人提起就心碎的洛阳的故事,通过一位母亲的嘴,向一个刚刚才知道有这个地方的幼儿,讲起来……最后,又讲到当今洛阳城内的宫宇的辉煌、街市的繁华时,日头已经偏西了,五娘只好收住了话题。

在回家的路上,小文姬一直还沉迷在故事里,她琢磨起超脱她的年龄的话题来:洛阳真是个好地方,可父亲和母亲为什么要离开那里呢?他们心疼我,我何不要他们带我回去呢。想到这,小文姬便对母亲嚷了:"娘,我想去洛阳看看,你和父亲带我回去吧!"

五娘万万没想到女儿会提出这样的要求,但又不想扫她的兴,便道:"洛阳离这儿太远了,怎么能说回去就回去呢。"

小文姬执拗,依旧是嚷:"不,我一定要回去!"

五娘苦笑了,耐心地说:"傻孩子,洛阳不是随便去的呀。"

"偏不,就去,就去。"

小文姬任性地坐在了地上。

五娘生气了,喝道:"你这孩子,娘不要你了。"

小文姬不嚷了,她从打知道不同的脸色以来第一次见母亲如此发怒,她黯然了。

望着女儿失望的神色,五娘心软了。她上前把小文姬抱在怀里,两行热泪流在了脸上:"孩子,能回洛阳当然好,可眼下怎么回得去呢……"

小文姬见母亲哭了,不知所措了,转而,她像大人似地,竟哄起母亲来："娘莫哭，娘莫哭，我不要回洛阳就是了。"

五娘听了，心头更酸，她是一个多么懂事的孩子呀。她真的太小，一些话不便对她说，只好委屈她了。

五娘不再流泪，郑重地对小文姬说："娘的乖孩子，快快长吧，这不能回洛阳的事，长大了你就懂了。"

"不，我懂，现在就懂，一定是有些个坏人不让我们回去。"

五娘对女儿肯定的回答更惊诧了，她这小小的年纪，怎么就能想出这些东西呢？

不管能否回去，反正从这一天起，在小文姬幼小的心灵里，她有个深深的烙印了。那就是这里不是她们的家乡，她们的家乡在皇上住着的京城洛阳。

忽一日，家人发现小文姬不见了。

太阳落山了，蔡家房前的草甸子上弥漫起一阵阵薄雾。蔡家的人仍不见小文姬的身影，都心急如焚，四散寻找。

原来小文姬年龄虽小，但北方的草原已熏染出她豪壮不拘的性格，做什么事都要一干到底。母亲给她讲家乡洛阳之事以后，她在心里老是惦记着。这天，她突发奇想，也许登上那远处的高山，就能看到洛阳是什么样了。就这么做一回。

趁母亲没注意，她悄然地上路了。她开心极了，时而顺溪而行，时而采集山花野果，时而捕蝶追蜂，时而还哼上一两句又美又甜的歌谣。走啊，走啊，她觉得没劲了，一阵困乏袭上身来，连着几个哈欠。她觉得自己应该休息，于是，便寻着一棵老树，就地躺下，一闭上眼睛，就进入了梦乡。

当她醒来时，天色已经昏暗了。她望望四周，绿草漫漫，她侧耳倾听，远处不时地传来一声声狼嗥。她害怕了。那想去遥望洛阳的想法，早已被抛到了九霄云外，此时，她只有思念父母。

"呜——"她痛哭起来，并失魂落魄地东张西望。

光哭无用，看来还得走，可又不认识路，只能朝着一个方向。就这样，小文姬边哭边走，不知走了多少路。

"兰儿！兰儿！"突然，小文姬听到了母亲在呼唤她。她不顾一切地应着："娘，我在这里。"

娘俩终于搂抱在一起了，都哭成泪人一般。

晚上，小文姬知道自己犯了错误，早早地躺在被窝里，可是她没有睡。她听到了父亲和母亲的交谈。

"你怎么能什么事都对她讲，她才多大的年纪呀。"父亲责怪母亲说。

"我怎会想到她会这么倔强，居然自己上山。"母亲的话里也充满着自责。

随后是他们两人在长长地叹气。

"我想这时政不能总这样，这些日子，我又写了奏章，改日托周越县令，送给朝廷。"父亲又说。

"怎么，这案你还在想翻吗？那些个贼官一日不死，我看就是梦想呀。"母亲说。

"唉，我蔡伯喈忠而见疑，直而招谤，确实心有不甘，不过你说得也对，阳球、刘郃、王甫等人一日掌权，就没有我们的好果子吃。但是，你说，我们就得死心地要在这荒原上度过余生了。小文姬也要陪我们这样。"

"我也是没有别的办法，才这样说的，反正我总是支持你的。"

"官是不想复了，这次上疏皇上，只是讲我终归是一介儒生，如给我一个机会，戴罪回洛阳去，完成汉史的编纂，也就心满意足了。这不，疏章之后，我要特意附上我著撰的《汉记十意》篇目，供皇上审考。"

"但愿此次能有个好结果。"

父亲母亲说的话，小文姬似懂非懂，换成她小孩子的心理所想，就是她清楚了，父亲母亲，也是着急到那洛阳去。

她放心了，她心里有了底，早晚能回到洛阳。

世间的事情，谁也难以预料，小文姬和她父母怎能知道们企盼着能回洛阳的日子，已经悄然地向他们走来了。

秋天，天气渐渐地冷了。

树叶由绿变黄，百花由放而凋，呼啸的劲风多了，到处都平添了凄凉。草原上的秋风没有丰硕，所以极会引发人的伤感。

这一日，父亲放牛归来后，心绪低沉，晚饭过后，也没有交谈什么，便独自翻看书简。

天冷了，小文姬户外玩耍的机会少了，每天大多时间都闷在家里。唯在晚饭后的这段时间，全家人都在一起时，她会感到快慰，所以，她总想让父母这时与她玩点什么。

小文姬知道父亲雅善弹琴，所以这时她来到父亲跟前求父亲给她弹琴。

父亲向来对女儿的要求都是满足的，于是，他拿来琴，调好琴弦，正襟端坐，徐徐地弹了起来。

这是一曲让小文姬听来悲凉哀婉、如泣如诉的曲调。这时，她隐隐觉得今天的曲调同以前父亲弹的那些让她高兴的曲调不同，怎么这么沉缓。

曲终，父亲也没说什么，只是拍拍她的头。正待小文姬再求父亲弹时，只见父亲已经站起身来，缓缓地走到窗前，望着窗外的茫茫秋夜，吟起诗来：

> 清声发兮玉音举，
> 韵宫商兮动徵羽。
> 曲引兴兮繁丝抚，
> 然后哀声既发兮。

小文姬不解诗的内容。

曲调由父亲弹，故事由母亲讲，晚上，母亲把小文姬哄在被窝里，告诉了她，那时父亲弹的曲调，叫"苏武牧羊"。

"什么是苏武牧羊？"小文姬问。

母亲便缓缓地给她讲了苏武牧羊的故事。末了，母亲又说："苏武你知道了吧，他被匈奴扣留了十九年，受尽了艰难，他离开长安时正值壮年，可归汉后已须发皆白，他的妻子也早已改嫁他人了。你说悲不悲。"

"苏武的命运怎会这样？"

"是啊，人的命运自古莫测呀。不过对于这样了不起的人，人们是敬佩的。在他死后，宣帝命人在长安的麒麟阁为他刻像立传。这不，人们又为他谱了这只曲子歌颂他。"

听罢母亲讲了这个故事，小文姬沉思了。

第二天，小文姬神秘地把母亲拉到一旁，悄声地对母亲说："娘，我知道父亲为什么要弹《苏武牧羊》了。"

"为什么？"

"因为父亲同苏武一样，被那些什么'宦'哪、'奸'的留在这草原上牧羊。"

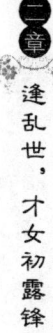

母亲流泪了，她紧紧地把小文姬抱在怀里，说："你长大了，长大了。"也在这秋日里，有一天，一个惊人的消息传到北疆，它像一块巨石，一下子投进了小文姬家正平静过活的这汪池水中，立刻引起了层层波澜，着实让蔡家所有的人，都从那命运的噩梦中重新回到现实。

小文姬的父亲得到皇帝的特赦了。

这一天，小文姬的父亲被安阳来的公差传到那里。整整一天，五娘和小文姬都像有一种预感，父亲将带回来好消息。

傍晚，蔡邕几乎是跟跟跄跄地奔进家门的。他的嘴唇和手都在微微颤抖。

"五娘！五娘！兰儿！兰儿！"蔡邕声音哽咽着呼唤着妻子和女儿的名字。当他把她们揽在怀里时，已是抽泣了。

"特赦诏哇……特赦诏哇……圣上嘉许我……宽宥我们一家返回乡里啦。"蔡邕是哭着把这话说完的。

五娘惊呆在那里。

小文姬弄不懂父亲这番话的含义，但她可以感觉父亲抚摸着她的头的大手，是那样的温暖有力。

随后，小文姬见父亲又呼天抢地了："谁说我蔡伯喈微不足道。谁说我有如草芥，有如浮尘。既仁且智的皇帝是开了慧眼，他又给了我平生的转机！九个月，九个月的磨难哪，终于熬到头了。"

小文姬从没有见到父亲有这样的架势，吓得不知怎么办才好。

这时，母亲把她紧紧地抱起，流着泪叮嘱道："孩子别怕，别怕，父亲是高兴的呀。你不是想去洛阳吗，你爹这就带你去呀！"

其实，说到灵帝此次特赦蔡邕，整个过程并不复杂。

当初判罚蔡邕时，灵帝本意就不十分坚决，无奈被那些假公报怨的奸竖所左右。如今那几个铁心诬陷蔡邕的人像王甫、阳球、刘郃等，都被另一大宦奸曹节置于死地；再加上灵帝尽管在生活上侈靡腐朽，但像蔡邕这样才华横溢的人才，在灵帝的心目中，一直占有一席之地。所以，当蔡邕精心起草的那个请求赎罪回到洛阳，去完成史典《后汉书》的撰写的上疏，几经辗转，最后到了灵帝的手上，此时，恰又赶上大赦之年，便大笔一挥，下诏让蔡邕全家返回原籍。

一年的流放生活，对于蔡邕，对于五娘，对于文姬的乳娘来说，只是一个孤零零的梦，永远留存在了记忆里。但小文姬却和他们大不一样，这段草原上的生活，是她无忧无虑的童年时光，她深深地爱着这草原上的溪水潺潺、草原上的碧绿青翠、草原上的生机盎然、草原上的天地广阔……此时，她尚不懂得依傍，不懂得留恋，但突然就离开了她已经熟悉了的世界，她会觉得心中不会有好的滋味……

归乡难

汉光和二年（公元179年）秋十月，是蔡家在遭贬逐一年后，终于迎到的归乡的日子。

一辆马车，载着小文姬的全家，也载着他们全家对故土的思念，启程了。

从北疆通向中原的大道，官路两旁，处处是晚秋的景象，野花簇簇，树叶金黄，时有鹧鸪、燕雀在云间穿梭、鸣唱。

拉着这驾车的那匹大青马和那匹大白马，闪动着光滑的鬃毛，蹄下生风，它们脖子下面锈黑的铜铃声，清脆地响在乡间的路上。

车内，蔡家人拥坐在一起，暖意和幸福溢在每一个人的脸上，一个荒唐演绎出的无奈，已成为过去，着实被这驾马车抛在了身后，抛在了北国这片苍茫的天地间。

清风吹来，衣襟飘飘，使蔡邕兴致勃发，捋着又蓄出的胡须，不停地吟诗。

这情景，使小文姬欢喜起来，她总是笑嘻嘻地咧开嘴儿哼着歌谣。再使小文姬发生兴趣的，是眼中所见到的有别于草原上的一切，农田、农舍、村落、驿道……对她来说，这些都是陌生的，陌生就是新奇，所以，一种强烈地求知欲，使小文姬不断地向大人问这问那。对于小文姬提出的问题，哪怕再细微，车内的其他人，都会尽其所能耐心地去满足她。就这样，一路行来一路唱，一路走来一路讲，不觉中，就到了归途上的第一座郡城——五原。

五原郡城不是很大，可是一进入城中，立时会有一种人口较密、供需旺盛、四通八达之感。这里历来就是与南北汉匈交易、经商的好地方。

望着满街的人流，望着排排闪过的房舍，置身于闹市的小文姬的眼睛不够用了。她见这个也新奇，那个也热闹，可是与在荒原野外相比，此时，她却又多了几分怯惧——既想张望，又必须躲在母亲的身后，那个小样，直引得车上的众人笑声不断。马车来到一家店馆门前，店主人笑脸相迎。

"客官住店吗？本店清洁雅静，备有酒饭，舒适方便。"

"清静吗？"蔡邕问道。

"二楼有雅间,保证少有打扰。"

"那我们就住这了。"

店主人唤伙计来,有的忙照顾马匹,有的去卸车上的行李。店主人引蔡邕一家走进店内,去那雅间。行间,店主不断地问来。

"兄长尊姓大名?"

"在下姓蔡。这些是我的家人,还有女儿蔡文姬。"

店主大惊。"莫非您就是在洛阳的太学刻得石经的蔡先生。"

"不敢,正是鄙人。"蔡邕答得平静。

店家所说的"石经",亦是蔡邕早些年在洛阳时,完成的一项惊世之作。说起来此举,是与太学教育有密不可分的关系。

汉初,社会上私学盛行。自汉武帝刘彻罢黜百家、定儒一尊后,采纳了董仲舒在对策中提出的应设太学,以考核贤士,这是教化之本的建议,进而全面恢复了官学,亦开始在长安建立大学。最初,太学中设《书》《诗》《春秋》《易》《礼》五经博士,此后又不断地增加,至熹平年间,太学除讲解五经之外,还开设讲解《公羊》《谷梁》《左传》《周官》《尔雅》《尚书》《周易》《鲁诗》《仪礼》等课程,已置十四博士。

虽然大学置博士较多,但各家经文皆凭所见,并无供传习之用的官定经本。蔡邕任职议郎后,曾多次到太学讲学,他便充分地注意到了这个实际问题。他认为:当时出自烬余鲁壁的五经版本纷杂,由于流传的这些经籍离那些先圣的时代已经很是久远,因此,文字上的错讹颇多。再加上一些俗儒多年以来的穿凿附会,这就更增加了后来学子的疑惑和误解。博士考试亦常因文字的异同,而引起争端。

灵帝熹平四年(公元175年),蔡邕把对经本文字刻正的成熟想法,与几位知己同僚讲了,众人也颇有同感,并一致赞同。于是,蔡邕便与五官中郎将堂谿典、光禄大夫杨赐、谏议大夫马日䃅、议郎张驯和朝说、太史令单扬等多人，一起上奏朝廷，请求校定书经文字。这个十分得体的奏折上表后，在朝廷立即引起了强烈的反响，特别是还得到了当时揽政的宦官势力的大力支持，他们力促灵帝批奏。其实书经文字，与这些不学无术、只会擅权营私的宦官们本来毫不相干。他们之所以对此如此热心，那是因为这些太学生们，在争考试等第的高下时，往往要闹到官府里去争讼，宦官们对此前的两次"党锢之祸"中，大学生响应官僚士大夫的号召，起来反对他们仍是心有余悸，早被他们很容易就要议论政事而吓得发狂。现在好不容易才平息了下去，这些太学生们又来纠缠经学，扰攘不休。如果仅谈经学还好，若真的因此等小事，而引发起更大的其他诸事来，那么对安于现状的宦官们来说，就真是得不偿失了；如果有了校正的标准，自然也就不会再闹此事了，这样，宦官们自会清静。

有了得势于朝中的宦官集团的支持，经书校版，自然会大功告成。果然，没费什么事，在此奏上表不久，灵帝批准了该奏，并责成蔡邕负责办理此事。让他参校诸体文字的经书于东观，务得书经之定本，以颁天下，为学子们提供一部官方厘正的标准教科书。

蔡邕得旨后，立赴东观校点，仅用几个月的时间，便完成了这工繁浩难的书经定本校难工作。

定本上奏朝廷后，灵帝又令他书石，镌刻石碑，立于洛阳太学讲堂（遗址在今河南偃师县朱家圪垯村）前。

经蔡邕篆刻的四十六块书石，每块碑高一丈许，广四尺，所刻的经书有《周易》《尚书》《鲁诗》《仪礼》《春秋》《公羊传》和《论语》，其中除了《论语》之外，皆为当时的学官所立。

石经以一家版本为主，而又各有校记，备列学官所立诸家异同于后，世称"熹平石经"。

经蔡邕书刻后的这些石经，不仅文字精确，而且极为优美，堪称书石的楷模。文字也极尽他所开创的"飞白"书体，笔势断而若连，华艳飘荡，骨气洞达，爽爽加有神力。这大大地增强了隶书的造型艺术美，原重拙朴之中，又有秀丽奇姿之意，因此，又被世人称之为"八分书"。

至此，不仅使那些当时的学子乃至于后辈晚学，有了经文的标准，对纠正俗儒的穿凿附会，臆造别字，维护文字的统一，起到了积极的作用。而且还使蔡邕的才华，得以多方面的展示，让人们通过他的作品，窥见其人品风貌、思想见解。

蔡邕所书的石经，一经在大学讲堂门前树立，即刻轰动了整个洛阳京城内外，那些学子们对他这过人的学问，都佩服得五体投地，每日都有向他求学经的学生。另外，前去现场观赏和摹写石经的人，络绎不绝，终日里车骑多达千余，把个通往京师大学之路，几乎都填塞得水泄不通，很长一段时间，这成了当时洛阳的一大盛景。

再说那店主听得蔡邕的肯定回答后，更是喜不自胜，连声地说着："想不到。真是想不到哇，我这小店今儿个是贵客临门哪！"

"客气，客气。"蔡邕仍是彬彬有礼地答着。

"敢问蔡博士为何到此？"

"当今皇上特赦我们一家回归洛阳，中远路过此地。"

"啊，是这样。这么说来是大喜事呀。蔡博士一家还是应该在我们这城里多转上一转，不要着急着走嘛。"

"谢店家一番盛情，我们自有行期，自有行期呀。"

那店主引蔡家人入房后，随即就有伙计送上茶来。店主为众人一一斟上茶后，仍旧和气地说："众客官喝杯茶吧，还有什么话只管讲来，本店家自会尽心去办的。"

"不必麻烦了，我等先自安排吧。"

"那好，那好。"

待那店主掩门退出之后，五娘顾不得干些别的，而先悄然地对蔡邕说："何必与这店家聊得这样热乎呢？"

"你说这个是何意？"蔡邕不解地问。

"五原城小，针眼儿大的事，转瞬间也会传遍全城的，你这是唯恐别人不知道咱们来到这里呀！"

"知道又能怎样，难道我们须得偷偷摸摸地不成？"

"我倒不是那个意思，唉，也许是我多虑了。不过，我总琢磨着我们还是少有声息的好，谁知道能发生什么样的事，会给我们带来意想不到的麻烦呢。"

蔡邕听了觉得有理。

见丈夫沉默不语了，五娘忙又解释道："不要多想了，我我……只求全家人能平平安安地回去就足矣了。"

不用多思，蔡邕理解妻子那份掩饰在内心的复杂情感，经历了一段痛苦的磨难之后，审慎地对待身边再发生的一切事情，无论如何也是没有错。其实蔡邕也早有今后万事皆小心这种想法，只是男人有个威严，不能常挂在嘴边去说罢了。

五娘并不是多虑，命里该着，随后发生的事，确实又给蔡家人带来了麻烦，进而使他们归期漫漫。

傍晚，蔡家人都在房间里，谁也没有出去。忽然，店家来报，说是店里来位官差，店外还有八抬大轿，求见蔡邕。

"官差？"蔡邕夫妇听罢都觉吃惊。看来他们一家到来的消息，已经传到了官府了。

当蔡邕来到楼下厅堂中时，果然见到一位文职官吏打扮的人在等候。

那人见蔡邕下来了，便迎上前来，自报家门道："鄙人郡衙署文吏曲兴雅，敢见蔡博士大人。"

蔡邕见那人满脸儒气，顿生好感，忙应答道："不必客气。"

"蔡博士贵临此地有失远迎，请多多包涵。"

"哪里，哪里。"

"为将功补过，今晚本郡太守王智大人设下便宴接风，务请光临。"

"王智？"蔡邕听到这个姓名之后，心中一怔，"怎么是他。他不就是朝廷大宦、曾参与陷害过自己的王甫之弟吗？"

蔡邕心中警觉起来。

"伯喈乃区区小人物，怎敢劳太守大驾。"

"不必客气，同为朝官，一路辛苦，哪有不为接风之理呢？"

"何为朝官？别忘了，我等为流徒初赦，受不得如此盛情啊。"

蔡邕再次婉拒。

"这……只是……蔡博士的学识、品行……是为天下人赞服的呀……"曲兴雅显然对蔡邕会拒绝准备不足。

蔡邕下决心拒绝了："我蔡伯喈的境遇已是非比当初，不过是一方漂泊学士，你回太守大人的话，此宴免了，明日我会登门谢访。"

曲兴雅听罢犹豫了片刻，转而，他换了一种口气："蔡博士的学识博大精深，当今谁人都很敬重，所以任何人宴请也不当意外，我看蔡博士还当赴行……也不好不赴行……"

"不好不赴行怎讲？"

"恕我直言，小的提请先生留意，王智太守说一不二，而且在朝廷也有背景，我看……我看先生对这事真得三思啊。"曲兴雅如此真诚，使蔡邕很受感动。尽管他发自内心地不愿与王智打交道，但转念一想，这样的人还是不去得罪的好，只是吃顿饭罢了，大可不必过于谨慎，一口回绝，也有损自己的形象。

"既然这样，去也无妨啊。"

在曲兴雅在楼下等候这空儿当中，蔡邕回到楼上房间里，把前后的经过向五娘说了。不过，他怕妻子担心，没提到王智与王甫的关系。

五娘倒也平静，点头应允，只是沉沉地叮咛着丈夫："遇事要思量。"蔡邕走后，屋里剩下了五娘还有文姬。文姬毕竟年纪小，劳累了一天自顾睡下了。

不知过去多久，突然，有一些声响，她抬头瞧望，顿时吃惊不小。

只见母亲守灯垂涕，并不断地叹息。而父亲不知什么时候，已从外面归来，此时，他是铁青着脸，反背着双手，在房间里踱来踱去。

小文姬不知他们之间发生了什么事，但从情态上看得出他们有些反常，所以仍旧躺着没动，静静地听着他们的动静。

"这狗官，如此让我忍垢含辱，真不是东西。"父亲咬着牙骂着。

"糊涂，你好糊涂，明明知道那王智与王甫是兄弟，为何要去呢？"母亲边泣边说道。

"起初我是推托的呀，可后来……"

"我们蔡王两姓已结冤仇，他会安得什么好心？"

"现在说这些什么都晚了……"

父母的对话，听得小文姬陷入了云里雾里之中。

事情原来是这样的——

入夜之后，五原郡衙署内热闹非凡，郡守王智出面做东，设宴款待远道来"投"的"好"友蔡邕。一时间，一郡的头头脑脑、学士雅客和豪绅巨贾，一应聚齐。

盛筵未开，蔡邕已是好不自在，只见他白净的面皮上，挂满了浓浓的郁悒，这是因为他见到来的这些个人，每个都携来许多金银珠宝的贺礼，送与王智。这分明是借为己接风之机，大行不义赂举呀。再看看这些附势之徒，充其量是带来几句对王智的恭维和一张用来吃喝的嘴，全然是出份礼钱，买个热闹！

席间，蔡邕更有被愚弄了的感觉。

只见干瘦细条、微微驼背、脸上总是堆着让人难以捉摸的微笑的王智，并不坐下来认真地陪着蔡邕喝酒，而是把蔡邕撇在一旁，径自与那些各色人等狂饮滥喝，直到已有七分醉意后，才满嘴喷着酒气地来到蔡邕跟前，说道："你往桌上看，今儿个为你接风，本官可是尽了全力了。我弄来东海的乌龟、太行的熊掌、金桔、柚子。与你相比，别看我没有学问，但为朋友我还是十分讲究的。"

尽管已经厌透了王智的这些做派，但出于礼节，蔡邕还是很有分寸地说："本人谢太守一派盛情。"

见蔡邕有谢，王智更是得意忘形了，他说道："自家人哪这么多的客气，请吃，请吃。"说话间，王智已把箸子插在席中间的乌龟上，费力地挑拨起来。做了半天，方才发现蔡邕没有动手，便把手缩了回来，脸上浮着微笑又说道："看来这些佳肴，未必合乎蔡先生的口味呀，也好，今个依你，只要你想吃什么，说上一声，我马上让人去做。"

"并非如此，这桌上的菜看着样样贵重。不过，我已吃好喝好，准备告辞了！"

"不忙，不忙，还有好戏，还有好戏呀。"王智说完，不待蔡邕有何反应，便重重地拍了几下手，应声从里面的一道侧门中，飘出了五六个莺莺燕燕的少女，她们衣裙薄如蝉翼，隐约露出雪白丰腴的肌肤，随着悠扬的丝竹声，便在大厅中央翩翩起舞。

"怎么样啊，我的蔡老弟？这个够刺激的吧。"王智淫笑着问道。

"我说不好,不过我总以为,作为一郡之守,不能热衷于欢舞欢宴。古人云:马惊,则君子不能安坐于车上;民反,则君子不能安于高位。马惊车,莫如使其安静;百姓反,莫如多施恩惠。这样,则百姓平安,君子也就能安于位。时下田地多有荒芜,路有饿死民骨,鲜卑又向我幽、并二州扰来,这内忧外患之时,为官理政者应多虑如何治理一方水土,平政安民,其余莫之不当。"蔡邕把整个晚上闷在心中对王智想说的话,借此机会一股脑地说了出来。

王智脸色顿时难看了,这时他才发现,蔡邕和自己根本不能出自一炉,于是,对蔡邕立生切恨,但表面上还是应着:"是的,是的,蔡博士金口玉石之言,日后本官定然遵嘱而行!"

话不投机,两人都不想说些什么了。后来,王智托说应酬,便离身他去。把蔡邕一个人孤零零地冷落在那里。再后来所发生的事,对蔡邕来说,便充满敌意了。

官伎们舞过一曲又一曲,那些食客杯觥一回又一回。

正席间,当有人又淫叫着呼之歌舞时,谁也没有料到,王智摇摇晃晃,脚下失根地走到了大厅正中,用他那醉后不太利索的嘴,向众人宣布道:"还用请……请歌伎吗?……谁不知道,这当厅就坐着……坐着一位最好的歌舞手啊……还是让他给我们唱吧,跳吧。……哈哈哈……"

"好……"厅内一阵嚎叫,也夹杂着稀落的掌声。

此时,蔡邕并不知王智此言所指。

"怎么……也许连他自己都忘了……他不就是我们今晚的贵客……蔡先生吗?"

堂厅中又是一阵尖嚎。

此时蔡邕简直就不敢相信,堂堂的一郡之守王智会做出这样的无赖之举。他同时也明白了,这是因为王智不满意刚才自己对他说的那番话,而故意让他难堪。蔡邕愤怒了:小人,真是无耻的小人。

众人还在哄笑着。

面对这样的讥讽,蔡邕真想立刻反唇相讥,但又考虑这样闹下去的结果,吃亏的终归是自己,还是冷处理的好。于是起来说:"太守大人喝多了,是在开玩笑吧。"

"什么喝多了,再喝……我也没事,倒是你。你来,你以为是喝酒吗。……要你唱,要你跳。"王智更是无赖腔调了。

蔡邕见此情形,倒也冷静了,与这样的小人争执下去,没有任何意义了。接着,他强忍怒气,仍出于礼节拱手对众人说道:"时候不早了,今日的酒我就恕不奉陪了,感谢诸位,感谢诸位。"

说罢,抽身离去,堂上的众人议论纷纷。

一向骄横无比的王智怎受得了这个,他刚刚听完蔡邕的话即跳将起来,劣等的本性更暴露无遗了。他站在厅中央,对着蔡邕斥骂道:"好你个忘恩负义的流徒,我好心好意地请你,你却胆敢这般地轻视我,你们众人作证,看我怎样收拾他。"

蔡邕怀着满腔的怒气回到店里后,把前后的经过都向五娘说了。于是,才有小文姬惊醒后听到的父母间的对话。

父母继续着他们的谈话。

小文姬又听得母亲说:"伯喈呀,那王智欺人太甚,无论你怎样嗤之以鼻,都不为过。可是别忘了,如今我们是在人家的地界上,你惹恼了他,他是绝对不会善罢甘休的,眼下我们可怎么办呢?"

沉默,父亲无话。

许久,母亲提议道:"伯喈,尽管我是妇道人家,但我看你还得听我这回。依我看惹不起的事,最好使是躲,无论如何,我们应该尽早地离开这个是非之地。"

小文姬没有听到父亲即刻作答。

又过了一会儿,小文姬终于听到广父亲坚定的话语:"好吧,我们是该离开这个是非之地。说走便走,以免夜长梦多。"

"怎么?即刻动身?"母亲问。

"对。即刻动身,连夜出城。"父亲答。

"你和四姐在屋里照顾好兰儿,再收拾行李,我去唤醒车夫,备马套车,一会儿上来接你们。"

"恩。"

随后,父亲匆匆地走出了房间。

小文姬已把一切听得清楚了,不待母亲来唤,便一骨碌爬起身来。

一驾马车出现在了五原城的城门口,转眼间便消失在了南去的长长的道路上。

当东方的天空中出现了曙光之时,载着蔡家人的马车,已行出了百里开外。随着离五原城越来越远,小文姬看得出父亲的心境平稳多了,起码已没有了昨夜里的心烦意乱,时而,他们还会来番说笑。

天已大亮,再行了一个时辰,父亲说又足有三十余里。

昨夜的饭食,经过这一整夜的折腾,已是耗费无几,此时车上所有人的饥肠,开始"咕噜"、"咕噜"地叫唤起来。见此情景,蔡邕决定找个僻静的地方,停下车来,让疲惫饥渴的众人吃点东西,同时,也让跑得大汗淋漓的马匹稍许歇息。

很快,他们发现不远处的林边,有一个小草棚,小文姬听父亲说,那是看林人的歇身之地。

于是,马车停在草棚前。

众人下车后,走近草棚,朝里一看,正好,草棚里面没人。

除马夫在外照看车马外，余下的人都进到了这草棚里。大家散坐在草棚内地上的碎草上，拿出些食物，欲吃下去。

突然，外面的车夫慌张地向草棚跑来，边跑边用手指着五原城方向喊："蔡先生，你看，你们看。"

棚内所有人的视线，都被引向了那边。

只见那条路上滚滚烟尘，有一匹载人的快马飞驰而来。

众人为之一惊："莫非那王智派人追赶来了。"再细瞧，除此这一骑外，并无别人，众人也就稳定了许多。

那匹快马越来越近，蔡邕觉得骑在马上的那人好生熟悉，可一时又难以想起。直到来者勒马收缰，停在草棚前后，蔡邕才认出他来：这不是五原郡衙内的那位曲兴雅文吏吗？他急急火火地追来想干什么。不管怎样，还是搭上话头再说。

"看来我们尚有情缘未尽啊，所以想走也走不得了。"蔡邕冲着来者笑道。

"先生可真会开玩笑。"曲兴雅气喘吁吁地答道。

"这哪是玩笑，不然，你为何驱马百里，到我这里呢？"

"我来，是有要事相告，这可不是像昨日奉命公差，而是我本人自认为应该如此。"

蔡邕见人家这样说，不管要相告什么事情，都是人家的一片诚心，于是，马上正口道："见谅，见谅。说心里话，这次途经五原，给我留有好感的人，唯有你曲文吏一人，觉得你真诚憨厚，可交朋友。不过情急之中必有疏漏，我们一家不辞而别，其中缘由你也清楚，理解我们吧。"

"久闻蔡先生大名，今有幸一见，甚是荣幸，本该借宴叙之时，闻先生阐谐世之髓，可是昨夜会发生那等事情，王智他……"

"哈哈哈，常言道：王者逐鹿无知己，既然我与王智言无知己，那只有各奔前程了。"

"怕你奔不得前程了。"

"此话怎讲？"

"昨夜，当有衙役把蔡先生携带家眷连夜离开五原的消息，报告给了王智太守后，直把王智恨得咬牙切齿，当下要发兵把你们追回。还是经我在一旁劝说，他才罢去此念。不过他仍觉得恨不过，便即命本人连夜为他写上一封密封，今晨已派快马抄近路上报朝廷了。唉，说起来我曲兴雅对蔡先生的十分尊敬，做这种伤天害理之事是迫不得已，怕蔡先生吃亏，特地跑来转告一声。"曲兴雅郁郁地说。

"密封作何内容？"蔡邕惊问。

"信中写了许多，其中主要的内容是托朝廷中与他的哥哥王甫有交的要宦曹节，在皇上面前奏报你的'恶行'，说是蔡先生一直抱怨朝廷皇上对自己的流判，这次面对皇上的赦刑也以怨报恩，在五原王智为之举行的饯宴上，当众讥谤朝廷，发誓此次回朝，定要为先前流放之事，向众官、内廷讨个说法，进而影射皇上。我看有了这封密奏，先生回到朝廷，肯定凶多吉少。"

听到这里，蔡邕已是感恨交集。他上前握紧了曲兴雅的手，激动得说不出话来，无疑，他此仗义之举，是救了他们全家的命。转而，再想到王智，即刻义愤填膺，顾不得斯文了，冲着五原城的方向，大骂一声："王智，你这个绝户畜孽，怎会得好死。"

洛阳暂时回不成了，去，只是死路一条。茫茫天涯，怎就没得蔡家人安生？

一群乌鸦飞来，在树枝上盘旋，在荆棘中嘎嘎乱叫。它们的到来，是在提醒着困在这荒郊野外之中的蔡家人，这里实在不可久留。

时间久了也不是长法，曲兴雅见蔡家人只是叹息、流泪，便上前帮他们拿起主意道："天无绝人之路，京师去不得，我看另找个稳妥之处匿躲一段时间，会挨过这个灾难的。"

曲兴雅一句话，提醒了蔡邕他们全家人，是啊，此前在安阳，不就是躲过来的吗。对，就这么办了。可如今没有了安阳周越县令的庇护，又到哪里去躲呢？

又过了一段时间，蔡邕才若有所思地说道："我们就得到他那里去了。"

大家忙问："他那里在哪？他又是谁呀？"

蔡邕细说起来："这人是我早些年的一个莫逆之交，称为'泰山羊氏'，自他定居在吴会（东汉时，分西汉的会稽郡为吴郡、会稽郡二郡，合称"吴会"）后，曾多次邀我到那一聚，只是因为我撰那汉史，抽不出时间来，才没得一聚。"

事情就这样定下来了。

蔡家人又上车了，在与曲兴雅告别时，蔡邕含着眼泪他拱手致礼："蒙您传讯之恩，我蔡家人没齿难忘，常言道滴水之恩，当涌泉相报，日后若得机会，我们为您赴汤蹈火，在所不辞呀。"

"不必过谦，我们算作朋友而牢记在心里，我当足矣。"兴雅回礼道。

人常说，梦做得多了，终会变成现实。看来小文姬及家人归洛阳的梦，还做得太少，太少……

种山深处的奇才少女

　　载着蔡家人的马车披星戴月，出五原，绕邯郸，赶往吴会，一路倒也顺畅。经过一个多月的行程，巍峨的山阴城楼，已是遥遥可望了。

　　山阴城地处种山东南麓，临钱塘江南岸。春秋时，当时称大越，作为以勾践为君王的越国国都，曾兴盛一时。勾践北上称霸，灭吴后就把国都从大越迁到琅琊。秦始皇统一中国后，在这里建立会稽郡，大越改名为山阴，作为了会稽郡的一个县。到东汉永建四年（公元129年），这里又实现了以钱塘江为界的吴郡和会稽郡分治。江北为吴郡，江南为会稽郡，而山阴，便是会稽郡的治所。

　　日暮时分，在距山阴城几里之外的驿站，蔡家人住下了，然后，便开始四处打听"泰山羊氏"的踪迹。还好，没费什么周折，便得知羊氏独自一个，现居种山深处修行。

　　过日，蔡家人吸取了以往的教训，为了少有麻烦，便绕过山阴城，直奔种山。

　　在种山的山麓，见到了羊氏。蔡邕和羊氏两人把臂相拥，未曾开口便止不住热泪涌流……

　　对于蔡邕能率家人投来，羊氏甚感兴奋，当下，便带领着他们进了种山中。

初冬的江南，不比北方，太阳是暖洋洋的。山上的乌桕树虽然已经落叶，可仍是一派勃勃生机，仿佛春天很快就要来临。地上的草，顶上多成了赭色，可根边还带着绿意，给人以寒风难吹倒的感觉。这里的冬天仍有活力。

一行人向种山深处行进了约五里，密林豁然开朗，一幢茅舍现在眼前。

羊氏指着它告诉大家，这就是他提供给蔡家人的住所。

"啊，幽哉，美哉！真是神居之地呀。"

众人见了皆赞叹不已。

这房舍已经与周围的峭石茂林融为一体了。站在房前举目远望。只见山下的鉴湖湖面波光闪闪，水畔的山阴城内楼宇峥嵘。近瞧四周，山幽林密，溪淙鸟鸣，特别是房前的空场上石桌石凳旁，还生长着一棵巨大的银杏树，干粗枝茂。

羊氏见蔡氏一家人喜欢这里，他很是欣慰。

蔡家人有了这样超脱尘世的幽居，心平意畅。

就这样，小文姬一家游荡他乡，在这种山深处隐居下来。

岁月如梭，小文姬伴随着银杏树的花开花落而成长着。

四岁了，小文姬可以独自放任地玩耍了。她时而去淙淙溪水边嬉戏，时而去密密的林间穿梭，时而还攀上巨石远眺……小小的年纪，增加了大山能给予她的不羁的个性。

尽管这样，细心的父母还是注意到了成长中的女儿，对学识的渴望。母亲讲来的故事，她愿意听，能复述；父亲研习书经时，她总是在一旁静静地观望。

蔡邕决定对她开始知识的启蒙。

此后的日子里，每天，蔡邕都要抽出专门的时间，把小文姬收束到自己的身边，教上她一首首又美又甜的歌谣或诗赋。父女俩有教有学，有说有笑，十分惬意。不觉中，小文姬已能吟咏出许多诗句来。蔡邕心里觉得这孩子颇有灵气，天资聪颖。很快又惊诧女儿还有着超乎常人的记忆力。

一天傍晚，在房前那株枝繁叶茂、苍劲高耸的银杏树下，蔡邕独自坐在那块方石凳上，研读书经。小文姬就在他身边的不远处玩耍。

读累了，蔡邕放下书，见水鸟纷飞，不觉诗兴大起，咏出《诗经》中《唯坞》诗句来。

谁料想，就在蔡邕刚刚吟过后不久，本来在一旁蹦蹦跳跳，心似专心玩耍的小文姬，用她那甜甜的、嫩嫩的、像那林间的小鸟鸣叫般的童声，竟哼咏起父亲才咏过的这首诗来，而且一行未漏。

蔡邕听着，真有些不敢相信自己的耳朵了。女儿有强记的天赋。这种过目成诵，听罢即复的才能，唯有学者王允少能为之。

为了验证女儿的这种才能，蔡邕稍停一会儿，把自己在北疆流放途中所作的表达思妇对征夫的相思之情之诗作《饮马长城窟行》，吟出口来，看看小文姬如何把这首难度更大的诗赋，记背出来：

青青河畔草，郁郁园中柳。
盈盈楼上女，皎皎当窗牖。
娥娥红粉妆，纤纤出素手。
昔为娼家女，今为荡子妇。
荡子行不归，空床难独守。

吟罢，蔡邕把小文姬叫到跟前，问她刚才听到了吟咏的诗了吗？小文姬乐滋滋地答，听到了，蔡邕要地复述一遍。只见小文姬一点儿也没有为难的情绪，她小口一张，时才吟的那首诗便脱口而出。在背诵的同时，还绘声绘色，表情丰富，小脑袋不由自主的摇晃着，两根羊角小辫也随之一颤一动的。

真的又一行未落。

这下，蔡邕是被女儿的强记天赋彻底地折服了，真是太令人兴奋了。只见他撒开双臂，一下子就把小文姬托举起来，并惊呼道："我的兰儿过目成诵，真是个神童啊。"

小文姬见父亲如此兴奋，她也高兴了，在父亲的双臂上，哈哈大笑起来，这笑声在大山中不断地回响……

蔡邕把这事与五娘和妻姐四娘说了，她们也甚是高兴，都督促着蔡邕，快些教女儿更多的知识。

此后，蔡邕倾其所能，教小文姬咏诗吟赋学文，风雨无阻。到了她七岁时，小文姬已经是学有成就了。她不仅可以吟诵出上千首的歌赋，更令人惊异的是，她凭着强记的天赋，还可以一字不漏地背出父亲以前撰写的文章四百多篇。

渐渐地，藏于蔡邕脑中的知识，和家中仅存的那些书简，已不能填饱小文姬学识的胃口了，这使得小文姬的父母心中暗急。幸亏蔡邕本是全才，他便另辟蹊径，开始培养她其他方面的兴趣。

书法，也是蔡邕的拿手好戏，年轻时，他为了练得书法的精髓，曾独自在嵩山的石屋中苦学苦练苦思了三年，最终使自己的书艺大进。经他揣摩和总结了民间流传的书法技艺后，写出来的隶书，既汲取了扁平严整的结构，又创造出点画撇捺之处向上挑起的写法，使隶书写起来既稳重端庄，又飘逸顿挫，精巧而富于变化。人称这种写法，为蔡邕的"飞白"书体，即"八分书"。同时，他还写下了大量的诸如《笔赋》

《篆势》《隶势》等文赋，以赞美书法技艺。

蔡邕决心教会女儿这门技艺。

此后两年中，小文姬静心随父学习书法，待到了小文姬九岁时，她所写出的书法作品，便见功力了。特别是隶书，由于得父亲"八分书"的亲传，所以写来尤善规矩，多力丰筋。这里提及一句，当后世人大赞东晋时的大书法家王羲之的隶书，法度已臻完备，为正书之祖时，殊不知，王羲之的书法技艺，为这样一个师承关系：即由蔡邕传之崔瑗和女儿文姬，蔡文姬又传给三国时期魏国的著名书法家钟繇，钟繇再传给东晋女书法家卫铄（卫夫人），而王羲之则跟随卫铄（卫夫人）学习书法。

到了蔡文姬十岁那年，蔡邕又发现她在音乐方面更具天赋，便发誓也要在这方面培养她。

蔡邕雅善鼓琴，世人皆知，在他年轻时留有一个不以琴攀势的令人称赞的故事：汉桓帝时，中常侍徐璜、左悺等"五侯"擅权专横。延熹二年（公元159年）秋，徐、左等宦官听说了蔡邕弹得一手好琴，便来了兴致，借桓帝之名，勒令陈留太守，要即刻发送蔡邕到朝廷来，为这伙人弄弦奏乐。蔡邕不得已负琴上路后，一路上总是琢磨如何脱身。当他行到偃师时，终于想到佯装重病缠身，不能前行的办法，之后便折回家中。事后，宦官明知蔡邕这是不愿来朝奉侍，但也没有办法。

蔡邕发现女儿有音乐天赋，起因是这样的：

那是一个中秋之夜，金黄的圆月在天空。

蔡家祭月。

屋内，堂中的供桌上，摆满了祭品，有月饼、瓜果、毛豆枝、香茶，再点上三炷香。按当时的规矩，祭月时，由女人拜月，男人不拜，因为月属阴。

当五娘、四娘和小文姬在屋内忙于祭拜的准备时，心情格外好的蔡邕，便在屋外空场的石桌上，摆上了焦尾琴，他是想在这皎洁的明月下弹奏吟唱。

屋内，五娘等人准备就绪，接着，她们跪拜在蒲团上，虔诚地祝愿一家人团团圆圆，别再四外漂泊流浪。祝毕，点燃了焚香。

屋外传来了琴声。蔡邕的琴技真是高超，流水般的音曲荡漾在整个山林间，荡漾屋内每个人的心头上。

沐浴着洒入屋内月亮温柔的清辉，听着撩拨心绪的琴声，五娘十分惬意，她乘兴给小文姬讲起了月亮的故事：

上古时候，有一年，十个太阳在天空出现。地上大旱，百姓没有吃的，野兽因没有吃的就吃人。人们困苦不堪。帝王尧见到这种情况，便派后羿去射太阳。后羿用神弓箭射下九个太阳，立了大功。后羿的妻子嫦娥是位美佳人，在后羿不在家时，她得知后羿从王母那里得到的是长生不老的仙药，于是，就偷吃了后羿的仙药。嫦娥吃了这药后，只觉得全身飘飘不能自控，于是，便飞向月宫，在那广寒宫里独耐凄凉。她虽然得到了永寿，却失去了自己的男人。嫦娥日夜思念亲人，于是叫玉兔替她捣药，准备吃了后，凭借她的法力，再回到人间去……

小文姬听得入了神，见母亲不再讲下去了，一个劲地催促说："完了呢？完了呢？"

五娘见女儿如此专注，笑了，故意逗着她说："故事讲完了。"

小文姬岂能放过母亲，正待她要扑上去，向母亲讨出故事的结局来时，那边四娘说话了："五妹，你说你，告诉孩子嫦娥仍在月宫中不就结了，何必让孩子着急。"

"你装好人，你为何不给兰儿讲个故事？"五娘反讥四娘道。

"讲就讲，过节嘛，就是尽兴。"

小文姬见四娘要讲，忙丢开母亲，凑向四娘。

这时，忽然听到屋外随着"嘭"的一声响，蔡邕弹奏的琴声停了。正待五娘姐妹不知何故，向外张望时，只听得小文姬说道："是父亲弹奏的琴的第二根弦断了，待我取来一根，给父亲送去，回来你们接着给我讲。"

五娘姐妹听小文姬这样说，都很惊愕。

然而吃惊的不仅仅是她们姐妹俩，蔡邕见女儿送来的正是刚刚奏断的第二弦时，更是惊得说不出话来，好半天才对女儿说："兰儿，你怎么就知道断的是第二根琴弦呢？"

小文姬听父亲这样问，却不以为然地说："怎知道，我是听来的。"

蔡邕笑了，说："听来的，怎会让父亲相信。"

"不信就不信，反正你断的就是第二根弦。"小文姬自信地说。

蔡邕没再说下去。

在小文姬一蹦一跳地回房去后，蔡邕陷入了沉思之中：女儿能辨出断的琴弦是哪根，这可真是不可思议的事情啊。我看不是一种巧合，那就是女儿在音乐方面有着天赋。先前的不算数，待我再试上一试。

想到这里，蔡邕忙调好琴弦，又徐徐地弹奏起来。

当蔡邕弹过一阵之后，便故意地弄断了琴中的第四弦。停下后，向房内喊道："兰儿，父亲的琴弦又断了一根，你看是第几根。"

"是第四根嘛，您是故意地逗我，我不再给您送去了，您自己进屋来取吧。"

这下蔡邕完全信服了。他激动得跳起身来，来到房屋门前说："兰儿，你有这样好的琴感和天赋，为父从今日起要你随我学琴。"

"学就学，这有何难。"小文姬爽快地答应了。

自此，小文姬每日里又多了一件事——随父学琴。

一段时间过后，小文姬对父亲的所作所为感到不解了。这期间，当她满怀信心地要随父亲学琴的时候，父亲并不让她摸琴，甚至在她偷偷地拿着自己做的那一个一寸来长、磨得精光精亮的竹片，轻轻地弹拨几下琴弦时，父亲见了也要动怒。

"这叫什么学琴。只是一遍一遍地听他弹奏，我不学了。"怨气，小文姬只能冲母亲撒。

见女儿这般孩子气，五娘总是笑，不做答。后来，见女儿这样赌气多了，才认真地告诉了她："孩子，这是学琴的第一步，叫做"辨音"，听得琴声，才能弹得好琴，你父亲常这样说。"

"听琴？"

"对呀，兰儿，我给你讲个发生在你父亲身上的故事吧，听完你也就理解你的父亲的举动了。"

"母亲讲来。"

"那还是在陈留圉镇老家时，咱家有位邻人与你父亲相处得不错，时常以酒食来召请他，而且每次去都是酒食尽饮。有一次，这邻人差人来告，说有位懂琴的客人已来他家，欲与你父亲切磋琴艺，现正在他家屏风里面弹琴，请你父亲过去。你父亲欣然应邀。当你父亲走到那邻家的门口时，听着里面传来的琴声便止住了脚步，再细细听后，便自言自语地说：'这叫什么切磋琴技，明明存有杀心！'于是，转身便返回家中去了。那邻人左等右等不见你父亲前来，心中不免有些焦急。正在这时，传话的差役进屋来告诉主人，说是蔡邕刚才来过，但走到门口，听到屋内传出的琴声，自己嚷几句后，便返身回家了。那邻人很是奇怪，因为你父亲品德甚高，素来深受四乡邻里的尊重，而这样的不打招呼便悄然离去的非礼举动，他是不会做出的，其中必有其他缘故。于是，便打算追到咱家问个究竟。正待那邻人欲举步出门时，他家来的琴客却一把拉住了他，说：'不用去了。这个叫蔡邕的人，琴技在我之上，如果

说我能用琴声去表现世间的事物的话,那么他却能清晰地辨别出各种各样的琴音,这要比表现强许多倍呀。'那邻人更是大感不解了,急急地向那客人追问,客人接着把实情告诉给了这个邻人:'我刚才拨弦时,忽然看见地上有一只螳螂正向一只鸣蝉爬去,蝉即将逃离,但还没有起飞,螳螂却有些犹豫,进一步后又退一步。我很着急,唯恐螳螂捉不到蝉。大概这时不自觉地就把杀心反映在了琴声上,恰被那蔡邕听出,以为我对他存有杀心,便怫然而去了。我真敬佩知琴者蔡邕呀。'过后,那邻人询问你父亲为何来而不入时,你父亲莞然而笑,说道:'这个弹琴人存有杀心。'那邻人听罢惊赞不已。"

五娘说完了这个故事后,见小文姬沉思起来,便又说道:"兰儿呀,你父亲是在用心地教你学琴啊。"

听母亲讲了这个故事后,小文姬变了,她不再说什么,而是十分专注地听父亲为自己所弹奏的每一只曲调了。时间久了,小文姬真感到收获不小,如今已是当父亲的琴声至其明朗处,如春雨滴玉、如行云流水之时,她的心情也能随之变得激越;而当父亲的琴声,弹至其幽鸣处,似乌啼猿哀、催人而泣之时,她的心绪又会随之而变得低沉了。

再后来,父亲便精心点拨她操琴了。同时,还让她去听大自然的声音:林鸟的鸣叫,山泉的叮咚,林涛的轰鸣……

小文姬的琴艺日渐成熟。她弹出的宫商各调终于也达到了音高处,如长空揽月、流云彻风;音低处,似深峡九曲、老骥哀鸣;轻松时,如一只仙鹤凌空飞鸣,舞姿轻盈;郁闷时,如满天乌云、压城欲摧,春花凋谢、秋叶飘零、淡泊幽怨……

蔡邕发自内心地高兴着。

一日,蔡邕爱意浓浓地拍着小文姬的肩头,说:"兰儿,父亲送你一件礼物。"

当蔡邕送与女儿的礼物,是他十分珍贵的"焦尾琴"时,文姬明白了,父亲对自己的琴技,给予肯定了。

蔡邕沉沉地对着小文姬说:"你也知道,这'焦尾琴'父亲十分喜欢。那是十余年前,我们初来这里时,就在这山下,有吴人用桐木烧火,为我们做饭。当他添木加火时,我听到木头燃烧爆裂的声音,知道是块好木材,就要来将这木材裁制成琴,果然弹奏起来声音悦耳。由于这琴的尾部还留有烧焦的痕迹,所以称之为'焦尾琴'。现在父亲把它传送给你,你可不能枉费为父的一片苦心哪。"

文姬欣喜地接受了父亲的礼物。

在一旁的五娘见丈夫表情端庄,语气凝重,便笑着对蔡邕说:"不就是一把琴么,它和别的琴我看都是一样的。"

蔡邕听了妻子的话后,立即十分认真而严肃地对她说:"这话可不能这么说,这不仅仅是一把琴,这把我最心爱的琴,是我的整个琴心,今日我送与自己的女儿,这说明我是找到了真正的知音。"

蔡邕从没有过像今日这样的高兴,因为他可以自豪了,仅十二岁的女儿,如今已经完全承继自己全面的才能!

不该别离的时刻

一晃,就来到了中平六年(公元189年),蔡家在种山深处,已隐居了十年。

这些年,正像蔡文姬在不断地成长变化一样,汉室朝政,也在发生着变化。

这年的四月间,当朝皇帝灵帝刘宏,终于病死于洛阳皇宫中的嘉德殿。

本来,灵帝这年才三十四岁,按理说,正是鼎盛的年纪。可惜他自小就体弱多病,加上多年来一直生长在深宫里,过着淫乱侈靡的生活,所以使他变成了一株弱不禁风的病秧子,稍遇风寒,便疾病缠身。他这次发病至死的起因,便是三月的平乐观大阅兵那天,冒着寒风先是骑马在野地里行走,随后又立在高坛上观看骑射对阵。回宫后,便是头痛脑热,四肢无力,咳嗽不已。待御医前来诊治时,竟是大口大口地咯血,一下子病倒在龙榻上。

灵帝这位昏庸、腐败的皇帝在位期间,历经朋党之争、黄巾之乱,眼下,朝野内外又是危机四伏,几乎天天都有叛乱的消息传进宫来。这朝政就如同风雨中逆水而行的破船,随时都有颠覆沉没之虞。

灵帝的病拖到夏历四月中，他已预感到自己日薄西山了，放心不下列祖列宗传给他的大汉帝国之时，便想留下个遗旨，把皇位传给儿子。但他没有预计到死神的脚步会来得这样的快，一切还未等实施，便一命呜呼了。

三公及百官本以为，灵帝弃世，宫中会有一场争夺皇位的内乱。可事情却进展得很顺利：灵帝一死，十四岁的皇子刘辩（少帝）便继了位。

刘辩继位后，改年号为"光熹"，由何太后临朝听政，何太后之兄、屠户出身的大将军何进执掌大权辅佐。

何太后的地位是至高无上的。她内有亲子刘辩做天子，外有胞兄何进、何苗统率精兵良将，号令天下，谁敢不从？然而，宫中还真有人想与她争权，这人就是灵帝的生母、何太后的婆婆——董太皇太后。

董太皇太后是个不甘寂寞的人，灵帝在世时，她就数次弄权，搜刮不少钱财，为清流所不齿。如今她倚老卖老，想从儿媳的手中夺过权柄。便时常在宫里怒骂："你何后有什么了不起，不过是个屠户之女，张什么狂，什么何进大将军，竟敢怙势鸱张，目无他人，待我传令吾侄骠骑将军董重拿下你何进，势如反掌。"这董太皇太后一时兴起，怒骂解恨，不想，祸从口起，何太后暗中与何进商量，授意臣子弹劾董氏。奏本呈上后，何太后立即准奏，并派了一帮虎狼之吏，强迫董太皇太后立即离宫归河间藩邸。何进也发兵勒令董重交出印绶。董重一见大事不好，只好自杀了结。到了六月，迁居河间的董氏也不明不白地暴崩。

何太后伙同何进没费多大力气，就解决了两个心腹大患，但作为外戚，他们始终不敢大意，深知劲敌宦官势力远没有消灭，稍一轻心，像以前宦戚争斗中那样的"窦武之祸"马上也就会降临在自己头上。恰在此时，有讯传来，宦官们蠢蠢欲动，准备以"大不敬"罪名弹劾何进，何进决定抢先下手。

七月里的一天，何进召司隶校尉袁绍等一干幕僚门客，汇到后花园芳林阁，名为纳凉消遣，实则盘算诛灭宦官大事。当众人达成即铲宦官的共识后，为了稳妥起见，还需召驻扎在京城外、拥兵自重的豪强军阀董卓率兵入京来实现。

董卓得召后，喜出望外。他的野心是最后在朝中独揽大权，但此时依旧将自己打扮成一个大忠臣的角色。他在率兵向洛阳进发的途中，上疏说：

……中常侍张让等，窃幸承宠，浊乱海内；臣闻扬汤止沸，莫若去薪，溃痈虽痛，胜于养毒，昔赵鞅兴晋之甲，以逐君侧之恶，今臣鸣鼓如洛阳，清收让等，以清奸秽，不胜万幸。

在何进欲诛杀宦官的计划正在按部就班进行时，不想密谋泄漏，未等董卓到京，宦官张让、段珪先发制人。他们诏召何进进宫，先动手杀了何进。宫中大乱，虎贲中郎将袁术放火烧了宫门，逼迫诸宦官出宫。袁绍遂杀赵忠及诸宦官等两千余人。张让、段珪劫持少帝及弟弟陈留王刘协逃往小平津（今河南巩县北黄河渡口）。尚书卢植等追击不舍，誓将宦官捕获杀尽。张让、段珪走投无路，投河而死。董卓兵近京都，得知此变，少帝此时在外，便脑筋一转，决定先将少帝握在自己的手中。于是，便率兵前去迎帝，再入京城。

董卓入京后，按照自己的意愿，首先吞并了原属何进及其弟车骑将军何苗所辖的军队，又收买了骁将吕布，杀了执金吾丁原。至此，此前京城发生的混乱，被董卓平息了。整个洛阳城中的兵权，尽归董卓。汉政从此开始由董卓操纵。

董卓生性粗猛，年纪轻轻时，便已成为一个赳赳武夫。发迹前，他广结巨豪，收买人心，官位由郎中而校尉再为河东太守，当他后来在关西名声大震，成为那里的军阀首领时，朝廷也曾恐他拥兵自重，两次诏命他把军队交给左将军皇甫嵩统领，遭到他上书拒绝。董卓之所以如此违诏，自有他因。一来，是他自恃手中有一支强悍的军队，任何人都会拿他为重；二来这个流氓莽汉，还有政治野心，这就是他想要取汉政而代之。

如果说董卓在外戚和宦官为控制皇权的鹬蚌相争中，作为渔者净得其利，而蔡家人却无论如何也没有料到，董卓的出现，却着实改变了他们全家此后的命运。

事情是这样的：

董卓借诛宦官之机入主洛阳后，控制了皇权，政由己出。于是，他久存心中想做个汉政的当家人的野心，便开始膨胀了。董卓先是觉得自己头上那顶前将军的帽子，实在有点不顺眼，权在百官之上，而位居三公之下，这怎么能行？若长此以往，又如何能使百官臣僚口服心服。给自己加官晋爵成了他主要的心事。

老天似乎有意安排给董卓机会。此后大雨连降两月不停，致使洪涝成灾。借此天相，董卓便对何太后和少帝说，这是上天垂象，警告有司，不罢司空，天意难平。这话的言外之意，何太后和少帝怎能不明。于是少帝即刻下诏，免去司空刘弘之职，改由董卓担任。这样，董卓的第一个目标——位居三公之列，便得以实现了。

随后，董卓又感到了美中不足。这是因为董卓多年都是带兵征战，自己的手下不乏那些能征善战凶猛的武将，可偏偏却没有文采飞扬的学士。古往今来，只靠武将，不依文士襄助，要成霸业是不成的。远的不

讲，仅说前、后汉两位开国皇帝来说，高祖刘邦是靠了叔孙通一类鸿儒，为其制礼乐、定宪章，使他皇位高坐；光武帝刘秀，也是借助了强华这个儒生所献的赤伏符，而荣登大宝。他如今也已到了成霸之时，没有鸿儒主动投效，那就得自己去请。

董卓的这个想法是很现实的。若说这堂堂的大汉朝廷，没有一位有点学识的人，这是瞎话，但他们或是浮浅，或是滑舌，没有一个能合乎董卓的口味。董卓也十分清楚，自桓灵二帝以来，党狱屡兴，天下那些名士鸿儒不是被诛，就是被逐，活下来的有学问的真正名士，大多退隐于山林荒野之中。只要寻得一位大名士做旗帜，才能紧跟着唤来一大批文人效力。

董卓为求这位大名士，咨询了许多的人，大家异口同声，说能够胜得此任，当朝唯有大学者蔡邕。不过此人自十年前灵帝诏赦后，再没见其踪影。

经众人提醒，董卓也想起了誉满四方的蔡邕，他认为大家说得对。于是，便紧锣密鼓地派人四下里打探，一定要找到蔡邕的踪迹，进而把他请到自己的身边来，以辅己成业。

董卓四下里派下去的人，很快就探得了确切的消息；说蔡邕一家人得泰山羊氏的帮助，现隐匿于吴会的种山山中。

董卓喜出望外，马上急就一份征召令，让人带上，去召回蔡邕。

董卓的这个举动，就此打破了蔡文姬一家宁静的生活。

这一日，蔡文姬和父亲在房前的石桌边诵习经文。忽然，看到自山下上来两位官差打扮的人。不知有多长时间没有客人来访了，蔡氏父女此时是又惊奇又犯寻思。

来人近前拱手施礼后，对蔡邕说："贵师是陈留蔡邕？"

"正是。"蔡邕有礼貌的答到。

"终于找到您了。"

"找我？"

"对！"

"不知甚事？况是我还不知二位是何人？"

"我们来自京师洛阳的朝中，奉董卓司空之命，为您传信一封。"说罢，那两人中的一位，已从怀里掏出一封书简，递了上来。

"董卓为何给我书信呢？"蔡邕在接过那信的同时，心里更犯开了寻思。

拆开信一看，明白了一切，原来董卓要他回朝任官。

说起这些年间，蔡邕虽是人在江湖，对朝中所发生的惊天动地的巨变，却并非一无所知。尽管董卓对自己十分尊崇，但董卓不了解此时的蔡邕已非往日了。他已经离不开可以陶冶性情的青山绿水，怎能再投身仕途险凶的狼牙虎口呢。为此，蔡邕想也不想，便对来者推托道："谢董司空对我的抬举，但老生实难从命，主要是多病缠身，不堪重任，还望二位回禀董司空我的这个意思。"

言毕，拉起蔡文姬进屋关门，不管两位来吏怎样恳求，都不去理会。

无奈，那二人只好悻悻离去。

蔡文姬不解父亲为何如此这般，过后，她认真地问父亲道："爹爹，平日里您一向教诲孩儿，要勤奋治学，将来好为国出力。如今国家要您出力，您为何要退却呢？"

蔡邕见女儿年龄已大，有些事情应该与她说清了。于是，叹过后认真地对女儿说："兰儿，你可知，为父我以往并非如此，早在鼎角之年，一入朝堂即连登三阶，确有一飞冲天之势。那时谁不以称羡的目光注视着我。同时，为父也一心为国效力。可是，在光和年间，我见竖宦

擅政，党人被诬，痛心时事，三番五次地慨然上书，以切责群阉，为党人申诉。可是因上书而被诸常侍所嫉恨谗毁，到头来，虽免死，但一次被贬，一次亡命，身在蛮荒僻野，活在莽莽深山，历尽了忧患，剩下的只有闷在心里的酸楚。经此挫折，为父早已绝意仕途，何况眼下社会动乱，政事更不便过问。兰儿你说，我们一家人如今徜徉山水之间，寄情笛琴诗书，有什么不好呢？"

蔡文姬向来相信父亲，听了父亲这番肺腑之言后点头称许。

再说那两个京城来使回到洛阳后，把面见蔡邕而其不应之事，原原本本地向董卓学了。武人出身的董卓怎能受得了。他立即动了怒：我把他当做上宾，他却好不自重，若这个蔡邕都征召不来，又何谈揽天下俊彦名流？

当下，董卓对那两个人骂道："我能诛灭任何违命者满族，蔡邕胆敢矫情抗命，这是他自身不想安生了！我再给他一次机会，你们二人带上檄令再返种山，如若他仍不听召，那时，就甭怪老子不讲情面啦。"

那二人见董卓动怒，哪敢怠慢，连夜返回种山。

蔡邕知道董卓要动真格的了。怎么办？一家老小不可能再遭流徙了，眼下还是保命要紧吧。于是，蔡邕凄笑后，把回洛阳之事，答应了下来。

这天晚上，明月高悬，四下里的景物依稀可见。屋外的石桌旁，蔡邕夫妇相对而坐，他们要商量回洛阳之事。

蔡邕先自沉沉地说："唉，谁会想得到呢，在这种山深处我们放浪自由了十几年，死逼无奈，这又得回洛阳去了。"

五娘说："去与留皆当该然，看来我们命里注定，一生要有诸多的变故了。"

"这么多年了，在流落他乡之中，该想的我都想过了。唯没想还会为官。仕途维艰，这董卓为什么非得要我出山呢？"

"你这人，为什么偏钻牛角，这世间有多少人挖空心思当官都当不上，你倒好，有人求上门来，你却一百个不高兴，可真是天下第一怪。难道我们要一辈子隐名埋姓下去？"

"你对我还不了解吗，我们如今生活得十分安逸，这对我们家的任何一员来说，确实是来之不易的。我是难舍这不易中的乐趣，不愿再与那些官场中的虎狼为伍了。"

"事已如此，总应该往好里想，就让官场变幻的风云，再磨炼我们一回吧。"

"如今可不是一般的磨炼啊。你看，天下动荡，朝政交困，豪强群起，流民反抗……多此种种，这官可怎么做呀。"

"你就是发自内心地不想去做，才这般忧虑。万事小心谨慎，不凭性子，会安全的。"

"我蔡邕已是年过五十岁的人了，做奸做赖，或用或贬，都无所谓了。不过，自打我答应下来时起，我内心便有一种感觉，此去朝廷，不会很安全的。"

"此话怎讲？"

"那董卓既有了武将，又有了文臣，凭他个性，势必觉得自己的羽翼养成，威势已立，下一步他是否想取汉而代之，这都不好说。汉家君临天下，垂四百年，如今虽已到了濒临崩溃的边缘，但若要有人想推翻，只怕臣民不服，难从公议，这样必然要有一番拼杀。我一直在想，此后我不能再牵累家人了，特别是兰儿，她现在已经长大成人，并且学业有成，我得靠她重续父业！想来想去，我觉得还是由我只身前往洛阳的好。好了，我再接你们过去，万一有了闪失，你们也会自顾生活了。"

"考虑到我们这是对的，但我认为这样不妥的。如今不比以前，你

的年事已大，身边总得有人照应，即使不能为你的政事出谋划策，身边有能说知心话的人，感觉也会好的。再者说，女儿文姬她会怎么想，自小她就向往到洛阳去看看，如今若要把她留在这种山深处，她会苦恼万分的。"

蔡邕理起眉头，忧心忡忡。五娘连声叹气。

四娘走出屋来，说："这事也许不难，我知道你们是为兰儿考虑。怕她留在这里寡默，怕她身居乱京受吓。不如你们夫妇二人先去洛阳，相互照应，察观时变。我带兰儿到圉县老房暂居，那里还有她的叔爷夫妇。清静之中，利于她生长。如若你们安顿好了，再把女儿接过去也不迟呀。"

蔡邕夫妇认为这个想法最为合理，便当下就答应下来。

父女二人漫步在林间的小路中。

蔡邕终于把方才的决定告诉给了她。

蔡文姬一听要与父母分手，难过了，随后泪沾衣襟。

其实蔡邕此时也痛楚，这么多年来，他殚精竭虑，呕心沥血，把女儿这块纯朴的山玉，已雕琢成了一件灿烂无比的艺术品，怎能割舍得下呢。但这是为她着想。

"兰儿，你应该晓事，不是父亲非要这样做，而是……"蔡邕艰难地说。

"快别说了，我知道你们这样做是为了我，可是……可是……得容我……好好想想呀。"蔡文姬难过得说不下去了。

蔡邕理解女儿的心情，果然不再说了，然后先是伸出温暖有力的手，抚摸了女儿的头，再后，默默地离开了沉思的女儿。

蔡文姬心酸，她无法接受与父母分别这个事实。虽然，父母是先把她送回老家再分别。但是，自她懂事以来，一家人虽海北天南地飘零，可一家人尚未分开过呀。不会太久，她就得离开父母了，这怎能不让她痛彻心肝呢？难道自己一生的旅途，今后就得自己去走吗？文姬不能再往下去想了，越想越有像是失落了宝贵的、一生一世永远也无法弥补了东西的感觉。她再也不能控制自己了，四周无人，她扶着一棵大树放声大哭起来……

　　蔡邕到洛阳后，董卓当即授他为祭酒。转日，又迁侍御史。隔了一天，又转治书御史。再隔一天，又擢拜尚书。这样，数日之间，周历三台，蔡邕升迁之速，堪称纪录。不久，宫中有旨出蔡邕为巴郡太守，但董卓心想，蔡邕这绝世之才，是我费尽心机才得来了，岂能让他说从我手中溜走就溜走呢。于是，董卓便把诏书压下，另行升迁蔡邕为侍中，总管他的"朝政"。

第三章

妒红颜，青春岁月情苦涩

她的一生注定坎坷不平。未成年便失去父母双亲，与乳母相依为命。遇上文雅青年卫仲道，结为美满婚姻，却不幸仲道早夭，年轻无子的文姬，只好返回蔡家。而此时，她还不到二十岁。本章主要写的是蔡文姬由少女到少妇，再到寡妇的不幸生活。

生命中的第一曲悲歌

话说蔡文姬与父母挥泪分手后,与乳娘两人直奔圉城。洛阳与圉城相隔并不远,两地相距只有百余里。

陈留郡圉县,有着悠久的历史。自商汤封夏后于杞地之后开始建城,有史书载曰:"(该城)春秋陈地,郑取之。苦楚之难,修干戈于境,以虞其患,故曰圉。"随着历史的演进,该城逐步发展,到了西汉时,已很具规模,于是,当朝执政者置圉县,治所就设此。

蔡家祖籍不在此地。其先世早年显赫于关陇。自打蔡文姬的七世祖蔡勋弃官居家后,经过一百多年的子孙繁衍,蔡氏家族的各个分支分合更迭,有盛有衰。蔡邕家的这一支,人丁兴旺。到了文姬高祖这辈,为了保持家势的旺盛,决定举家东迁,定居圉县。

蔡族来到圉城后,用祖留家赀,盖起了房宅,购置了良田,经过两代人的努力,终于使蔡门成了周围数十里以内较有影响的望族。

单说蔡文姬和乳娘来到圉城。

一进城里,蔡文姬便觉着新鲜了。因为从文姬记事起就生活在与世隔绝的深山中,外面的精彩世界对于她来说是从父母和乳娘的口中得知的。在种山,可以看到的书,对于其中所涉及的祖国的山河地貌、人物风情，熟悉得不能再熟悉了，只无缘目睹。所以到了围城后，看到有那么多、那么好、那么奇的街市景象，会产生一种从未体验过的激悦，便是自然的了。

四娘则感慨万端："几十年了呀，终于重归故里。"

这一老一少的两个女人边看边行，不觉中，便来到了城街深处的一座独门高院的宅前，走在头里的乳娘停下了脚步，回头对文姬说："到了，这院，就是你们蔡家的祖宅。"

望着父亲自小生长的地方，文姬更激动了，"啊，真好啊。自打我知道了你的存在后，梦里，都来过无数次了呀。"

乳娘上前敲门。文姬一旁等得难捱。好半天过后，隔门的院子里，终于听得了一个老者颤颤巍巍的应声：

"谁呀？"

乳娘激动地答道："她叔爷，是我！"

"你是谁呀？我耳朵背了，听不出。"

"我是四娘，还把你那孙女文姬带回来了！"

"啊。怎么是你俩？"

门闩哗哗地响过后，门开了，院内院外的人相视了。

"真的是你呀，她姨娘。"蔡质看清楚了对方之后，激动地说。

"是我。"四娘眼泪这就下来了。

"快，快过来见叔爷。"四娘一把拉过文姬来。

"叔爷，你老可好哇。"文姬也高声问候。

"这，这是文姬？"蔡质说着，已热泪盈眶了。

"叔爷，是我呀！"蔡文姬答着，并上前搀扶着蔡质。

"呀！说回来就回来了。她姨娘……这些年，你们在外，受苦了！"

院子里静悄悄的，似乎没有人气儿。四娘吃惊地问："她叔爷，其他家人呢?"

"其他人,哪还有什么人了……"蔡质黯然。看着院中的一切的,终于,他们来到了一幢房前。

四娘记得,房子还是那座房子,只是由于多年空着,门前的草长深了……

蔡文姬和四娘住进了房里。

来到后,她们两个一刻也没有闲着,卖劲地打扫了房屋,铲除了杂草,把个屋里屋外四处都修整得干干净净。

文姬还把随身携带的一盆兰花,放在了窗前,花儿洁白,叶儿厚壮,一下子再增添了几分生气。

晚饭后,蔡质、四娘和文姬三人家叙起家事,解着各自思虑不解的疑团。

蔡质爱意浓浓地模抚着文姬的头说:"文姬一晃就成大人了,真快呀。"说完他还用手比画一下。

原来自打十几年前蔡邕一家被流放,蔡质下狱后,蔡家在洛阳的宅邸被官府封了,蔡老夫人便领着儿子蔡谷一家,先回到陈留圉县这房居住。蔡质获赦出了牢门后,在京师无官可做,也只好回到这里。

"蔡老夫人,她……"四娘探问。

"两年前已离世而去了。"蔡质伤心地回答。

"蔡谷一家人呢?"四娘又问。

"自打我从洛阳来到这里后,我们蔡家人除了你们之外,算是团聚了。可是这年头生活艰难,不能眼见着坐吃山空啊,所以蔡谷又回到洛阳,在朝中找到了事儿做,本来他要接全家回去,但我们老两口执意不肯,他只好把妻儿接了去。说来他也难了,要养家糊口,还得接济我们……"

说到这里，蔡质无言了。

四娘和文姬都很伤心。

默然了好久，蔡质又说："十几年了，我身边的家人，就这样一个一个地走了，走了……剩下我自己倒也清静！"

"叔爷，这不我们又回来陪您了吗。"蔡文姬不愿让蔡质继续感伤下去。

"你们真的不走了？"蔡质仍有疑虑。

"不走了，不走了，这些年在外奔波的日子还没过够吗？"四娘笑答。

"好，住下好，这里水土好，养人。"蔡质高兴了。

忽而，蔡质又问："看我，老糊涂了，光顾说自己了，这么多年你们杳无音信，特别是我那侄儿蔡邕夫妇，他们怎样？你们又是怎么混过来的？"

这下，四娘便打开了话匣子，她把这些年蔡邕一家人的遭遇，从头至尾细细地历数一遍，足听得蔡质老泪纵横，叹息不已。最后，当四娘讲到这次之所以能够回来，是因为蔡邕被董卓征召，一定要到洛阳去做官时，蔡质叹气，又说："唉！当今之世，仕以哗众取宠者多，自律其身者少，做官比以往更难啊。"

就这样，文姬在叔爷这里住了下来。

初来时，蔡文姬每天总是欢欢乐乐，无忧无虑。闲来无事，便要看些诗赋，习些书画，鼓琴弄弦，抑或在四娘的陪同下做些女工。有时，还和一些新结识的邻里家的女友谈天，生活内容也很充盈。可时日久了，一切新鲜感过去之后，蔡文姬开始沉闷不乐了。四娘知道，这是她不满足这样的环境了。

事实的确如此。

蔡文姬开始思念过得习惯了的昔日的生活，思念起大自然的景物来。梦里，她仿佛自己飞远了，又去了那充满勃勃生机的绿茵草地上，吸着那广袤的旷野里沁人心脾的空气，又置身于郁郁苍苍的云遮雾嶂之中，去听那林间溪水的叮吟流响。也难怪，文姬自小生在北国的大草原上，长在吴会青山大川之中，大自然已经成为她生活的一部分，怎么能说放弃就放弃呢。

四娘懂得文姬的心思，也总想陪着文姬去野外转转，让她散心解闷。但这个想法迟迟没有实现：一来如今乱世兵荒，一个女孩家到处去走，很不安全；二来即便是去了，这中原平地怎比巍峨峭立、湖泊纵横的山区呢。

还好，一次野游，蔡文姬总算相中了一个让她可以开心的地方，这就是城北的铁底河畔：这里河流水色透明，清澈见底，整个春季中，两岸都是繁花似锦，当那些争艳的野花，飘落在水中后，便漫起一股沁人心脾的香气。

文姬常来这里了。

不过，时间一长，文姬又开始思念父母，她很不解：为什么父母不来看我，为什么不来接我去都城？每当因此而流泪时，四娘总是劝慰她："再等些时日，再等些时日，他们会来的。"文姬相信四娘的话，也相信父母时刻没有忘掉自己。

可是，文姬无论如何也不会想到，他们盼望的再重逢的日子，永远没有再来，他们在颍川城的分手，那是诀别啊！！

蔡邕夫妇到了京城，尽管董卓为蔡邕迅速封官许愿，但蔡邕也没有开心过，这是因为他发现了董卓不仅有取皇帝而代之的野心，而且还有凶残和贪婪的恶性。

初到不久，蔡邕就目睹了董卓制造的一个人间惨剧：

一次，董卓派兵士到阳城（今河南登封东南）。当时阳城的男女民众正在社下集会，祭罢土地，宴饮歌舞。凶残、野蛮的董卓兵至，砍下男人的头颅，系在车轴上，车后装载上妇女财物，耀武扬威，驾车回京。进城后，将人头堆积起来，点火焚烧，把妇女分给士兵作婢妾。

董卓在京城已实现"挟天子以令诸侯"的美梦，当今皇帝仅是个牌位，一切都由董卓说了算。皇宫里的所有宫娥嫔妃，他都可以尽情享用。就连十二三岁的何太后的小公主，也被抓来，放在自己的身子下边蹂躏……

看到董卓性情残忍凶暴，蔡邕心中难过，借着董卓尊重自己才学的优势，良心让他总是不失时机地向董卓讲述人间至现。每次宴会，董卓都要蔡邕弹琴赞美时事，而此时或在其他场合，蔡邕便劝诫董卓要有善行。但是董卓刚愎自用，并不听他的。他惭愧自己为董卓辅佐政事，所以内心极其苦闷。他曾对自己的堂弟蔡谷说："董公性格刚强，又好掩饰自己的过错，最终是难有成就的，我真的不想为他奉事了。我打算逃奔到兖州去，如果道路太远不易一下子就到达，想先暂且躲到山东等候，你看怎样？"

蔡谷回答说："我看不妥，因为你与一般人不同，你在董卓心中很有分量的，若你出逃，他为安稳天下，定会竭尽全力追捕你，到那时，不仅你的命运难测，又会牵累蔡门家族的。"

蔡邕考虑再三，最终只好放弃这种想法。

董卓的倒行逆施，也激起了京城官民的不满和愤怒。周毖、伍琼推荐的韩馥、刘岱、孔伷、张咨、张邈等被派往外地任州牧、郡守。这些人一到任就联合起来声讨董卓，还有渤海的袁绍、已吾（今河南宁陵县西南）的曹操、广陵的张超、东郡的乔瑁、山阳的袁遗、济北的鲍信等也纷纷加入到讨卓的行列中。

董卓见关东豪杰并起，包围洛阳，心里也感恐惧。到年底，董卓思虑很久后，便决定挟持起皇帝，撤离洛阳，迁往长安。在撤离时，董卓唆使兵士，挖掘汉宗陵墓，盗取宝物。并命放火烧毁宫室、宗庙、官府、民宅，二百里内鸡犬不存，只见火海烟云，一座古老繁盛的文化名都，一时间化为灰烬，成了一片废墟。

这时，蔡邕被任命为左中郎将，被迫跟从董卓迁往长安，后又封为高阳乡侯。

当得知父母离开了洛阳，去了更远的地方长安后，蔡文姬的心凉了。

那夜，她痛哭了，可以说是她十三年人生哭得最悲切的一次。四娘没有劝文姬，因为她也在抽泣。

哭罢，面对着对人间的情思无动于衷的空月，文姬拨起琴弦，实际上是在拨起她心中的悲歌。

就这样，蔡文姬终日里都在悲伤的绵绵情思中望着与父母团聚。转瞬两年过去。

献帝初平三年（公元192年），蔡文姬从长安苦盼来的，却是个似晴天霹雳的坏消息——父亲和母亲双亡了。

这痛苦，可比去年叔爷蔡质的离世大得多了。立时，蔡文姬觉得天昏地暗，就像是一个发了病的癫狂病人，嘴上喃喃着别人听不清的呓语，浑身颤抖，一下子就瘫坐在一个地方，两只眼睛直勾勾地发呆。

她怎能承受得了这样致命的打击呢？

"父亲，母亲，你们死得好冤啊。"当文姬能发出哭声时便是这样的呼天喊地。

蔡邕及五娘之死，确是冤枉。

董卓挟献帝到了长安后，即刻下诏，加封自己当了太师，地位在诸侯王之上。这下，董卓更加为所欲为了。

当时有董卓的党羽，为了讨好他，打算还提高他的地位，便私下里商议，比照周朝的姜子牙，称尚父。董卓尽管心中大喜，但他不知这样称凶吉若何，便请教蔡邕。

蔡邕说："姜尚因曾辅助周王室，受命剪灭了殷商，所以才特加了这一称号。现在您的威信，确实很高，但是与那尚父相比，我认为还不到时机，应该等到关东平定，圣上的车驾返回旧都（洛阳）时，然后再商议。"

董卓听了认为有理，于是制止了部下再议论此事。

初平二年（公元191年）六月，发生了地震。董卓问蔡邕地震的事。

蔡邕回答说："地动的现象，表明阴盛阳衰，是臣下僭越制度造成的。比如说此前春季到南郊的那次祭天活动中，您导引圣上的车驾，乘着缀有金玉花饰，撑蓝黑色车盖伞，车盖木弓做成兽爪形，车厢描画首花纹的车乘，远近的人都认为这是不太合适的。"

董卓听信蔡邕之言，此后出门改乘其他颜色车盖伞的车子。

此后，蔡邕唯恐自己言多有失，因言取祸，便有意避开董卓。

董卓在长安，为了满足穷奢极欲，他征数十万民夫，在距长安二百多里的郿县建造一座行宫，称为"郿坞"。因为当年董卓受封鳌侯，就是此地。所以，他要求围墙的高度和厚度与长安城相同，里面建有宫殿，富丽堂皇，珍宝锦绣，堆积如山，侍从美女，数不胜数，积存的米谷，足供三十年食用。

野蛮、凶残的董卓还常以杀人取乐，有一次，在群臣宴饮间，一次杀掉北地郡降卒数百人，先割舌，后砍手足，再凿双眼，最后投入大锅中煮。在座者皆吓得心惊胆战，手中的餐具都落在地上，而董卓却饮食自若。

董卓专权后，还专派司隶校尉齐器登记官吏、民众中为子不孝、为臣不忠、为吏不清、为悌不顺者，尽管杀戮，没收财产。其中冤死者数以千计，使得怨声载道，人人戒备，路人不敢相语，只能以目示意。

董卓还千方百计搜刮民财，以满足贪婪之心。他下令收取秦时铸造的铜人、铜马、铜钟及旧有的五铢钱，通通砸碎，重新铸成小钱，于是造成货币贬值，物价上涨，谷价每石竟达数万钱，给民众的生活带来巨大的灾难。

董卓的行径，激起了天怒民怨，在各地纷起的讨卓声浪逐日高涨中，在他所在的长安，也早有人伺机谋杀他，这些人是以司徒王允为代表。

为除董卓，王允可谓费尽心思。暗室中，他和尚书仆射士孙瑞、中郎将吕布等围绕除董计划不知密议了多少次。早在洛阳时，在没有形成同盟前，见一个个软弱的正义者被董卓抓进大牢，押上刑场，王允备感痛心疾首。后来，王允一面巧妙地与董卓周旋，取得他的信任，一面结党营盟，联合力量。待得下手机遇时，谁知董卓却刁滑得很，使得那些机会，总是一次次溜掉。

初平三年（公元192年）四月，王允、士孙瑞、吕布才觅得下手除董的时机。

此前，他们先自对董卓施用了美人计，给董卓送去了绝色佳人貂蝉，以麻痹董卓。果然自从有了貂蝉，董卓就觉得以前的那些妻妾都淡然失色了，越发觉得自己福分不浅。每日里拥着美人或歌或舞，对貂蝉的宠爱，犹如干柴遇到烈火，于是，放松了觉察身边的事情。

此间，献帝有病刚愈，假借皇帝在未央宫大会群臣之机，吕布秘密布置同郡的骑都尉李肃等，带领亲信兵卒十余人，身穿卫士服装，守在宫殿侧门，吕布怀揣诏书等在那里。

再说董卓与貂蝉在郿坞缠混，已多月不理朝政。此刻，有使来到，请他回朝议事。董卓不知是计，回堂向貂蝉告辞，说："天子大病初愈，议将禅位于我，我若为帝，卿当为贵妃。"

实际上貂蝉心里明白，司徒王允欲行大事的行动，正在顺利地进行。

待董卓来到宫殿门前时，刚欲进门，便从门侧闪出李肃举戟向董卓刺去。

董卓受伤跌于车下，口喊："吕布何在？"

吕布应声说："有诏书在此，令讨贼臣！"

言毕，又一戟，将董卓刺死。

董卓的凶狠、野蛮、残暴，在中国封建社会的历史上，是绝无仅有的。这穷凶极恶、篡权专横的乱世奸雄，最终得到了可耻的下场。

董卓被诛杀时，蔡邕恰巧正在王允府上。当董卓已死的消息，由差役报给王允时，只见王允按捺不住内心的喜悦，当即向外发布了政令；一是把贼臣董卓的尸体拖出示众；二是着中郎将吕布前往太师府抄家，御史中丞皇甫嵩前往郿坞抄家，捕拿家属；三是令执金吾捕拿董卓余党。

长安百姓听此消息，皆弹冠相庆。

董卓身首分离的尸体，被拖至西市口示众，守尸的官吏在董卓的肚脐眼插上灯芯，夜间点燃起来，这"点天灯"是人们对他最大的诅咒。

不过，万万也没有想到，董卓之死却把蔡邕牵连了进去。

当时在王允府上，听着王允宣布完政令后，蔡邕没有说什么，他脸上现出复杂的神色，不由自主地发出叹息声。正是这一声叹息，引来了杀身之祸。

在王允看来，尽管董卓一向宠幸蔡邕，但他始终不认为蔡邕是董卓的死党。如今蔡邕似为董卓而痛惜，使王允勃然大怒，他即刻叱斥蔡邕说："你怎么能这个样子呢！董卓是国家的大贼，几乎倾亡了汉室。你身为王朝大臣，本应当与大家同仇共愤。然而你却感他私恩而忘却大节。现在上天诛灭了这个罪魁，你反而为他痛心，凭这，你就是与他一起的叛逆。"

言罢，将蔡邕拘捕，交给廷尉治罪。

按理说，蔡邕可以以自己并未替董卓助纣为虐为由，为自己脱罪。朝廷上下十分尊敬蔡邕，也会有许多朝臣来为他求情。但性情耿直的蔡邕，此刻所想的，是自己以前确实辅佐过董卓，凭着这一点，就是有罪。于是，蔡邕不仅不为自己过多地申辩，反而却陈辞认错，他请刑道："我虽然身处不忠之位，但古今的大义，耳朵听得满满的，口中常常述说，我是不会背叛国家而归向董卓的。不过事已如此，我也不想多说，忍受脸上刺字，剁下双脚的刑罚，允许我继续完成《汉史》的写作即可。"

听说蔡邕受董卓牵连而下狱受刑，士大夫们有许多人，都出面极力营救他。

太尉马日磾曾和蔡邕共撰《汉史》，他对王允说："蔡邕是旷世之才，又熟识汉事，应当让他续写后史，撰成后汉一代的重要典籍。况且，他一向就有忠孝的名声，现今无名治罪，杀了他岂不是会大失人望吗？"

王允不以为然，回答说："续接《汉史》有何用，从前武帝不杀司马迁，让他撰成诽谤当世之书，流传后世。现今国运中定，帝位不够巩固，不能再让奸佞之臣在幼主左右执笔。否则不但无益于彰示帝王的威德,还会使我们这些人也蒙受他的讥刺诽谤。"

马日䃅见王允不允,只好退下,但他愤愤地对别人说:"真是一点道理都不去讲,那王允难道没有子孙吗?善待人,是国家的法度准则,历史著作是国家的典章制度,现如今灭法除典,他能长久下去吗?眼见是为祸不远了。"

王允见如此拖下去,会与己不利,便口令狱吏,加紧逼供。可怜蔡邕这一代名儒,又因其微小罪过,竟被迫死在狱中。时年六十一岁。

三日之后,蔡邕夫人赵五娘,悲痛攻心,亦死于长安家中。

对于蔡邕的死,在当朝众多的官绅和众儒生中,几乎没有不流泪涕泣的。这时,王允也开始后悔,但在他想要制止狱吏的行动时,已经来不及了。北海人郑玄,听到蔡邕的死讯后,大声叹息道:"汉世的历史,还有谁能写下留证后代!"在兖州、陈留等地,百姓们也都画像纪念他。

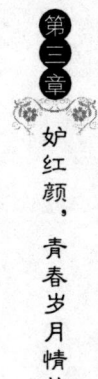

第三章 妒红颜,青春岁月情苦涩

凤求凰

冬去春来,又一年来到了。

蔡文姬十六岁了。

从父母离世的巨大悲痛之中,渐渐地解脱出来的蔡文姬,已恢复了春情少女那勃勃的生气:朴素的衣着,遮不住她秀丽的面庞,楚楚动人的身姿,令人怜爱。

每日里,蔡文姬除去安排好各种技艺的习练之外,她仍热衷于外出到大自然中间陶冶性情……

那时,女子长到十六岁,已到了及笄成人的年龄,及笄是古代女子的一种成人礼,行过此礼,女孩就结束了少女的生活,而成为待字闺中的女人了。

左邻右舍都知道蔡家文姬初长成,她窈窕娇美,词曲绚丽。于是便有媒妁上门来了。

四娘对文姬的婚事,亦是投之极大的热情,她觉得这孩子命薄,如今父母都不在了,就得由她来操持,将来选了个好婆家,也算谁人都对得起了。

内心已开始躁起无法启齿的春情的蔡文姬,实际上在心里也想着嫁人的事,但每每四娘给她提及具体的人选时,她总是把头低下,好也不说歹也不说。在她心里还有另一番打算,就是希望自己不要过早嫁人。

不想事情发展难以预料,一个偶然的机会,使蔡文姬一下子便坠入了爱河……

围县城北的铁底河畔,是蔡文姬常去游玩的地方,这里碧水如镜,两岸花香,景色美妙,在这种环境下熏陶,真是欢乐极了。

这年夏日里的一天,蔡文姬又独自来到了这里。她时而戏水,时而采花,时而又美又甜地放声高唱,惬意得很。

累了,蔡文姬坐在了一个面对河水的地方。

忽儿,河面上划来了一只小船,只见那撑篙的,是一个年龄与自己相仿的年轻的小伙子,只见他穿着紧身衣裤,绾着发髻,背着圆大的斗笠,身披一身阳光。他口里唱着的情歌,在河面的上空,变得沁心荡肺。

> 凤兮凤兮归故乡,遨游四海求其凰。
> 时未遇兮无所将,何悟今兮升斯堂。
> 有艳淑女在闺房,室迩人遐毒我肠。
> 何缘交颈为鸳鸯,胡颉颃兮共翱翔。
> 凰兮凰兮从我栖,得托孳尾永为妃。
> 交情通意心和谐,中夜相从知者谁。
> 双翼俱起翻高飞,无感我思使余悲。

"这不是《凤求凰》吗?"蔡文姬被这美妙的歌声给迷住了,她站起身来,举目向那船儿久久地凝望。

不知不觉中,那船已经漂到了蔡文姬的近前。

见那小伙子也紧紧地盯上了自己，蔡文姬羞了，只能是偷偷地望他了，这一望才发现这小伙子长得英俊，眉清目秀，鼻直口方，一身的书生气。

许久，那小伙子才问："请问大姐，前方是不是圉县城？"

"正是。"蔡文姬答。

"大姐可是这城里的人？"

"也是。"

"我向你打听一个人，你能否知道？"

"不知你问谁呀。"

"她就是大文豪蔡邕之女，远近闻名的才女蔡文姬呀。"蔡文姬见这少年寻的是自己，内心惊跳不已。就问："不知你找她有何事？"

"哈哈哈……"那青年大笑过后，才说："我见你文静秀楚，定也是出自大户人家，想来与你说了也无妨。"

说到这里，那青年用手指了下船上载的几只木箱后说："我家住河东郡，叫卫仲道。男儿当以功名为重，大丈夫要有一技之长。我自幼喜爱书法，特别崇尚书法大师蔡邕的隶书。所以，几上洛阳，在太学门前看得蔡大师石经的笔力如醉如痴，发誓非要学得大师的功夫不可。然而，自揣自摩，总是不得要领，甚是着急。后听说得蔡大师之女蔡文姬赋闲在家中，这不就冒昧地带上书籍，几百里外赶来求学来了。"

蔡文姬见这个卫仲道满腔的诚意，心里好生激动，忙又探问道："如今这乱世之年，谁还潜心学习，我看你还是回去吧。"

"哪有的话，学问不可不学，修养其身，乃自身所求，怎管其他呢？"卫仲道认真地答。

听到这里，蔡文姬对这位青年增添了信任和喜爱，最后问："这么说，你是非得寻得那蔡文姬，进而从她学习不可了？"

"当然，我有这个决心。"

"也不知人家肯不肯教你？"

"我想她不会拒绝的。"

"那可不一定。"蔡文姬实际上在心里已经有意收下这个年轻人，但还是故意地开玩笑地说。

可谁想那卫仲道却不知其缘，急了，"大姐你为何这般说呢，莫非你了解蔡文姬不成？"

"不用着急，我带你去，保准可以找到她的。"

小伙子高兴了："这太好了，请上船来吧！"

蔡文姬从自己站的高处向那边望了望，约有一人来高，心里便有了底，说："你往后去一下。"

卫仲道后悔自己的唐突，怕岸上的女子跳不过来。正待他欲再言阻拦时，只见那边已经准备好了，挽了袖，撩起裙……

"下去了。"蔡文姬一声喊，顿时像一只轻燕，一下子从高高的岸上跳荡下来。

卫仲道再定睛看时，这个大胆的女子已经稳站在了船上。

"真行，真行，武女胜过文男啊！"卫仲道赞道。蔡文姬没向他解释，只是笑了笑。就这样，一叶方舟，载着他们，顺水向围城而去。蔡文姬和卫仲道两人终于来到了蔡府门前。

在卫仲道进门之前，他谢过了蔡文姬后，不觉心头一热，暗忖，这少女若是蔡文姬，结果这个想法一出，脚底便如同生根，立在那里怔怔发呆。

可巧，那女子也不急于走，而是站在了那里，吃吃地笑。

卫仲道不知所以了，他对这女子说什么是好呢？可惜的是，正待卫仲道拿不定主意时，那女子已返身向蔡文姬家走去，一忽儿无影无踪……

这下使卫仲道陷入了云里雾里……

四娘在房里接待了这个叫卫仲道的小伙子。卫仲道知道了她是蔡文姬的乳娘。

使卫仲道十分惊奇的是，不待他说明来意，这位老妇人早已一切都知晓了，只听得她说："我家小姐传下话来，收你学习了。不过这件事情，不会是一朝一夕而就的，你得留住在这里。你也知道，眼下我们是孤儿寡母的娘俩，你若留住，只得委屈你住在下人的房间里，对外，就称是我们家新招的使唤人，你看如何？"

卫钟道听罢高兴得不得了，他连声说道："多谢，多谢蔡小组和老妇人关照。"

"请稍候，一会儿我家小姐出来与你见面。"四娘交代完毕后，对卫仲道说。

此后，卫仲道便以一种激悦的心情等待着。

稍许，门帘一挑，蔡文姬笑盈盈地从里间走了出来。

"怎么……会是你！"卫仲道见出来的正是为自己指路伴随自己找来的那个女子，直惊得说不出话来。

蔡文姬倒是自然，她看到卫仲道被自己的突然出现而惊窘的样子，忍俊不禁，笑出了声，然后说："怎么？我不像你要寻找的蔡文姬吗？"

"像……像……"卫仲道支支吾吾。

"那为何不来拱拜途中见得的恩师呢？"蔡文姬开起玩笑。

听蔡文姬如此一说，卫仲道更不知所措了，半天，才拱手向文姬施礼："学生卫仲道，拜见文姬……姐姐。"

文姬羞涩了，低下了头，微微一笑，算作回礼。待一切过后，蔡文姬和卫仲道都觉得一身的轻松，想到他们如此有缘分，心头不由得浮起了甜蜜感。

此后，蔡文姬和卫钟道两人经常在一起了。他们除去研习书法技艺之外，还无拘无束地闲谈，如醉如痴地弹唱，还亲密无间地游玩……渐渐地，这少男少女初识的好感，化作了一种情，于是爱恋便在他们之间产生了。

一日，卫仲道为文姬从外面买回来一面铜镜，他腼腆地交与正在为花浇水的文姬，说："我送你一件礼物，不知……不知……你是否喜欢。"

"什么礼物呀，能不能过会儿再说。"蔡文姬并没有往卫仲道这边看。

卫仲道有些难为情起来，他心不甘地说："你能不能放下你那活计？"

"放下？这可是浇我心爱的兰花呀。"

"兰花怎的？"

"你不知道吧，我的乳名就叫兰。"

"真的？"

"那当然，谁还骗你。"

"那我们一同来浇吧。"

夏日的傍晚，微风送来一阵凉意。卫仲道从井中打水，文姬用瓦缸提水浇花，俩人忙伙得很快活。忽然，文姬的手一偏，一缸水多半儿洒在了卫仲道的身上。文姬正待道歉时，不想卫仲道却把这事当作了两人之间的情趣，他挑逗文姬，说她有意这样做，提起水桶欲泼文姬，文姬怕他真的这样做，便丢下瓦缸，向远处奔跑起来。卫仲道忙拎着水桶追了上去。就这样一个前面跑，一个后面追，欢乐嬉戏。文姬不小心，在转弯处绊了一跤，卫仲道在后面不知情由，冲上来后，正好也被文姬绊倒，这下一桶水把他们两人淋了个透，文姬穿的是一身白色丝织衣裳，经水一浇，贴在了身上，那优美的身段，尖尖的乳峰，细细的腰围，修长的大腿，全暴露在了卫仲道面前。

卫仲道看那文姬看得惊呆了，好半天才缓过神来，忙取来当作礼物要送与文姬的铜镜让她照。文姬见自己如此这般，顿时羞涩得不得了。她用双手遮住双乳，嗔怪地瞪了卫仲道一眼后，一转身，快步跑回了房中，去换那湿透的衣衫。身后，传来了卫仲道用力地喊："我送你的礼物，就是刚才照你那铜镜。"

一对年轻人之间的爱恋，四娘看在了眼里，放在了心上，她对这门亲事，从心里赞同。于是，再有些媒妁上门为蔡文姬提亲时，四娘总是乐呵呵地回绝道："我们家的文姬有了心上人儿了，他们可是恩爱无比的呀。"

又一天，月上柳梢头，悠扬的琴声从文姬的闺房中传了出来，十分优美动听。

自那日"泼水"之后，卫仲道与文姬两人的恋情已心照不宣，只待捅破隔在两人之间的薄薄的那层纸了。

此时，卫仲道被文姬的琴声所牵引，他循声一步步地来到文姬的房前。

隔窗而望，只见文姬身着蛾黄色的长裙，神情专一地坐在那里弹琴。薄纱勾勒出文姬那流畅的曲线，使卫仲道心荡神驰。

他呆呆地听着，他痴痴地望着，沉浸在一种美好的遐想之中……

不知是什么时候，那琴声已经停了。房门呀的开了，文姬轻轻地走了出来，对卫仲道莞尔一笑，用手指向房内，暗示他悄悄地进去。

卫仲道踏进屋内，文姬复又坐在那里弹起琴来。

室内的清香气是诱惑人的，卫仲道知道，这香味是距他不远的文姬的体香。此刻他再也无法控制住自己了,向文姬的身后走去。

文姬自仲道进屋后,弹琴就不专注了,有些心烦意乱。突然,文姬感到背后面有一双大手轻轻地搭在了她的肩头,同时,似有一股热浪流通她的全身,她的身体在微微颤抖。这时,那双手又顺着她那圆润的肩头下滑,直到和她的手重叠。

音乐声停了。

时间在他们的无语中静静地流淌着。

紧张、兴奋、羞涩和期待,使文姬有些不知所措。从内心里说,她是爱他的。二八少女,正是最易怀春的时候,但第一次有一个男人那灼热的气息直扑她的面颊,使她体味到了一种沉重的燥感。

她是一个春情女人,她需要春情男人的爱。

他的脸离她越来越近了,他的眼里充满了炽热的火。

当俩人四目相对,会心地笑过之后,尽管文姬努力回避了卫仲道那灼热的目光,但最终还是没有回避掉卫仲道那滚烫的嘴唇。

他们两人终于紧紧地抱在一起了。他并不斯文,疯狂、热烈的吻在她的唇上、脸上、脖颈上耕耘着。她的爱也到了极点,她感到自己渴望着这火一般爱抚的心园,大门洞开,完全接受了这降下的甘露。

一股深厚的爱力,把他们包围起来,使他们第一次尝到爱的幸福,爱的快乐,爱的惬意,使他们有一种飘飘欲仙的感觉。

秋日,是收获的季节,蔡文姬和卫仲道的婚期,就定在这年中这金色的秋里。

也许蔡文姬无论如何也不会想到,她会嫁得如此的远方;而卫仲道也无论如何也不会想到,这次外出求学,会求得了聪敏过人、如花似玉的才女为妻,总之,他们结合了,这就是机缘。

北去河东郡的马车就要启程了。行前,蔡文姬仅向卫仲道提出一个

第三章 妒红颜,青春岁月情苦涩

要求：就是一定要绕过洛阳城。京城再好，文姬不想去，因为那里使她伤感的东西，实在是太多了。尽管她一直没有到过那里。

卫仲道不问情由，答应了。

连日来，蔡文姬乘坐的马车，走崎岖的山路，涉湍急的河流，一路风尘，直奔河东而去。

河东好远啊，旅途的劳顿，渐渐地使蔡文姬这位初为新娘的少女，感到了疲倦，她也不像初时那样，总要手拨窗帘，把脸贴近车窗，放眼观望，蛮有兴致地欣赏大自然的景色了，更多的时间里，她是坐在车内闭目养神。

她也不愿意想那离开家门，与朝夕相处的四娘分手的情形：如同慈母般的四娘，紧紧地拉着她的手长时间地不放，边落泪边絮叨地嘱咐她，日后要好自为之。日后四娘要孤影单随了，文姬也心酸，"女大当嫁"，有什么办法呢？也许就在明年吧，一定要给四娘接到河东来。文姬心酸之时，从没断过这样的念想。

车过黄河后，就来到了河东郡境内，文姬的心跳也在加剧。

河东郡城，地处由蒙古高原直泻南流，又猛地改向急转，滚滚东去的转弯窝里（今山西定县西北），西、南、东三面环黄河，唯北面是开阔的陆地。秋日里，本该是田野中处处都洋溢着丰收的喜悦。可如今战乱频仍，社会动荡，灾害连年，使得这里地瘠民贫。一想到把自己心爱的人儿，带来这样的地方，卫仲道不免也是一声声地叹气。

卫仲道有一个知书达理的家庭环境，这多少是对他觉得负疚文姬的一个安慰。其实，卫仲道有所不知，蔡文姬虽为深门闺秀，但她自小却是在江湖中闯荡，也染上了豪放的个性，她对自己所处的外界环境，并不以为然。

蔡文姬的公婆，见儿子领回家来这样一位娇美善才的媳妇，喜得美不自胜,不顾年迈,欣然地四处张罗,准备为他们办个像样的婚礼。

良辰吉日就定在了这天。

卫仲道家的宅院中宾客盈门,气氛喜兴,尽管年景不好,但人们对婚庆喜事,总是会投入出极大的热情,纷纷来为卫仲道和蔡文姬道喜。

当众人异口同声,夸赞新娘子美丽无比时,直羞得文姬面红耳赤,卫仲道则心中甜蜜,他的父母亦乐得合不拢嘴。

洞房布置得优雅不俗,文姬不喜欢大红大绿,金碧辉煌。她喜欢的是典雅、平静、清新。卧榻上铺着的是淡黄色的合欢被,一盆她心爱的兰花,碧绿青翠,放在向阳的窗前。房中唯一的红色是她的头顶上的红帕巾。

性急的人催促了:"你们俩人是天生的一对,时间不早了,快快仪式一下,好入洞房,有话明日再说吧。"

卫家的院里,摆了一个小桌,点上了两个火把。这是婚礼仪式的场所。

卫仲道和蔡文姬,按照司仪的指点,跪在了当院,众人围起大圈,笑声不断。

司仪喊:"一拜天地!"

卫仲道和蔡文姬磕了三个头。

"二拜高堂!"

二人又向着上座的二老磕了三个头。

"夫妻互拜!"

随着这句话的喊出,当院热闹起来,人们纷纷地要求着。

"要拜得真切才行。"

"好好地拜呀。"

二人倒也大方,同时相对磕了三个头,二人仅差一点就磕到一起了。

当院一阵欢笑。

"入洞房！入洞房啊！"

大家异口同声地喊。

就这样，仪式算是做完了。

闹房的人退尽了，屋里只剩下文姬和卫仲道两个人。卫仲道走近文姬的身边，用手轻轻地掀开了文姬头上的红帖巾，两人的二目相对，微微一笑。这一笑是两个人永远的信誓。

洞房花烛，新婚燕尔，情投意合的小夫妻不免要缠绵悱恻。

他们的血脉相连了，他们水乳相碰了。他们之间所有的互慕，在这交欢之中，得到了升华。

末了，卫仲道拥着既熟悉又陌生的蔡文姬的玉体说："你嫁给我不后悔吧？"

蔡文姬柔情地说："你这话从哪说起呢？"

"我想……我想，我能给你的不会是荣华富贵呀。"

"这你就不了解我蔡文姬了，我需要的是仁慈才智，荣华富贵会使人心变坏的。"

卫仲道点头："那就委屈你了。"

蔡文姬没再言语，不知怎的，情不自禁地淌出了一行热泪。激动、羞涩、爱恋、相知……自己说不清楚。但有一点是清楚的，今日起，她作为姑娘消失了，她得和仲道共患难、共享福。

新婚岁月

新婚过后，幸福伴着时光汩汩流淌。尽管婆家谈不上富裕，但文姬生活起来却还是蛮有兴趣的。她像一个刚刚学走路的孩子，除去和夫君一起吟诗作赋、习琴作画之外，还悄悄地学起了做饭，或出外劳作。这样一来，公婆夸，丈夫疼，使得品尝着过日子的艰辛的文姬，内心甜蜜密的。

转瞬，这一年的时光匆匆过去。

转年，即献帝兴平元年（公元194年），对于对生活充满着希望的蔡文姬来说，又是一个灰暗的年份，一场自父母双亡后再突然降临的灾祸，击碎了她五彩斑斓的生活梦，又一次改变了她此后的命运……

此年间，年景很坏。

先说人患。那些各自拥兵的各路军阀，纷争愈演愈烈，更把中国搅得天翻地覆，乱作一团。

当初拥兵十万众，却被董卓所击败的关西军阀马腾和韩遂，此年间又与董卓的旧部李傕相战，最后马腾、韩遂战败，逃回凉州；冀州的袁绍与幽州的公孙瓒的部将，或战或和，一直没消停。甚至袁绍和袁术两亲兄弟，也矛盾重重；拥兵一方的曹操，先将袁术击逃到九江（今安徽蚌埠南），再攻打青州、徐州的陶谦和刘备。还分兵战吕布于濮阳（今河南濮阳西南）……

这些战事，使得生灵涂炭。

再说天灾。此年间，先后在全国范围内，大闹灾荒：先是大面积的蝗起，把本来就薄种的庄稼一扫而光；接着又是大旱，连续几个月暴热无雨。

就在这人患天灾肆虐之下，老百姓们一线的活路也没有了。没吃没穿，流离失所，饿殍遍野。可怕的人吃人的现象，终于发生了。

大饥荒中，文姬的新婚丈夫卫仲道，饥病交加，倒在了床榻上。浑浑噩噩几天过去后，使命若游丝了。

蔡文姬真的是难以承受这巨大的打击，望着骨瘦如柴、奄奄一息的丈夫，难过得每天都要昏厥几次，即使是清醒之时，也总泪如泉涌。她不敢想象仲道若离她而去，她将会怎样。她只能在心里不停地默默祈祷：苍天千万不要夺走至亲至知的仲道的命。他可太年轻了，他还有很长的人生路要走……

可是，事实并不遂人愿，又维持了几日之后，形容枯槁的仲道，越来越不行了。他也知道自己的寿命在即，所以，仲道用无神的双眼，死死地盯住了文姬，嘴无声地开阖着。

文姬知道，仲道有什么话要对自己讲，便强忍内心的痛苦，俯身对着仲道的耳朵，轻轻地问："仲道，我的好夫君，你听得到我说话吗？你有什么想说的，就讲吧。"

仲道的嘴唇又蠕动了好几下，还是发不出声音来，他微动着虚弱的身子，再用那无力的眼睛给文姬以暗示。

文姬明白了，他是在寻找他送给自己的礼物。于是，文姬赶紧起身，取来婚前作为礼物的那面铜镜，拿到仲道面前，又轻声地问："你要说的是这个啊?"

这时,只见仲道用力地点了点头。几些浑浊的泪珠,从他干枯的眼眶中滚落出来。

文姬忍着悲痛,紧握起仲道的手,深情地说道:"仲道,你不要想别的了,你放心,我会把你送给我的这个礼物,保存好的,永远……永远想着你……"

仲道激动了,他的手在抖动,他的心在颤动,对他来说,这足耗费了他体内的所有力气。累了,太累了,仲道阖上了沉重的眼皮。

半夜,许是回光返照的作用,仲道忽然睁开了双眼,眼光极为有神,他开始对文姬说话了:"文姬……文姬……"

文姬忙靠到他的身边,只见他示意要文姬把他扶起。

文姬把脸贴向他,表示有话这样讲完全可以。

"文姬……我的……爱妻,我……怕是不行了!"

尽管文姬心里清楚,仲道最后的时刻,迟早要到来。

"文姬……我们成婚,本该……幸福的,可……可真的无奈呀……我却要先行一步了。本来……妻……妻以夫为……依靠,可我……不但没给你依托……反而……误了你……你的青春,我恨……恨自己……"

"快别说这些了。"

"我看你……是太薄命了,你……再寻个人家吧,地下……看你又过上……好生活……我也就安然……"

"呜呜……"文姬再也控制不住自己了,她一下子扑到了丈夫的身上,撕心裂肺地大声哭嚎起来。

五更时分,被文姬紧握着的仲道的手,渐渐地凉了。

就这样,在患难相依的爱妻身边,仲道不情愿地咽下了他的最后一口气。

仲道死了，仲道年轻轻地就死了，这真有如天崩地陷。

丈夫撒手人寰，使文姬的生活，又几乎跌进了谷底。她整日愁云满面，泪水涟涟，神情忧伤，她不明白自己的命为什么这么苦，她想以死来报答仲道对自己刻骨铭心的爱，但又一想本来死了亲子，公婆就够悲惨的了，自己再抛下他们就是万分不孝了。再者，娘家的父亲生前对自己寄托着厚望，希望有朝一日，去完成他未竟的事业，所以，必须顽强地活下去……唉，事缘天定，认命了吧。

自此以后，蔡文姬虽然在摧肝裂肺的悲痛中暂时挺了过来，但她简直就如同换了一个人一样，终日里郁郁寡欢，身体状况且也越来越坏。

蔡文姬的公婆是两位明事的老人，他们见年轻丧夫的儿媳积郁成疾，甚是着急。私下里，二老反复地商量，觉得儿媳太年轻了，和自己的儿子又未生下一男半女，与其让她在婆家空守寡居，坐耐饥饿，还不如就此放人家一条生路，准她回自己的娘家去，以求后半生的幸福。

这天，公婆把他们商量出的这个想法，向文姬挑明了。

听罢，文姬十分惊讶，她一下子跪在了公婆的面前，挥泪说道："这可使不得，自古以来，女子从夫，天经地义，我蔡文姬也是知书达理之人，怎能逆事理而做呢？我嫁进卫家的门，就是卫家的人，您二老就别在这上费心思了！"

公公说："文姬，我们俩之所以这样求你，这和把你休了完全不同。不假，你应该谨守妇人之道，但总得考虑每人的境地不同。时下社会动乱，民不聊生，我们两人能活到几日，谁也料不清楚。你年纪轻轻，往后还有好长的人生路要走，如若从此你就守寡独居，你的一生都会痛苦，这可就毁了。我俩即便是死后，也会因为没有放你生路而不能安息的。"

经过一段时间的闭门慎思，蔡文姬渐渐地觉得公婆的想法也不无道理,是眼下能让公婆和她都解脱的最佳办法。自己回娘家后,公婆有叔伯们照顾,这是不必担忧的。如果自己留在他们身边,一个弱女子不但不能为二老解围,反而也增加了他们的负担。况且,在这里极易触发痛思夫君的心事,换换环境,对身心也有好处。这样,蔡文姬最终接受了公婆劝她回娘家的请求。

离别圉县大半年后的蔡文姬,身着素服,择日悄然地离开了河东。与嫁来时相比,她多了一些深沉,因为河东的生活像似一片黑沉沉的阴影,怎么也无法在她的心头抹去了!

当见到文姬时,四娘一下呆住。是文姬,她怎么这样满脸病容。再看文姬一袭白色长袍,四娘心里完全明白的那边发生了什么事。未曾开口,已是一串泪潸然而下了。

文姬再也控制不住悲情了,大叫一声"乳娘"后,扑了上去,紧紧地抱住她,大滴大滴的泪珠,落在了乳娘的身上。

"琰儿,琰儿,别哭,快别哭。"

不……不……乳娘……您就让我痛痛快快地哭上一回吧。

"琰儿,以后就好了,我们娘俩又可以重新生活在一起了。"

"乳娘,我们……我们再也不要分开。"从此,文姬和乳娘又形影相伴了。

时间一转,文姬回到圉县后,一年过去。

兴平二年(公元195年),时局愈乱了。

曹操破吕布,攻拔定陶(今山东定陶西北),吕布东走投靠刘备;孙策(孙坚子)离开袁术,渡江南下,袭破扬州刺史刘繇,自此拥有江东;最初被公孙瓒所杀的刘虞旧部鲜于辅,又与阎柔等人,联合了北方的少数民族乌桓、鲜卑,共同击败了公孙瓒,不得已,公孙瓒只好移守易城(河北雄县西北)。

此外，在当时的战乱中，对汉政影响最大、对百姓危害最深的，是此前三年，即汉初平三年（公元192年）兴起的李傕、郭汜之乱及所引起的连锁反应。

董卓的旧部李傕、郭汜，自攻占长安城，胁迫献帝，使他们高封，管理朝政以后，殊不知为了争功，他们又互相搏杀起来。这些人都想挟持献帝，使自己处于有利的地位。就这样，今个儿你抢得献帝，明个儿他又追得献帝无处落脚；今儿个你掠劫了宫女及皇宫中的金银财宝，再放火烧毁皇宫、官府，明个儿他又扣留一些公卿官员，以好迎出献帝……直接危及汉政的兵乱，频繁有加，真可谓是天下大乱！长安城里的百姓皆四处逃散。洛阳城亦是如此，皇宫已被烧尽，到处长满了荆棘杂草，百姓只能靠着断壁颓垣栖身。

自打蔡文姬回到陈留圉县家乡后，终日里大门不出。尽管时局动荡度日维艰，时有饥饱不匀，但与四娘一起生活，亲情依依，以往的悲楚，也在日日减弱。

尽管如此，有时在夜里文姬也还睡不着觉，回想起自己十七年的人生历程，十分伤怀，唉！也不知还有什么样的磨难，在等着自己……这苦涩的思绪尽缠心头时，她总会是用泪水把枕头淋湿……

一日，文姬在哭过睡下之后，做了一个梦，梦见了一金人，头顶上有一道白光，一闪闪地摇动。文姬正要问他是谁，从哪儿来时，那金人忽然升上天空，向西而去。醒来后，文姬不得其解，便立即让四娘说这个梦的吉凶。

四娘躺在被窝里告诉她："西方有神称作佛，你梦见的金人往西而去，说不定是佛在唤你。"

"佛在唤我？"

"佛生在天竺国，是一个太子。他很同情老百姓的疾苦。当他看到老百姓有痛苦，就不愿在宫中享福，便决心要找到能让老百姓摆脱人生痛苦的方法。结果找到了，这就是佛教。"

"这佛教能解脱人们心里的所有痛苦吗？"

"那当然。"

"那么到哪去得到呢？"

"佛教早在明帝永平年间，就由我们的汉使蔡愔和秦景历尽千辛万苦，从天竺国取回，是一幅佛像和四十二章佛经，并还邀来了天竺的两位沙门来传教。明帝下令把这些供奉在当时的鸿胪寺里，就是现今洛阳的白马寺。"

"噢，是这样。"

"按理说有了这样一个梦，就应该去白马寺进香来保佑你今后再也不遭厄运，不过眼下兵荒马乱的，不好出门，我看你在家里燃烛三香，还还愿吧。"

经四娘这样一说，文姬的心动了。她想，既然必须进香还原，那还是应该去趟白马寺，正好，她也见识一下自小便梦求的洛阳城。

主意已定，文姬向四娘提出要独自去白马寺进香的请求。四娘起初坚决不允，后来拗不过，只好答应了她。

这一天，蔡文姬到了洛阳。

"这就是汉都吗？这就是自小就向往的地方吗？"望着近些年来，几经兵患几被战毁，城郭、殿宇、街道、宫墙多成一片片瓦砾的洛阳城，文姬伤心透了，她怎么也没有想到，洛阳会被践踏成这个惨样。她眼窝一热，涌出泪来之时，转身悄然地离城了。

白马寺，坐落在洛阳城东十八里。

战乱，白马寺却没有遭到大的破坏。只见它掩映在松竹翠柏之中，金碧辉煌。山门上是金字匾额。庙宇前，几只巨大的宝鼎铜炉，里面青烟缭绕，飘浮着淡淡幽香。拾阶而上，进入庙门，转过影壁，迎面便是供着佛祖的一轴三殿。

蔡文姬来到了第二重大殿——大雄殿上。这是这寺内的主殿，殿内正面，塑有释迦牟尼像，两边还有不少站像。文姬对佛还不甚了解，也说不清是些什么佛。

灾荒多难之年，进香许愿的人很多。人们找不到解脱的法子，只好来这里求神求佛，助其早脱苦海。文姬来得晚，只好等着参拜。

依次该到文姬了。她手里拿着香烛，虔诚地跪在了佛像下面的蒲团上。叩过几个响头后，她心中的事翻腾着。她努力控制了一下自己的情绪，思来想去后，终于祷告道："佛祖慈悲，愿佛祖保佑我们，不再经受痛楚……"说到这，竟说不下去了，因为禁不住纷乱的思绪，又袭上心头。

回到家中，白马寺悠扬的钟声，好长一段时间里，依旧在蔡文姬的耳际回荡，使她有了自信。但佛祖并不灵，朝拜白马寺不久，在文姬由酸楚开始转向微笑之时，又一场命运的劫难，向她降临了。

第四章 异乡情，尝尽人生百味

中原兵变，匈奴南侵，兵荒马乱中，蔡文姬被匈奴左贤王掳至北方大漠，远离故土，开始了漂泊的异乡生活。聊可安慰的是，左贤王对她的真心相待，以及两个可爱孩子的降临，让蔡文姬的生活逐渐安定。但此时北方的枭雄曹操已注意到了这个才名远播的女子，蔡文姬的命运注定又将迎来一次大转折。

流离,她成了断线风筝

兴平二年(公元195年)秋,万木萧萧,青山落寂。

多年了,国事频变,烽烟遍地,田地荒芜,人也都被一种凄惶惆怅之情所笼罩。

蔡文姬的心情比先前舒坦了些,但在兵荒马乱之中,也只能是得过且过。

仿佛一夜之间,这天地就大变了样子。彪悍的南匈奴军队自天而降,他们一来到围城,就到处烧杀掳掠。

哭泣,整个围城都在哭泣!

提起匈奴人,那可有个长长的话题。

在中国境内大漠南北的草原地带,自古以来就是各个游牧民族活动的大舞台。

在战国末年,中原七雄纷争之际,北方的这些个游牧民族中,一个古老而强悍的民族崛起了,它就是匈奴。

匈奴人最早生活在漠南黄河河套地区和阴山一带,这里依山带水,气候适宜。黄河两岸,一望平川,沃野千里;阴山上下,草木茂盛,禽兽繁多。无论对于游牧或狩猎,都具备优良的条件。匈奴人就是利用了这些优良的自然条件，通过自己的辛勤劳动，发展游牧经济。

当中原大地上的各诸侯国"战国"之时，这边匈奴挛鞮氏酋长头曼，在部落联盟的基础上，也正式建立了国家。他被尊称为"撑黎孤涂单于"。按匈奴语意，"撑黎"是指天，"孤涂"是儿子，"单于"是形容广大。把三者合起来解释，就是"广大无比的天子"。单于以下，依次有左、右贤王，左、右谷蠡王，左、右大将，左、右大都尉，左、右大当户等。主管军政者，均由单于子弟、本部落贵族担任，皆世袭。此外，还有左、右骨都侯等，辅佐政务、断狱听讼，一般由异姓贵族担任。

匈奴国东邻东胡，西连月氏，南接中原列国。待匈奴人建立起自己的国家之后，以头曼为代表的匈奴奴隶主贵族担心自己受到侵犯，便积极地组织了自己的军队。当自己的军队实力强劲后，他们的野心膨胀起来，便开始对四周的邻族，展开了大规模的攻势。

匈奴人袭扰中原的历史，自此开始。

周赧王初年（公元前310年），匈奴骑兵出现在燕国附近。不久匈奴骑兵还越过黄河，夺取了河套以南的"河南地"（今内蒙古自治区伊克昭盟一带），势力达到秦、赵、燕三国的边境。赵国因为受到匈奴骑兵的掠夺，于公元前265年（赵孝成王元年），赵将李牧大破杀匈奴十余万骑，匈奴奴隶主贵族的掠夺才稍有收敛。

秦始皇二十六年（公元前221年），秦始皇统一六国之后，在中国历史上第一次建立起一个大一统的多民族的专制主义的中央集权的封建国家。秦始皇为发展和巩固统一事业，于三十二年（公元前215年）使蒙恬将兵三十万北击匈奴，收复了"河南地"。第二年，又越过黄河，夺取了匈奴控制的高阙（今临河西县北石兰计山口）、阳山（今临河县西北的狼山）、北假（今河套以北、大青山以西地区）等地。

匈奴头曼单于在秦朝大军的压力下，不得不放弃河套地区及他的政治中心头曼城，向北退却七百余里。秦朝就在匈奴退出的地方设置郡县，因河为塞，建筑了四十四个县城，并把内地人口迁移到河套地区进行屯垦，同时把原先秦、赵、燕所筑的长城重新修整并使它连接起来，西起临洮（今甘肃岷县），沿黄河北至河套，傍阴山到辽东，延绵近万里，并使蒙恬将兵三十万，坐镇上郡，以防止匈奴人卷土重来。

随后不久，秦始皇、蒙恬相继死去，天下群雄并起，秦朝被推翻，楚汉相争，中原大乱，无力顾及北边。于是匈奴人又乘机南下，越过长城，重新占据河套地区和阴山一带。这时也正是冒顿杀死其父头曼、自立为单于之时，其势力最盛，拥有一支号称"控弦之士三十余万"的铁骑。此后，冒顿就是依靠这些，西破月氏，东灭东胡，北服丁零，南并楼烦、白羊；且屡犯燕（今河北北部）、代（今河北蔚县一带）。冒顿在很短时间内，把我国北方的大片土地统一起来，成为这里独一无二的主宰。他的领土东尽辽河，西至葱岭，北抵贝加尔湖，南达长城。

西汉初期的六七十年间，匈奴的势力最为强大，从公元前201年至前133年之间，匈奴骑兵连年侵扰汉朝的边境，掳掠人畜，劫夺财物，汉朝北方地区广大人民生命财产的安全和封建经济的发展，面临着严重威胁。汉初，由于中原地区社会经济残破，王朝力量不很强大，没有足够的力量来抗拒匈奴。刘邦在平城（今大同市）一役被冒顿单于战败后，从刘邦、吕后、文帝直到景帝止，都不得不与匈奴和亲。汉朝除了把公主嫁给单于做阏氏（匈奴王妻子的称谓）以外，每年还送给匈奴奴隶主贵族大量的絮、缯、酒、米、食物。

公元前140年武帝即位以后，经过六十余年的休养生息，国力渐充，已有足够的力量抗拒匈奴的侵扰了。因此武帝为了解除匈奴的威胁，保障汉朝的安全，毅然决然地采取了武力防御的方针，任用卫青和霍去病为主将，先后发动了三次规模巨大的反击匈奴大战，匈奴被击败，右地浑邪王率领四万余人归附于汉。单于及左贤王也都逃走，河西走廊平定。匈奴主力不得不退出河套及其以西一带，从此一度出现"幕南无王庭"（幕南即漠南）的局面。东线方面，汉军也获大捷。汉朝在夺得了匈奴左地之后，乌桓族便从匈奴人的奴役下解脱出来，并协助汉王朝共同攻打匈奴，切断了匈奴的"左臂"。同时，汉武帝还派遣张骞出使西域，联络月氏、大宛，以公主嫁给乌孙王，拆散了匈奴在西方的后援力量，以切断匈奴的"右臂"。嗣后，匈奴与汉反复争夺西域门户楼兰、车师等地，前后二十余年。宣帝本始元年（公元前73年），匈奴击乌孙不利，衰兆已现。被匈奴奴役的附属部落丁零、乌孙、乌桓等各乘虚攻击，其势益弱。神爵二年（公元前60年），日逐王降汉，汉得车师，西域始畅通；汉命郑喜为西域都护，西域诸国家多属都护管辖，从此匈奴僮仆都尉不复存在。

不久，匈奴统治集团内部也发生了争夺单于权位的搏斗，出现了五单于纷纷自立和互相混战的局面。五单于混战的结果，或败降，或自杀；而匈奴百姓则"死者以万数，畜产大耗十之八九，人民饥饿，互相燔烧以求食"。宣帝五凤元年（公元前57年），终于分裂为东、西两部。最后郅支单于打败了呼韩邪单于，占领了单于庭和漠北的广大地区。呼韩邪为了对付郅支，争取西汉王朝的援助，于甘露三年（公元前51年）降汉，觐见汉宣帝。呼韩邪单于归附于汉，结束了匈奴政权和西汉王朝之间一百五十年以来的对立状态，使之转变为和平友好的关系。而西部的郅支单于只能西迁至康居住地，役使近旁乌孙、呼揭、丁零诸小国。元帝建昭三年（公元前36年）被汉将陈汤等击杀于楚河上，郅支既灭。

元帝竟宁元年（公元前33年），暂驻牧于朔方的鸡鹿塞（今内蒙古磴口县西）、由汉朝派兵保护的呼韩邪再次来到长安。汉朝对他优待如

初,送给他较前更多的财物。并根据他的请求,把宫女王嫱(字昭君)嫁给他为妻,这是历史上有名的"昭君出塞"。从此匈奴不断朝汉,并遣子入侍,和平相处四十多年。

王莽执政以后,降低了对于单于的待遇,阻止乌桓等向匈奴纳税,于是使匈奴人大为恼怒,便重又入侵中原。

东汉初,匈奴人乘东汉王朝内部尚未稳定之机,大举进犯。后来因为塞北连道天灾,"连年旱蝗,赤地数千里,草木尽枯,人畜饥疫,死耗大半",再加上又受到乌桓等的攻击,匈奴蒲奴单于害怕汉朝乘虚出击,便欲罢战。

这时,匈奴统治集团内部因争夺单于位置,又发生了内讧。驻牧于南边,因不得立为单于而"怀愤恨"的右奥鞬日逐王比,首先密遣汉人郭衡向东汉朝廷献出了匈奴的地图,要求臣服于汉。日逐王比的要求内附,得到了他所统领的八部四五万人众的拥护。建武二十四年(公元48年),日逐王比自立,亦号呼韩邪单于,遂率南八部归降于汉。匈奴从此分裂为南北两部。转年,南匈奴单于又遣使至京城洛阳,表示"奉藩称臣",要求汉朝派使者至南匈奴监护,并愿遣侍子入汉,与汉重续旧约。汉朝乃让南匈奴人居塞内,在西河郡的美稷县(今内蒙古准格尔旗附近)设立单于庭(南庭),并派遣中郎将带兵留驻西河保护,免受北匈奴的袭击。同时"随单于所处,参预辞讼,观察动静"。南匈奴单于每年遣送侍子入京城"奉奏"。

此后,南匈奴在大多的时间里,是与汉朝相安的,但时有反复,他们时叛时降。叛时便南下中原大肆劫掠;降时则又会节节南移。

再说圉县民众面对匈奴人的烧杀抢掠,只能四处逃亡。

蔡文姬和四娘相对痛哭一番之后,决计和这城里剩余的所有人一样:逃难求生吧!

于是，全身缟素、身负父亲留下的那具焦尾琴的蔡文姬，搀扶着年迈体弱的四娘夹杂在逃难的乡亲之中，盲目地向南逃亡。

已是徒行三天三夜了，人们满身疲惫。更可怕的是饥饿，哪里也找不到粮食，最后，只好用道旁、田野中的草根、树皮来充饥了。

太阳又快落山了，暮色正悄然地向人们围来。

蔡文姬真的是饥渴难耐了。但她心里十分清楚，四娘的小包里，早已是空空如也了。这满是衰草的荒野中又怎能找到吃的呢？

"琰儿，吃了这点东西吧！"四娘从怀里取出一个小的布包，打开后一看，是一小块蒸饼。

蔡文姬刚要伸手去接，可是当她一抬眼看到了四娘那憔悴的面孔时，内心一下子像被一根锋利的针刺了一下，苦痛不已。

她没有伸手，而是对着四娘摇了摇头。

四娘再次劝说她吃。

她仍旧摇摇头，并且故作笑容地对着四娘说："去年大旱，数月不雨，长安城内一斛谷值五十万钱。现如今人人饥肠辘辘，乳娘你还是等着把它卖个好价钱吧。"

"死丫头，都什么时候了，你还有心思说笑。"四娘嗔起她来。

"哇——"在她们不远处传来了小儿的啼哭声。循声望去，只见有一位满眼含泪、面容憔悴的少妇，她那怀中的孩子因饥饿而啼哭。

蔡文姬动了恻隐之心，没说二话从四娘的手中拿过来那块点心，毫不迟疑地送给了那位少妇。

四娘对着文姬赞许地点头。

入夜，逃难的人群都席地歇息了。

蔡文姬和四娘互相倚靠在一起，以度过又一个逃难途中的秋夜。

四娘饥乏交加，很快就睡了过去。而蔡文姬却难以入睡，她望着斜挂在天空中的一勾新月,听着远近秋虫的低鸣,想到时下大难,自己和四娘今后的命运难卜,一时落下泪来。

突然,人声嘈杂起来。

蔡文姬侧耳细听,不觉大吃一惊。

"胡兵来了!胡兵杀来了!"

人群大乱了,谁也顾不上收拾东西,叫声、哭嚎声、咒骂声乱成一团。

一切都晚了。一队全身披挂的匈奴骑兵,带着滚滚的烟尘,已经来到了众人面前。

马鞭嗖嗖作响,利刃闪闪挥光,像饿绿了眼睛的野狼一样的匈奴骑兵,很快就把这群不幸的人们全都俘获了。

接着,这伙骑兵的头儿出现了。只见他骑在一匹高大健壮的匈奴马上,身着暗色锦缎战袍,一柄弯弓坚硬如铁。惊恐万状的人们,只听得他用半生不熟的汉话,粗野地吼道:"你们这些汉人还想跑吗?告诉你们,如今你们全都是我谷蠡将军的奴隶了。若想逃跑者,格杀勿论。"

人群中顿时响起一片绝望的哀叫声,女人们开始哭泣,孩子们开始嚷叫,那些身体稍壮的人们谁也不甘情愿地挪动脚步。见此情景,那身体肥胖、面孔黝黑的谷蠡将军怒上心头,向其众兵士下令道:"上!"一时间,这群虎狼之兵又纵马踏入人群,杀死的,踏死的,无计其数。

忽然,谷蠡将军发现在这抱头躲避的人群之中,有一十七八岁的女子怒目而视。虽然她身披孝服,体态文弱,满面灰尘,却依然透露出她掩盖不住的青春灵秀。

这女子就是蔡文姬。

谷蠡将军命部属停下手来,用马鞭指着蔡文姬喝道:"把她给我带过来!"

几个匈奴兵就冲到蔡文姬面前。

四娘见此情景,忙用身体挡住蔡文姬,并哀求那些人道:"大人,大人,求你们放过我家小姐吧,放过她吧。"

那些匈奴兵哪里肯听,一把把四娘推倒在地后,拉上蔡文姬就走。这时,四娘听到了文姬坚强的声音:"乳娘,不必这样,对于这些如同禽兽的人,求饶是没有用的。"

蔡文姬终于被拉到了谷蠡面前。

借着火把的光亮,谷蠡那双小眼睛放肆地打量起蔡文姬来。虽然此时的蔡文姬鬓发早已乱成一团,头上、脸上、身上满是血污和尘土,但神韵依存。

望着望着,谷蠡嘴角的硬髭不怀好意地翘了起来。说句心里话,他对如此的弱女子,却有着倔强的个性,很是赞佩。但一向骄横跋扈惯了的他,却又容不得别人在他面前不能服帖。此时,他见蔡文姬背负一具焦尾琴,便来了主意,他对蔡文姬大声喝道:"大胆女子,蔑视本将军罪该当死。可我见你容貌丽质,暂且饶你性命。不过我们匈奴人历来是以胡琴歌舞欢庆胜利的,为此本将军令你当面为我众将士弹奏一曲,若听得大家高兴,就可放过你们。"

蔡文姬听罢此言,冷冷一笑,她神色端庄,不卑不亢地回答:"我用这琴可以自如地弹奏汉人乐曲,但决不为烧杀掠夺、不仁不义的戎贼而弹。"

被蔡文姬抢白后的谷蠡,面孔一下子就气得发紫了。从来没有人胆敢如此顶撞他,不禁恼羞成怒:"胆大女子,小小年纪,竟敢辱骂本将军,看我怎样治你。来人快把她给我砍了,把头挂在我的马背上。"

话音未落,蜂拥着就冲上了数个匈奴兵,他们举起寒光闪闪的马刀,就要动手。

见此情景,四娘急了,只听得她大叫一声:"琰儿,你们不能杀了我的琰儿呀。"之后,便昏倒在了地上。

正在这千钧一发之际,远处土路扬起冲天的烟尘,一阵马蹄声由远至近,匈奴兵们听了这熟悉的马蹄声后看那幡旗,便知是他们的首领来了,便皆肃然惊呼起来。

"是左贤王。左贤王来了。"

此来的左贤王,是当今南匈奴单于呼厨泉十分信任的将军冒顿。他不仅同其祖先当年大败刘邦于平城的冒顿单于名字相同,而且也承继了祖先许多优良的品德。他谙熟兵书,作战英勇,见识甚广,爱民如子,因而受到匈奴人上下的尊重和爱戴。

转眼间,左贤王冒顿一行已勒住马缰,连同谷蠡将军在内的所有匈奴兵将,皆下马向他施礼。随后,左贤王也翻身下马。这时,人们看清楚了这左贤王身高足有八尺,体格健壮强硕,上身着窄袖暗红色的锦缎战袍,衣襟斜向右腋,头颈护额皮帽,脸颊白皙无须,腰间一柄长剑,剑鞘乌黑发亮,足蹬一双皮靴。透过这最能体现南匈奴男子的装束,会感到左贤王的气质不凡,粗犷豪放之中或有汉家儒将的风度。

面对眼前如此混乱的情景,左贤王不免有些不快,责怪谷蠡将军道:"怎么搞成这样了?我们这次南下是受汉朝廷之邀,保护皇帝大驾。不要认为这样对朝廷有功,就可以有恃无恐的。"

那谷蠡将军一扫先前八面威风的神气,单膝跪拜,满口应是,脸上露出惴惴不安。

左贤王见部属如此乖顺,心中的怒气也就消失了。随后,左贤王再向谷蠡交待了几句,便欲离开。

突然,左贤王发现不远处有几个骑兵正挟持着一个身着素服的女子，便随口问谷蠡道："谷蠡将军，那个被持女子是怎么一回事？"

谷将军见左贤王这样问，心里又慌了，支支吾吾地说："嗯……是这样，这个汉家女人胆大妄为，胆敢侮辱本将军，我是想将她处死而杀一儆百，不然，这么多的贱民俘虏让我怎么管教？"

左贤王了解谷蠡平日的秉性，见他如此随意杀人，便有些不快，厉声说道："杀个女子就能教好别的人吗？马上把她放了！"

"遵命，遵命！"谷蠡唯命是从。

那边，那些挟持蔡文姬的匈奴兵骑，此时也放开了手。

蔡文姬见那个被匈奴兵称之为左贤王的人救下了自己，心中顿生感激，可眼下她顾不上谢这救命恩人，而是径直地奔向了昏倒在地上的四娘。

"还不快些过来，叩谢我主不杀之恩！"谷蠡向地上的蔡文姬娘俩道。

"不必，不必。"左贤王挥手言过后，还是转身要走。不过也许命运就是这样安排的，不知何故，他却停下未动，转而又向蔡文姬走来。

"这女子，你们是何许人啊。"左贤王问蔡文姬道。

蔡文姬听左贤王问了，便抬起头来。

当他们四目相对后，两个人的心头不禁都为之一震。

她是那样楚楚动人。

他是一脸正气。

"我姓蔡，字文姬，这是我的四姨。"蔡文姬回答左贤王问话道。

"荒乱之年，流离失所，却总是保持着风节，看来你们是生在大户人家了？"左贤王继续问道。

"说起来，也不是什么大户，只是家父生前，在这世间多少有些名气。"蔡文姬客气地答道。

"令尊尊姓大名?"

"蔡邕。"

"难怪,难怪,蔡邕鼎鼎大名,就连我们匈奴人也知道他是旷世之才呀。只可惜他过早地离世而去。"

说到这儿,左贤王见蔡文姬低眉落眼,也就没再说下去,他又问道:"你们娘俩今后作何打算呢?"

"四海为家……"蔡文姬的答话声音甚小。

左贤王不再问了,他撇下蔡文姬,若有所思地向自己的坐骑走去。

突然,只见左贤王一撩战袍飞身上马,用掷地有声的重重话语,对谷蠡命令道:"备好两匹好马,把这位蔡小姐和她的姨娘,护送到前面我的营地去,不得有半点差池。"

说罢,挥鞭策马疾驰而去。

蔡文姬望着在黑暗中远去的左贤王,有些惧怕又有些迷惑不解,他会如何对待我们母女呢?

左贤王求婚

夜深了,蔡文姬和赵四娘终于被匈奴兵送到了他们的营地。

这营地坐落在一个山坳里,是由一座座白色的帐篷组成。

蔡文姬和赵四娘又被人送到了一座空无他人的帐篷里。

帐外，燃着簇簇篝火。那些解鞍卸甲后的匈奴兵们，都围火而坐，并在这些熊熊燃烧的火堆上，架起了整只整只的肥羊。很快，伴随着油脂被火苗舔得嗞嗞作响的声音，这些肥羊熟透了，空气中就充满了羊膻味和焦肉香。

匈奴兵们开始他们的晚餐了。只见他们个个边撕咬着烧肉，边抱起酒囊，咕咚咕咚地往口中灌着马奶酿成的酒。还有人边吃边喝边唱着匈奴人的歌……

有匈奴兵进帐，也给蔡文姬和赵四娘送来了果品、奶茶和烤肉。

真饿了，不管怎样，人是铁饭是钢，只有吃得饱了才能做些别的。此时，蔡文姬和赵四娘都这样想。

于是她们抓起送来的烤肉，大嚼大咽起来。

夜更深了，帐外是那些酒足饭饱的匈奴兵们，看来帐篷对于他们都是多余的，因为他们谁也没有想着去进帐篷内休息，而是就在火堆旁，席地而卧，带着一天的劳累，酣然进入梦乡。

和那些匈奴兵相反，吃饱了的蔡文姬和赵四娘此时却没有困意，来此之前所发生的一幕幕情景，总是在她们的脑海中闪现，越想心情越焦虑。谁知道那左贤王的葫芦里卖的是什么药？再接下来我们应该如何做呢？

时间就这样在她们的冥思苦想中，悄悄地流去……

忽而，帐外传来了悠扬的胡笳声。这声音和刚才有些匈奴兵用沙哑的嗓音所唱出的哀戚的胡歌截然不同。那胡歌让人听了，只会感到阵阵思乡的酸辛。而这胡笳声时高时低，时疾时缓，有时如青风直上重霄，有时如玉龙潜入深渊，它是在捕捉人们心头的那种难以名状的情愫，好像是鸳鸟求伴，又好像是玉龙觅俦。

深谙乐调的蔡文姬无论如何也想像不出,就在这匈奴军中,也会有这样出色的乐手。她真想马上奔着笳声冲去,与那能弄出这荡人心魄的旋律的人促膝沟通。可是,她却不能这样做,因为这毕竟是在一个外族的阵中。无奈之时,她只能在心里连称"奇了奇了"。知音相思,真不是个滋味……

就这样,听着这笳声,蔡文姬不觉中伏案睡去了。

第二天,天刚蒙蒙亮,蔡文姬就被四周嘈杂的声响惊醒。侧耳一听,惊叫声、马嘶声、号令集合声、兵器撞击声等响成一片,军旅生活如此紧张。

待蔡文姬回首帐内时,不免大吃一惊,真不得了,四娘不见了。

就在蔡文姬不知如何是好之时,只见帐帘一挑,四娘急匆匆地进了帐篷。

顾不及蔡文姬的询问了,此时赵四娘神色紧张地对蔡文姬说:"刚才他们叫我去,说是左贤王今天不领兵出征了,而是留在营里召见你,说有要事与你商量,这可怎么办好哪。"

听罢四娘的话后,不知怎的,蔡文姬并未感到突然,而是平静地拉上四娘的手,安慰她说:"乳娘,我看左贤王与其他匈奴人不同,更不是一介莽夫,大约不会有别的事的。来,给我先梳洗一下吧,好要让他看看我们汉人的风采。"

当蔡文姬出现在左贤王的面前时,左贤王惊呆了,他感到眼前霎时明亮起来,文姬虽然仍是一袭孝衣,但与昨日未曾打扮时相比,简直是变了一副模样。乌发梳成了垂云髻,面如冠玉盈长而略圆,两颊丰腴,形如满月,前额宽因而光亮,显得那么清丽而尊贵。胸脯丰满,肩虽削而圆正,通体修长而曲线优美。眉清洁,目晶晶,行如惊鸿,顾盼生辉,飘飘然如同一位不食人间烟火的白衣仙子。

蔡文姬也注意到了，左贤王今日也特意打扮了一番。他脱去了昨日披在身上的戎装，换上了一件绣有花纹的绫罗制的长襦，外套一个绣袷，看上去完全是一位儒雅的书生。再环顾四周，只见左贤王的帐篷内的摆设也极为雅致：在他面前的案几上，摆放的都是墨宝书籍，帐篷四壁装饰着八叉的美丽的鹿角，地上还铺放着一张虎皮。值得蔡文姬特别注意的，则是那挂放在他身后的那具精致的胡笳，这又使蔡文姬想起昨夜那悠悠的笳声。文姬打量了这一切之后，不知怎么，在心中对这左贤王有了进一步的好感，心里赞道：这位左贤王还真是文武双全的人啊！

见蔡文姬不动声色，左贤王笑了，并亲自给她端上来果品和奶茶。

蔡文姬礼谦地谢过。

还是左贤王开口了："还是昨晚那句话，你的父亲是一代名儒，我之所以把你们请来，主要出自于对他的敬仰。说心里话，我左贤王一向是对你们汉族的文化十分敬慕，它真是块挖掘不尽的丰富宝藏啊。如今能结识汉族文豪的女儿，也算是我的荣幸了。"

左贤王见自己的一番话给蔡文姬听了，使她的脸上露出了一些悲楚，知道这又引出了她思父的伤感，便觉得不妥。于是，换了个话题，说："我一向不愿表白自己，假如你们依旧在那荒野上流离，非饥死也会被乱兵所杀，若不遇到我，你们娘俩不知会是怎样了。"

蔡文姬终于开口了，只是语气淡淡地："天地间如此广阔，总会有我这个弱女子的安身之处吧。"

听蔡文姬回了话，这使得左贤王兴奋起来，话也就多了："你是很有骨气，这在昨天我的部下已经领教了。可是说起来你们的汉政却是动荡不安的呀。你说现如今是不是闹得没了样了？什么外戚呀，什么宦官

呀,还有那些武夫割据一方啊,他们只知道争权夺利,草菅人命。从前皇帝放纵他们,如今又捡起皇帝来。就连皇帝都自身难保,你这样的弱女子若在社会上流落,又何谈生存呢?"

蔡文姬用她那黑白分明如秋水般的眸子,紧紧地盯着左贤王,好大一会儿,这才泰然地答道:"文姬自幼跟随父亲亡命江湖,已练就了一身超常的适应各种环境的本领。我并非像你所想象的那样弱不禁风,毫无自我生存的能力。再者,我这和你讲,若真的实在没有了路走,我会纵身跳入黄河,以死来表示我一个汉家女子节烈的心志!"

"好,敬佩,敬佩。"左贤王高声地赞叹着的同时向蔡文姬伸出了大拇指。

这样一来,蔡文姬倒觉得有些不好意思了。

左贤王说敬佩蔡文姬,并非是虚情假意的。自昨日第一眼看到蔡文姬以后,就发自内心地喜爱上了她。如今再通过这番谈话,着实又体会到了她内心如同疾风中挺拔的小草一样柔韧,于是,对她的爱慕更加升腾了。他不想再转弯了,也不想再犹豫了,他要把昨夜吹着胡笳时那些个对蔡文姬的情丝,全部吐出来:"话说到这里,你听我说。我想你我都知道生命的可贵,你有骨气,我也敬佩你会有'节烈'那样的选择。不过眼下尚不需要那么壮烈的举动,话挑明了吧,我很愿意保护你,不忍心你再流落下去……"

"保护我?怎么个保护法?"蔡文姬打断了左贤王的话。

"哈哈哈,请你相信我,这个'保护'就是跟随我到南匈奴去,至少那里没有战乱和死亡啊。"左贤王终于说出了自己的想法。说完话,即刻用眼睛死死地盯着蔡文姬的脸,是看她作如何反映。

"啊?到你们南匈奴去?"蔡文姬大吃一惊。

"是啊,到我们那里去。那样,你就会绝对的安全,不像现在这样朝不保夕了。"左贤王重复着刚才的话。

"……"蔡文姬依旧是惊呆着。

左贤王也不再说了,他知道这件事对于蔡文姬来说是太突然了,得给人家时间考虑。于是,左贤王站起身来,默默地踱到了帐门前,撩开帐帘,遥望起外面的原野青山来。

许久,左贤王见身后的蔡文姬依然毫无动静,便对着帐外,像是自言自语地说道:"我的家乡,你们汉人称之为大漠荒原,那里可是个好地方啊。一年四季风景如画,夏日里,一望无际的大草原,处处充满着勃勃生机;冬日里,银白色的旷野,会使任何人心胸一下子变得豁达。到处牛羊遍野,骆驼成群,臣民都过着安居乐业的生活……"

继而,左贤王转回身,来到蔡文姬的面前,恳挚地冲着她说:"我再说,你可能又会认为我俗气了,不过,我还是要对你说。你也知道,匈奴人和汉人一样,也是讲究地位的屈尊的,我们的皇帝,就是至高无上的单于王,单于之下,就是我左贤王了。随我而去,还会有什么不妥吗?你若到了我们那里,你喜欢什么,我就给你什么,你希望怎样生活,我就让你怎样生活。"

"怎么,你把我看成一个贪图享乐的人了吗?告诉你,名不正、言不顺的安逸,我蔡文姬不会去享受的。"蔡文姬突然对着左贤王发话了。

"对,对,你说得太对了。你是具有高风亮节的人,怎能不明不白地接受那些富足呢?不过,我会让所有的一切都名也正言也顺的。"

"怎么个名正言顺法?"

"这还不好办吗?你做我的一生伴侣呀。"

尽管蔡文姬此前对左贤王会有这方面的想法,有些预感,但一经他的口说出来,还是显得太突然了,她立时羞得双颊通红,不知如何应付了。

左贤王趁热打铁。

"蔡小姐,恕我直言,昨日一见到你,我就有似曾相识的感觉,进而是非要和你生活在一起。昨夜难眠,我一边吹着笳一边痴想,仿佛你已柔情脉脉地依在我的身边……我多么需要一位像你这样秀美的女子,知书达理的女子,来和我琴瑟相和呀……"

蔡文姬的脸更红了,心更乱了……

"胡汉和亲,消除隔阂,永息战乱,是双边利国惠民之举。我久慕你们汉女像昔日的细君、解忧、王昭君等人的不辞艰辛之举。她们都自愿入荒沙大漠之地,羊膻游马之邦,以实现和亲大计。难道蔡小姐不愿做第二个'王昭君'而流芳万世吗?"

蔡文姬听着左贤王平静地叙说,说心里话,尽管现在看来有些强她所难,但人家正经八百地求婚,也没有错,自己怒不得。不过这样大的事,怎能一下子就答应下来呢。但总是这样沉默不语,也并非是最好的解决办法。怎么办呢?她仔细地想了之后,觉得暂时洒脱一下最好。想到这里,她开口说话了:"谢大王慕我之情,也谢大王善待我们娘俩的作为。归根结底,大王是想与我成亲。别的我们先不说,大王或许能看得出,满身孝服加体,一来家父离世不久,他对孩儿我的恩情,足能使我甘愿一辈子为其戴孝;二来两年前我已嫁人,不过不久前又死去了丈夫。如今我这双重重孝在身,怎能奢谈再嫁大事。"

左贤王听了蔡文姬这样来答,长长地舒了一口气,忙说:"请原谅我刚才的冒犯,我当然不会强人所难,只要蔡小姐答应随我北行,孝悌有期,我等几年。"

蔡文姬又无言以对了,她低垂着眼睑好长时间,最后才无可奈何地说:"左贤王的这番心思我懂了,不过这件事请容我好好考虑考虑。"

左贤王点头应同了。

心中焦急的赵四娘终于等回了蔡文姬，见文姬相安无事。她的心这才踏实下来。不过又见文姬满腹的心事，便关切地询问起来。待文姬把左贤王如何向自己求亲之事，向四娘叙说了一遍后，四娘也是惊叫起来："这怎得了。你也看到了，这些个匈奴人是非常野蛮的。他们不知礼仪，并且以四处打猎为生，吃羊肉，喝奶酪，住的是兽皮帐子，不用说别的，就是那股腥膻味，恐怕就让人受不了。"

蔡文姬沉默不语。

"不过话又说回来，如今我们的小命捏在人家的手里，答应不答应，已经由不得你了。别看他现在满嘴甜话，若真的死活不答应的话，到那时，还不得说杀就杀，说砍就砍。"

"左贤王可不是那样的人。"不知为何，蔡文姬也不明白自己怎么替左贤王辩护起来。

"唉，怪就怪你的命苦，怎么又来个外族逼婚……"

"别说了，我的心烦。"——向对四娘和和气气的蔡文姬，此时却粗暴地打断了四娘的话。四娘知道文姬说的是心里话，也不怪罪地。

自从左贤王向蔡文姬突然提出婚事时起，除去感到惊愕之外，蔡文姬的内心一直是在剧烈地斗争着。她知道随左贤王而去，并嫁与他，日后在生活上会是舒适的，四娘也会跟着享福。再说，从和左贤王的接触中，看得出他是一位受过良好的教育，知书达理的人，若和他生活在一起，会情投意合的。但这次婚姻可不比以往，尽管自己年纪轻轻的，从心里不愿把自己锁进一个无形的寡居禁锢当中去，也希望再托身于一个男人，但这次毕竟是要到远离家乡的异邦去呀。这一去恐怕十有八九是回不来了。想到这，不免又生悲伤。至于左贤王说到的以往的那些汉家和亲女子，为安邦睦邻而贡献出自己宝贵的青春的精神，文姬是赞叹的。但文姬也了解去国离乡，由于语言不通，生活习惯不相适应，心中不免会涌起无限悲愁。当年刘细君出嫁乌孙,她抒写的表现远嫁异域的哀伤和怀念故土的忧思的诗作《悲愁歌》,文姬依然记得。

唉。难,真是太难了。当年的刘细君、王昭君啊,你们怎样想的呢?

夜幕又降临了,明亮的月光斜射进帐来。蔡文姬整整一天都闷在帐篷里,她在想,在想………

渐渐地,渐渐地,那种随左贤王而去的想法占了上风。因为她一直反复地问自己了,难道留在中原,在那动荡不安中流离,就是幸福吗?与其这样默默无闻地饥死,或被杀死在自己的故土上,还真的不如痛痛快快地冲出那缠绕着自己的不幸命运,去享受一下亲近大江大河、亲近黄沙大漠的快乐!再者说,左贤王也有着实让自己心动之处呀,他有一副豪爽、憨厚而又多情的方脸膛,那双至诚、坦然的双目,那剽悍威武的身躯,他是一个文武双全的大漠英雄啊。

对。我要把眷念故土的私情埋藏在心底。

蔡文姬做此决定后,浑身格外的轻松了。

当左贤王听到蔡文姬亲口对自己说出,愿随他北赴大漠之后,大喜过望,激动了好半天,才情切切地问起蔡文姬还有什么要求。

蔡文姬低头沉思过后,再昂起头,有板有眼地向左贤王提出两个请求:"请你保护我和乳娘去趟长安,我是想替我的父亲扫墓;另外,我虽然远去塞外,但只要一息尚存,就要永远也不忘汉家。就是今后有了子孙后代,也要留下遗训,叫他们永世记住大汉是他们的母家……"

左贤王笑了:"蔡小姐将伴我后半生了,这小小的请求怎能不去满足呢。"

这一夜,蔡文姬睡得甜,她做了一个长长的梦,梦里有安阳,有种山,有河东,有圉县,梦里还有父亲,还有母亲,还有仲道,都来到了她的身边……渐渐地,这些影像远去了,最后,化作一首家乡的民歌,久久回荡。

马背上的梦幻

异族的马队,向北行进。

十八岁的文姬离开了故土。

进入胡域后不久,马队就遇上了一场沙暴。

怒吼的狂风,旋转着将黄沙抛上天空,再嘶鸣着把它们摔向大地。粗砂粒无情地抽打着人脸,疼痛无比。身外的景物,也只剩下"昏天黑地"了。

整个马队,必须像被一根绳子串系起一样,这匹马的头与那匹马的尾相接,谁都明白,谁失去了前面的马尾,就等于自己被抛弃在漫漫的黄沙之中。

坐在马车里的蔡文姬,尽管有车篷挡着,但她还是无法忍受这沙暴的肆虐,尽心照顾着她的左贤王见此情景,只好下令马队停止前行。

在几弯沙堆的坳里,这行人马停了下来。

见蔡文姬眼神里充满惆怅,左贤王关切地问:"文姬,是后悔随我出塞了?"

文姬不知如何作答。她心里真不相信，这样的地方，有生命的存在。

左贤王再慰藉她说："其实草原上的风对我们来说，是温和的，生活得惯了，就会有所体昧。"

傍晚，风小些，马队继续前行。

再行一些时辰，马队到达了一个像"驿站"似的地方，这里有几间泥沙垒筑的土房。

左贤王下令在这里扎寨安营。

蔡文姬下车后，被单独安排在了一间房里，屋内尽管仍有风将细沙透过门缝，不断吹进屋来，但和外面比，唯一的感觉，就是好舒服，好舒服哇。

该吃晚饭了。有匈奴兵给蔡文姬送来羊脯和奶酒。随后，左贤王也来了。

见蔡文姬只是用眼盯着那些食物，不肯动口，左贤王有些不自在了，他慢慢地对蔡文姬说："现在想来，也许我是真的有些自私了。这塞外风大沙多，在饮食上你也不习惯……不过不要紧的，我已想好了，到了我们那后，我要为你建造汉屋，为你造膳汉食。"

见左贤王如此诚恳，蔡文姬心为所动了："那倒不必。怎么说呢，大王的一番厚意我领了。妾身既已决意出嫁塞外，心里就做好了依胡俗生活的准备。不过这得有个适应的过程，将来，大王会看到一个汉家女子，是怎样在马背上生活的。"

"好！痛快。"左贤王又高兴了，激动地望着蔡文姬说。

左贤王为蔡文姬干杯，他是按匈奴人的方式：用手指沾酒，弹向天地，然后一饮而尽。

蔡文姬尽管不饮这奶酒，但她开始缓缓地吃肉了。

两人还边吃边喝边攀谈起来。

"看起来我得一切都从头学起了。"蔡文姬说。

"这是当然了。"左贤王答。

"可眼下我对你们匈奴人的生活习性知之甚少,你能不能从现在起就多讲给我听听?"

"你需要听哪些方面?"

"因为我们要成亲了,所以我最关心的是你们匈奴人的婚俗,此前,我听说你们有个可怕的恶习,就是父亲死了,儿子可以收后母为妻,甚至有时孙子也可以娶后奶。嫁与乌孙老王昆莫的细君,在昆莫尚在时,这老王就把她赠给了自己的孙子岑陬;王昭君也是在其夫呼韩邪单于死后,再嫁给呼韩邪大阏氏所生的长子复株累单于雕陶莫皋。这在我们汉族人来讲,真是太有悖人伦了。"

左贤王万万没有料到,这蔡文姬提出的第一个问题,就让他感到紧张和羞涩。但事实如此,只得如实地讲来,也许能求得蔡文姬这个深谙儒学的妇女善意的理解呢。

"文姬,刚才你说的这个婚俗,的确是事实,'父死妻其后母',这在儒学的观念上来看,固然不可思议,但这却是我们从祖上继承下来的,很难更改。"

见蔡文姬低头不语,左贤王忙改换话题,滔滔不绝地讲起他们匈奴来。由于他知识渊博,文姬听了觉得新奇,长了见识。

"我们匈奴人是游牧部落,说起来族属为突厥,没有文字,以语言为约束。我们匈奴人以畜牧为主,畜有羊、牛、马、骡、驴和骆驼。其中马最受重视,为战斗、运输、贸易和日常生活所必需。畜产归私人所有,各部落牧地则为各该部落牧民所共有。我们匈奴人住毡帐,又称穹庐,食肉、饮乳及马乳酒,衣皮革,过着逐水草迁徙的生活。匈奴贵族

亦居住汉式宫殿，这些宫殿多出自汉朝工匠之手。我们匈奴人也会建造军用的壁垒、城堡；有车、船，还能筑路、架桥。此外我们的冶铜业发达，能铸刀、剑、斧、镞和马具，冶铁和制陶也有一定的规模。

"我们匈奴的社会组织，以部落联盟为主，联盟的首领称为'单于'。几百年以来，我们征服了邻近的几个弱小民族，建立了我们匈奴人自己的国家。单于之下，设有左、右贤王等各级部属。

"现在的匈奴，由许多的部族组成。这些部族还包括干氏族，有如挛鞮氏、呼衍氏、兰氏、须卜氏、丘林氏、韩氏、郎氏，等等。这其中，我们挛鞮氏为最贵，单于皆出自我族。或父死子继，或兄终弟及。其余有呼衍、兰、须卜、丘林四族亦贵，世与单于联姻。凡废立、和战、祭祀等大事，均由各部贵人会议决定，我们称之为单于庭。

"我们匈奴有不成文法，盗窃者没收其财产，大罪当死，小罪则轧；监禁最长不出十天，一国的囚犯不超过十人。

"我们匈奴人还朝拜日，夕拜月，月满进军，月缺退兵，战场上能斩得敌首的，赐酒一杯。凡有掠获，皆归己所有，以俘虏为奴婢。打仗时能运回死者尸体的，可得死者全部家财。军队绝大部分是骑兵，男子少壮能挽弓者，均在编内。

"我们于每年的正月，小会单于庭，祭祠。五月，大会龙城，祭祖先、天地、鬼神。秋日马肥，大会蹛林，检点人畜。另外常以正月、五月、九月戊日祭天神。

"至于你文姬先前讲的子娶后母等习俗，这是我们匈奴行婚制度；父兄死后，妻后母，报寡嫂。匈奴人土葬，死者头部朝东。贵族皆深葬，棺椁多达三重。单于死后，除金银、衣裘随葬之外，近幸臣妾从死者也多达数十百人。"

就这样，左贤王滔滔不绝地讲，蔡文姬饶有兴趣地听，不觉时间悄然流逝。蔡文姬对匈奴的了解也加深了许多。

夜色迷蒙,一切全被浓重的夜雾吞没。"啊,啊,风停了,风停了。"屋外有人喊。

左贤王拉起蔡文姬走出房门。

"啊,这儿的夜空真美。"蔡文姬赞叹道。

只见此时夜朗星繁,北斗七星粒粒可数,晶莹璀璨,银河像一条闪耀的白带横贯长空。黑黑的夜,没有一丝风了。

"我看看天象。"左贤王煞有介事地说,"没问题,明天定是晴天,如果有风,那月亮的周围会有风圈。"

"好啊……"蔡文姬有一种心里的石头一下子就落了地的感觉。

次日清晨,马队继续行进了。

中午,前方出现了一条不大的山脉,是一条葱绿的山脉。

"翻过那座山,就可以见到草原了。到家了。"左贤王兴奋地嚷道。

听这话,不知怎的,蔡文姬的心头却忽有一丝难以说得出的凄然。

骑在马上的所有的人,都兴奋起来,队形乱套了,这些人除左贤王陪着蔡文姬慢慢地行进之外,都自选道路地向那一片绿色狂奔起来。

与文姬留在一起的左贤王,看得出亦是激动,他放开喉咙,用匈奴语,唱起了粗犷悠扬的歌……

蔡文姬听不懂他唱的是什么,但从歌曲幽幽的旋律,从左贤王湿湿的泪眼中,蔡文姬已经感觉到了,这是一首乡情之歌,是在叙述思念亲人的情怀,是在叙述对家乡草原的热恋。

左贤王也邀文姬唱上一首,同左贤王一样,此刻,她也来了思乡的感怀,忍不住了,一曲恋乡的歌,不由自主地涌上口来。这是父亲在他所作的《琴操》一书中,所记载的当年王昭君嫁到匈奴以后,思恋家乡,所写下的《怨旷思惟歌》。

正当文姬还在唱着之时，左贤王一声："不好！文姬当心！"

待文姬回头看时，只见一只巨大的鸟发出怪叫声，向她袭来。叫声使人毛骨悚然。

这下，文姬被这突如其来的险情给吓懵了，浑身打颤，好像整个世间都在向她坍塌下来，顿时晕了过去……

不知什么时候，文姬醒来了，她感觉是躺在左贤王的怀里，他那双健臂，紧紧地拥抱着她。见文姬醒了，左贤王十分关切地问："文姬你可醒了，真把我吓坏了。"

"刚才……我……"

"你被惊吓了一下。"

"我恍惚记得有一只……"

"秃雕。"

"对，秃雕，它向我袭来，那孽种呢？"文姬边忆边问。

"早就让我赶跑了。不过，你不害怕的话，还可以再看看它。"左贤王显得十分轻松。

"在哪？"

"你看。不过你可千万别害怕呀。"

顺着左贤王所指，高空中，文姬看到了那只硕大的鸟，扇动着巨大的翅膀，时而盘旋，时而俯冲。

"这是食人鸟吗？"文姬再问。

"说是也不是。"左贤王又答。

"它为什么要扑我？"文姬再警惕地问。

"还不是……还不是因为你清高孤傲，有容貌修养、有骨气、有……"

"看你，怎么没正经的，人家问你，你就得好好回答。"打断了左贤王话头的蔡文姬,来了娇矜劲。

左贤王心喜,忙认真地解说道:"它扑人,是疼爱自己的雏子和雕蛋的结果,此时正值它产蛋孵化季节,所以特别地凶猛,当它们发现它的巢穴来了敌人,就会个不惜一切地向其发起进攻。看来这附近一定有它的'毡帐',我们成了入侵者了。"

至于附近有没有那雕的巢穴,文姬不想去寻找,此时让她感到羞涩的是,她是躺在了左贤王的怀里,忙起身站立。

左贤王任由了她。

两人继续无言地慢步前行。

突然,文姬发现左贤王的手背上有些血点,她知道这是刚才解救自己,被那秃雕给啄的,不觉对他的一种感激,油然升起。

"谢大王适才搭救。"蔡文姬发自内心地说。

"这倒不必,本王仅希望你此后应该多多高兴。不然,我的那些阏氏会嘲笑我的:'怎么,在哪还找不到一个只知道悲悲切切的宝贝,何必千里万里去求来呢。'"左贤王亲昵地求着。

听这话,一股幸福的甜蜜感,蓦地涌上了蔡文姬的心头。她觉得不好表白什么,只是张开嘴笑了。

再接下来,蔡文姬的脑海中,尽是左贤王的形象了,亲切、可爱、可敬……

蔡文姬觉着和左贤王生活在一起,会是很有意思的,俩人一同起居、一同品茶、一同吟诗、一同筰琴、一同游猎……

爱，在风沙中飘落

岁月如流，光阴荏苒。

三年过去了，就在这塞草茫茫、远山苍苍、风起草低、牛羊散布、马鸣萧萧的南匈奴，蔡文姬已经生活了三年。

她熟悉了这里的一切。

左贤王没有食言，苦苦地等待着蔡文姬度过她自己说的三年孝期。

汉建安三年（公元198年），七月。

这日，天蓝得惬意，水清得醉人，花开得鲜艳，人乐得舒心。对于草原上淳朴的匈奴人来讲，今天可称得上是个盛大的节日——他们所拥戴的冒顿左贤王和年轻貌美、不同凡俗的汉家女子蔡文姬完婚。

昔日空旷的草原上，如今到处是一片喜气洋详。各部落都在欢腾，人们身着节日的盛装，杀羊宰牛，庆上三天三夜。

新娘子蔡文姬端坐在她的帐篷里。此刻，忙忙碌碌的侍女们来回穿梭，为浑身洋溢着青春光彩的蔡文姬装扮。只见嫁衣、头饰、发冠、脂粉等一样一样地摆满了毡毯上。待装扮过后，蔡文姬几乎认不出铜镜中的自己了，她按标准的匈奴新娘样式化了妆：筒状的王冠上垂下嫩黄的流苏遮住双耳，颈上、耳垂、手指等处戴上了精致贵重的首饰，随着她全身的微动而闪闪发光。新嫁衣窄窄的袖口上绣着繁复的花边，衣襟斜向右腋直直垂下去，一朵朵蝴蝶状的丝织盘扣连缀起衣襟，绣袍下摆还镶嵌着珍珠和金片银片……真是庄重大方，华丽无比。尽管这是蔡文姬第二次结婚，但此刻她的感觉同那少女初嫁时一样，因为异族的情调足让她紧张、羞涩，心里阵阵慌乱。

隆重的婚礼在单于呼厨泉的主持下开始了。首先要祭祀祖先。祭祖方式原始而简朴：人们围起一堆用沙坨高高垒成的祭坛，坛上摆放着牛、羊、骆驼头等祭品，坛前放置一个铜鼎，鼎内烈焰熊熊，香烟氤氲。随着披发跣足、手舞足蹈的巫师的一声喝令，先是由一队身着彩衣、头戴怪兽和鬼怪面具的男女们歌着舞着。这其间，五色的旗帜迎风猎猎，隆隆的鼓声像似沉雷，婉转的筎笛乐曲，荡在人们的心口。虔诚的匈奴百姓开始觐拜。顿时，祭坛四周，黑压压跪满了男女老少，在巫师祭旗的挥动下，有节奏地一拜再拜……

祭祖仪式结束后，便开始了丰盛的婚宴和欢腾的歌舞。在弥漫着烤肉味和奶酒香的空气里，张张粗犷红黑的匈奴男人们的脸上，都洋溢着喜兴的神色，他们忘情地饮着，吃着，不时还成群结队地来到一对新人面前敬酒祝福。妇女们则身着鲜艳的长袍，跳起了祝福新人的舞蹈。舞姿一改汉人舞蹈那缠绵柔弱，而是粗犷豪放，犹如雄鹰穿破云雾，似骏马奔腾疾进，足让人看得如醉如痴。

一对新人端坐在婚庆的主要位置上，四十岁开外的左贤王，今日里满面红光，兴奋异常。正因为是他大胆地爱，倾心地爱，才得到了这甜蜜的回报。蔡文姬也是沉浸在新婚的喜兴之中。她现在一门心思，就是应该和她的夫君永远相爱，地久天长。

左贤王和蔡文姬两人时而接受着人们的祝福，时而十分开心地交谈着，他们忘记了一切，仿佛这宽广的大草原是专门为他们提供倾吐

情爱的场所，欢庆的人们是他们爱情的点缀和陪衬，为这爱的生长增添着光彩。

"爱妃，我听过你的琴，读过你的诗作，看过你的书法，唯没欣赏过你的舞姿，今日何不跳上一曲助兴？"左贤王亲切地邀起了蔡文姬。

蔡文姬嫣然一笑，嗔丈夫道："我已身许与你，你为何还这般地不满足，非要劳妾跳舞。"

左贤王温柔的目光看着他的娇妻，说："我……是说舞之助兴，没什么别的意思。"

"瞧你这样，妾也是与你开个玩笑，我就满足了你。"蔡文姬声音温柔甜美，一双秀眸放射着动人的光彩。

"当然，求之不得。"左贤王高兴了。

蔡文姬在欢乐的人群中飘然起舞了。她跳的是即兴的汉族舞蹈。她不愿让胸中的兴奋和情感受到规定舞步的约束，她要让感情的激流任意流淌；如小溪之畅达，如瀑布之流泻。她跳哇跳，尽情地跳。她感到有生以来从未有过的开心，从未有过的快乐。不需要音乐伴奏，心曲便是最好的旋律；不需要众人的唱和，有左贤王在身边就足矣。她跳哇跳，忽而举腕扬袖，忽而反身翻越，真是婉约而妩媚。

左贤王看迷了，欢乐的众人看呆了，不由得都叫起好来。这时，不似以往般威严的单于，示意让左贤王一起与妻子跳舞。那左贤王真的来到了舞着的蔡文姬的身边，学着文姬的样子，蹩脚地舞了起来，两人在众人的欢呼声中，不一会儿的工夫，便默契了。心声互答，跳不尽的依依恋情……

夜深了，蔡文姬被侍女们拥着回到了作为洞房的簇新的帐篷里。

洞房里只剩下了文姬自己的时候，她卸去了新嫁衣，换上了锦绣罗衫，鸾带绣鞋，将束得紧紧的小辫一根根解开，完全是汉族女人的装妆，恢复了她那本来的面目。

心情放松了下来后的她，觉得此刻自己也是一点力气也没有了，连眼皮也懒得抬一下。她感到了倦意，真想睡，睡在夫君那温暖的怀抱里。那一定是很甜蜜的，他那宽厚的臂膀定会像一座山那样坚定有力，依在上面一定会觉得有一种说不出来的安全感，心里会十分踏实。到这里，蔡文姬不觉对自己会有如此大胆的想法而害羞起来，脸上发烫了。

在粉红色的纱帐里，在华丽的地毯和席地而放的柔软的皮垫上，蔡文姬躺在那里，在痴想中不知不觉中眯矇过去。

在一种沉沉迷迷的感觉中，蔡文姬觉得有一个高大强健的身影在慢慢地靠近她，随之而来的，她觉得有一双热唇在自己的脸上、唇上频繁而热烈在吻着、吮着，一双强有力的胳臂紧紧地接抱着她，抚摸着她，使她被一股草原上男子特有的气息裹住了。她觉得心跳得厉害，激动得想喊、想哭。她觉得呼吸急促，浑身有些颤抖，胸口有些发闷，或许是那暖暖烘烘的身体贴她太紧了，使她几乎不能透过气来，可她却愿意这样，希望他挨自己更紧些，再紧些……

蔡文姬就这样，做起匈奴的王后了。

蔡文姬和左贤王婚后的日子过得和和美美。

对于左贤王，蔡文姬甚是关心的。只要是丈夫身边的事，无论巨细，她都要亲自过问，甚至是亲自为他去做。左贤王喜欢游宴，蔡文姬怕他荒废了正事，便时常地劝他适可而止，不可过度。并常常体贴他，提醒他，注意风寒感冒。对于娇妻的疼爱，左贤王喜在心里，犹如日日酣醉在美酒中。蔡文姬花费在丈夫身上的心血和温存，也得到了回报，这就是左贤王对蔡文姬更加宠爱异常了。

蔡文姬开始注重修饰自己了。铜镜前，为了一个发髻的样式，一件头饰的插戴，往往要费去好长时间，耗去好多心思。她总觉得有左贤王在端详着她，审视着她。她要为这左贤王装扮，决不能因为自己的一点纰漏，半点疏忽，而使左贤王失颜。是的，春情可以改变任何一个人，在爱河中涉渡是对人生的再造。最后，蔡文姬终于确定了自己的标准形象：平日里，在家中是汉家打扮：白里透粉的长裙着在身上，似飘飘欲坠的天仙。黑缎子似的头发，随意挽成一个堕马髻，两边插上一对鸳鸯翠花。并用两支翠玉大簪，横贯在发股上，后面别着碧玉制成的芙蓉一朵，边上嵌着几点闪亮的金玉碎珠，宛如芙蓉出水洒落着点点春露。一串纯白玉的桃形耳坠，戴在耳垂上……所有这一切把这位汉家美女，装扮得更加轻盈俏秀，美丽端庄。外出时，则又是一派胡装：外着白狐裘外套，里面穿着纯黄色的绣袍，筒状式的冠帽映衬着玉白粉嫩的脸，显示着她的果决、刚强的性格。特别是她策马疾驰时，给人的感觉是潇洒自如，英姿翩翩……

冬去春来，新的一年来临了。

蔡文姬那充满青春光泽的面颊，泛着红晕。今天，她将告诉给左贤王一个特大的喜讯——她怀孕了。一想到即将初为人母，她的心里乐滋滋，甜丝丝的。

听说妻子怀孕了，左贤王兴奋不已。尽管他的那些阏氏们，有的已经为他生了儿女，但他从心里却十分看重他与文姬这个汉胡结合的爱情的结晶。

转眼就到了五月，匈奴所有的部落大会龙城。这是匈奴人一年当中最为重要的节日，他们要循例大庆三天。第一天祭拜祖先、天地和神灵，然后跳匈奴舞；第二天要搞些赛马、射箭等比武活动；第三天方属辰瑞正诞。

为了让怀孕中的蔡文姬开心，左贤王破天荒地要携带她同行龙城。

第一日匈奴人祭神灵祖宗，不必细说。单说那第二日的比武大会。

校场设在大会的中心,地面上一色铺着珠色兔眼儿细沙,用巨夯一块块砸实,阳光下恰似一张宝镜熠熠生辉。说起来,匈奴的各部落都是十分崇尚武功的,素以骑射为本,"一马二箭三校杨",便成了匈奴人诸户传世古训。一个部落的声威如何,多以上述的真功过硬与否而沉浮。

校场的北面,起造了一座丈余高的阅武台。台上设有五爪金龙宝座及飞虎、飞豹等交椅,按匈奴上流地位的高低依次上就座。

比武开始,单于起身宣布道:"今日比武,不分尊卑,不论族姓,只以马箭弓刀分强弱,定输赢。阅武台对面虎、豹、熊形三杆大旗下,各有头簪金花、手捧美酒等物的美女十名,有本事的悍将只管去取。"台下人众听了,一片欢声震天。

立时,诸多匈奴部落的首领,及近千名的比武骑士,一齐放马入场,兜场三圈。有的在马背上单臂倒立,有的在马上马下飞旋跳跃,各显奇能。这名为"遛马"的举动,实际上是开赛前带有娱宾性质,并以此来威慑对方的马术表演。第一次见到这样场面的蔡文姬,直看得眼花缭乱。

骑射比赛开始了。

骑射比赛共分十组,每组二三十人不等。将箭靶涂成校场地面颜色,由三名靶场小尉拿着,藏在靶沟里。靶沟距射手六十步远,共出现三次,每次都是一挥即落。手眼不快者,未待发箭,靶已隐没,最是难射,射手箭杆上都有自己的名号,以中靶多少定输赢。

比赛进行得很快,转眼间九组已经射过。那些骑射者有中一箭的,也有中两箭的;一箭未中的,含羞带愧返回本部落队中。

看看射手已经射毕,结果尚无一人全中。突然,校场上的人群里,发出了一些呼喊声,起初是零星碎语,很快便形成了强大的、有节奏的声潮：

"冒顿！冒顿！"

人们在呼唤着左贤王出场，去争得骑射的魁首。

这时，坐在台上虎椅上的左贤王不慌也不惊，他回首望了一下坐在他身后的蔡文姬，那目光蔡文姬十分清楚，他是在征询她的同意。待蔡文姬肯定地点头过后，左贤王便飞身离座而去。

忽儿，校场上，左贤王已披挂上阵，只见他一扫往日那文弱书生的雅相，俨然一位出征打仗的武士，骑在雪花白的高头大马上，威风凛凛！

随着比赛指挥旗帜的下落，左贤王已然势如猛虎，放马疾驰，出手迅速，不待众人醒过神儿来时，弓上银箭早已连弩三出。说时迟，那时快，只见空中三道金光迸散，三发连弩竟似中了魔一般，全部射入靶心。看呆过后的众人，旋即一阵惊呼，骑射比赛达到了高潮。

左贤王的飞马连弩功夫，在匈奴人中是极有盛誉的。而蔡文姬则是第一次见到，自然也是赞叹不已。

当蔡文姬当面盛赞左贤王技艺高超时，不想这位刚才还英姿校杨上的武士，却换了另一番模样。他同妻子开着玩笑说："既然爱妃你也认可我的胜果，那么没说的，为夫马上就去领那十位做赏的美女归家去了，那时，你可不要心情不畅哟。"

一句话直说得蔡文姬娇唤起来，左贤王这才得意地哈哈大笑了。

是夜，龙城喜乐，彻夜不息。草原映得红彤彤一片。

匈奴人骑射比武，白天是打飞靶，夜间则是将捉得的千余只野鸡涂以松油，点着后撒向空中。顿时，满天飞雉鸣叫，如银河流火，把夜空染得五彩斑斓。

对于这种带有娱乐性质的比赛，蔡文姬也兴致大发，在丈夫的帮助下，也搭弓开箭。尽管射出的箭个个不知去向，但十分开心，直到身感倦意，俩人才回帐歇息。

这次聚会，蔡文姬对夫君及匈奴人，又加深了一层了解。

转年，蔡文姬终于为左贤王生下一子。

人说喝驼奶长大的孩子负得重，吃马奶长大的孩子跑得疾。如今左贤王和蔡文姬这胡汉两族人结合生下的孩子，自然在他的身上系有和亲的亲情。

左贤王依了妻子，为这孩子起了一个匈奴的名字。"孤涂"按匈奴语意是儿子，其用意很明显，就是希望汉人与匈奴永远地和好下去。

和汉族皇位的袭承一样，匈奴中地位最高的单于死后，位由左贤王袭承，左贤王之位，当然由其子袭承。在所有这些袭承上，尽管也有立长不立幼、立嫡不立庶的规矩，但只有单于王所宠幸的阏氏所生之子，才有被立的可能。

小孤涂的出世，由于其特殊的身份，深得左贤王的喜爱，总觉得这个孩子有汉胡两族血统，将来必是安邦定国之材，由此便萌生了想把小孤涂立为自己的承位人。

不知以前立自己的儿子继位的小阏氏作何想，反正当蔡文姬知道了此事后，认为左贤王这样做十分不可取，这会造成匈奴内乱。情急之中，她想方设法找机会规劝丈夫。

一日，左贤王心情十分地好，蔡文姬见是个好机会，便决意劝说他立王子的事，文姬很会用心计，她没有直说，而是先给左贤王讲了一个秦代太子扶苏和秦二世的故事，影射左贤王欲立小孤涂的不妥。

蔡文姬讲得很细：

秦始皇三十七年（公元前210年）七月，始皇出巡病死途中，临死前始皇草拟诏命，传长子扶苏继位。始皇一死，诸子、大臣面临着权力之争：一方以长子扶苏、武将蒙恬、蒙毅为代表；另一方则以少子胡亥、宦官首领赵高为代表。赵高扣住诏书，先煽动起年少无谋的胡亥的政治野心，然后威逼利诱丞相李斯，最后伪造了另一份诏书，命扶苏、蒙恬自杀，以达到胡亥承继皇位的目的。扶苏诏书看毕，涕泪横流，不问真伪便拔剑自刎。蒙恬虽欲弄清真相，但不久仍被逼死于狱中。这样胡亥便得以继位。胡亥即位后，为了巩固自己的统治地位，又与赵高密谋，以各种不同方式杀害了二十多个哥哥，演出了一场骨肉相残的悲剧。现在看来扶苏愚孝，蒙恬愚忠，赵高奸佞，胡亥妄行，李斯屈节，有此五个最为核心的人物，秦王朝有可悲命运就不待赘言了。不过说到底，依旧是皇权继位由谁的问题。所以对待这个问题一定要慎重。

左贤王是个心明如镜的人，他明白蔡文姬的话中所指，是让自己在选王位的继承人上，不可随意。为此，从心里更加敬佩起她来。

蔡文姬不阳奉阴违。在大面上，她规劝着丈夫立本族太子。而在私下里，她也多次去找那小阏氏。告诉她左贤王依旧是想立她的儿子为太子。听了蔡文姬的肺腑之言，小阏氏甚是感激，所以在为此事去对左贤王表示谢意时，言谈中满是对蔡文姬的赞誉："以前因兄弟不和，互相争位，使匈奴乱了几十年，现如今大王深明大义，鼎力依规所行，立我子为继，这恐怕也是避免重蹈内乱覆辙的最好办法，我这里代匈奴臣民对大王致以谢意了。文姬王妃且是为你所宠，但在立嗣这上，她深明大义，实乃令人敬佩呀。"

左贤王为蔡文姬的诚意所动，依照初衷，放弃了立小孤涂为太子的念头。

就这样，蔡文姬在匈奴大漠实实在在地生活着，她已把自己的生命，融入到了这莽莽的大草原里。

乱世英雄的金璧之举

在蔡文姬留居匈奴的这些年里,正是东汉王朝从名存实亡到彻底灭亡的苟延残喘的阶段。如果说从昭宁元年(公元189年)董卓率兵进入长安,并引发董卓之乱算起,到建安二十五年(公元220年)后汉献帝逊位为止,后汉王朝虽又延续了三十余年,但在这三十余年中,朝廷不过是个傀儡,是个虚名,是别人的掌中之物,统一的汉朝实际上已经解体。

统治者在血腥镇压黄巾农民起义和平定董卓之乱的过程中,各地的世族豪强乘机割据分裂,跨州连郡,拥兵自强,中国已乱作一团。

时代需要英雄,时势造就英雄。就在这动荡不安的社会环境中,有一个人顺应了历史的潮流,把统一中国引为自己不可推卸的历史责任,这个人就是曹操。经他的努力,结束了汉末北方豪族军阀的混战局面,统一了北方。

曹操这个乱世英雄,也改变了蔡文姬后半生的命运。

这里不表曹操如何挟天子——汉献帝以令诸侯,在建安七年,攻占了邺城这个古代五都之一,基本上肃清了袁氏割据势力,全部控制了冀、并、幽、青四州,进而奠定了北方统一的局面。然后又谋征服南方荆州的刘表、刘备,江东的孙权。单说曹操在建安十三年,用朝廷的名义,废除了东汉设置的三公官制,恢复了西汉时的丞相、御史大夫制度。让献帝出面,使自己成为丞相后,他思才若渴,为求得蔡文姬归汉劳神。

建安十三年(公元 208 年)的初春,邺城的曹操丞相府肃穆而宁静。

和这府宅主人平日里尚俭约、不喜奢华、具有平民风度一样,这宅第也没有一点金碧辉煌、豪华贵俗之势。从外表上看,是普普通通的黑漆院门,门两旁的石阶上,有一左一右卧着的两尊威武的石狮,在忠守着主人。

拾阶而上步入院门,庭院四处都修整得干干净净。青石铺地的通道直通正厅,正厅的后院,有寝有馆,还有曹操十分喜欢的书斋。整个府内虽没有那些珍禽异草,奇特雕饰,但依旧给人以一种质朴中的馨香。

进了曹操的书斋,这里便显得丰富异常了。一排排书简古籍挤满了书架,案几上也堆得高高的。

曹操的宅府是这样,作为他的作战基地邺城的营建,也体现着曹操的朴素无华、但求规整、分明的观念。

邺城地处太行山东麓,漳河的北岸。战国时,魏文侯得邺地后,改此称魏。沿袭至汉,曹操封号便也称魏公、魏王。曹操居此城后,广拓城垣,兴建一些建筑于城内,著名的是高筑的铜雀、金虎、冰井三台。其中又以铜雀台为最。该台高十丈,有殿宇百余间。台顶置铜雀像高五米,舒翼展翅,凌空若飞。曹操经常命其子曹丕登此台作赋,并作下"飞闻蜕其特起,层楼俨以承天"之名句。

经曹操拓建后的邺城,东西长七里,南北宽五里,四面共辟七门,一条东西大道将城分为南北两区,北区中部为宫城,宫城东侧是贵族所居戚里和官署，西侧为禁苑铜雀园。园内置武库、马厩、仓库等。西城垣中部，筑那铜雀、金虎、冰井三台。南区是居民里坊。全城中轴线上辟有南北干道，南通大门正南门，北达宫城。整个城市布局区划分明，井然有序，交通极为便利，形成了中国古代都市规划的一种新模式。

这一天，在曹丞相府内的书斋中，曹操正在挥毫作诗。只见他运笔有力，潇洒自如，很快地，一首现着娟秀书体的乐府诗，便跃然纸上了。

"快快诵来，给本丞相听。"

面带得意神情的曹操，对着书案对面，恭恭敬敬地捧着墨迹未干的诗作的屯田都尉（官名，负责统领屯田客户耕种庄稼）董祀催促道。

董祀一气呵成，吟了全诗。待他抬头再望曹操时，只见曹丞相已从那低矮宽大的案几下的坐垫上站起身来，踱到了窗前，若有所思地望着窗外出神。

董祀为诗情所感，禁不住对这首《短歌行》诗赞叹起来："丞相，您的诗作越来越见功力了，文辞自然贴切，表意毫无雕琢之感，妙哉！绝哉！"

个头不高，健壮敦实，额头宽阔，相貌威武，被服轻绡的曹操，听了董祀的夸赞后，脸上并无喜色，反而转身叹道："公胤（董祀的字），你读懂了此诗的含义了吗？不妨说出来看。"

董祀胸有成竹："依我看丞相您在诗中主要表达了求贤之心切。希望天下的人才都来归顺。这符合丞相您的一贯主张。其中，'山不厌高，海不厌深。周公吐哺，天下归心'，说得最为清楚，就是丞相您希望自己做个周公那样喜爱人才的政治家。"

董祀说完，偷眼观察起曹操的表情来。

对董祀的回答，曹操看来是满意的，他手抚领下的胡须，不断地点起头来。

曹操的确不是求贤的伪君子，而是思贤若渴的真心伯乐。让天下的人才都来归顺，越多越好，这是他一向所向往的。因为他知道过去历史上的霸主和中兴之君，都是得助于各种各样的人才，而获得成功的。由于此前曹操能打破常规，重视和爱惜各方面的人才，所以吸引了一大批出身微贱的志士仁人，也吸引了其他割据头目手下的文人武将，他们纷纷前来投奔，使得曹操的周围，出现猛将如云、谋臣似雨的盛况。

这会儿曹操满意了董祀的解答后，稍许又问他说："既然公胤深得我欲求贤得才之意，那么你再说说，现在我的身边还缺乏什么样的人才呢？"

董祀这下费神了，他思忖了半天也不得其要，不像先前那样从容了，答话有些怯懦："我以为丞相门下已是猛将如云、谋臣如雨了，谋臣已有荀彧、荀攸、郭嘉、钟繇等人，猛将有张辽、许褚、夏侯渊、夏侯惇等，并成为您的得力助手，即便是您即刻开始进行为统一东南地区而与孙权的争战，我们的人才也在孙权之上的。现如今我真的不知丞相所求何才。"

曹操听罢董祀所言，不觉哈哈大笑起来，然后对他解释说："公胤若真的不解，待我慢慢向你述来。公胤说得不错，我曹孟德（曹操的字）自起兵讨董卓以来，近十年的光景，得手下诸多文臣武将随我逐鹿中原之力，才使我完成了统一中原的大业，他们实乃功不可没呀。但是，要想治理好一个国家，光有武功尚且不可，还必须力修文治。武力可以争得权位，文治才能服得民心。如今我忧虑的是无法内兴文学。这些年来的战乱破坏了多少宝贵的古籍。文学不兴，我总觉得无颜以对前代圣贤。"

曹操说到这里神色黯然了。到这时，董祀才是恍然有悟了：啊，丞相是想求得文学之才呀。

曹操对文学是极有造诣的，他登高必赋，感怀吟诗。尽管常年戎马生涯，但始终是在进行着文学作品的创作。

董祀见曹丞相言毕又长思不语，便想接丞相的话题说，但又觉得自己这么多年以来，在文学方面已是生疏，恰当的话很难随口而出。茫然中，两只眼睛眨巴眨巴地望了曹操好一阵后，最后才觉得先寻出丞相有何打算为合适，便开口问道："丞相雄才大略，想之所关天下社稷，这求得文兴之举，必是经过了深思熟虑。同时，当今已有一批天下有志之文士，汇集在您的身边，您还是告诉我眼下如何办好吧？"

曹操立时认真地回答说："当今连年战乱，生灵涂炭，血流遍野，使父子不相亲，兄弟不相安，夫妻离散。那些文才之士，也不可能一下子就静心兴文。我想宜当先聚些文才出众之人，从恢复典籍入手，以做为今后文兴大计之先。"

"丞相所言极是。"

董祀听罢此言后，心想：丞相的这个想法确为平实稳健，拓展宏深，发人深思啊。有了史典，文兴便会落地生根，再做起其他来便不很难了。

正当董祀玩味之时，那曹丞相突然再向他发问道："公胤，已故的大文豪蔡邕先生你可识得？"

"当然识得，在这世间谁人不知道他。"

"我听说你与蔡先生一家有旧？"

"是的丞相，我先前曾拜蔡先生为师。"

提到蔡邕，董祀难捺心中的激悦了，他早年曾跟随蔡邕先生攻习儒学，研讨百家之书，听他讲墨、道、法、名、阴阳、纵横、今文等百家学士之言，蔡先师的智慧和学识，确实无与伦比。可现如今，他却撒手人寰了。此刻，董祀不知曹操此时提及故去的蔡邕有何用意，便不解地问道：

"您此时为何问及他来？"

曹操恭敬地说："你有所不知，我先前也与蔡先生交情甚深，并十分钦佩他那渊深的学识和严谨的治学精神。想当初我被地方官作为'孝廉'推举，入朝任郎时，年方二十岁，彼时蔡先生也在朝中供职，我深为他的才学所折服。特别是第二年蔡先生篆到了'熹平石经'，足使我更发自内心的赞叹。我曾多次立足于置在太学门前的石碑前面，望着那清秀飘逸的经文，发誓要发奋勤学，将来一展宏图。这么多年过去，那情景历历在目呀。后来蔡先生在他十几年的流亡和最后遇难的时候，由于我忙于战事，未能尽自己所能给予帮助，心中十分愧疚，总想弥补一些我的过失。"

董礼见曹操说得伤感了，忙安慰道："对于过去发生的事情，丞相心有所念，我看便足矣了。"

曹操点头应诺着的同时，又说："你可知道蔡邕唯一的爱女蔡文姬？"

"这还用问，蔡文姬从小就聪明过人，记忆超群，善辩音律，写得一手好书，还能作得好诗，真乃是一位少见的才女啊。只可惜她命运坎坷……战乱之中，算起来已有十二年没了下落了，也许现在也不在人世了呢。"董祀叹道。

"不。她还活着。"突然，曹操比先前高出八度的声音，足吓了董祀一大跳。"我已得知蔡文姬如今流落于南匈奴，嫁与了左贤王。"

董祀不禁又惊又喜。

"啊，有蔡文姬的消息了。"

曹操不无遗憾地说："蔡邕先生生前写了许多著作，包括未完成的巨著《汉书》，但可惜李傕之乱的一把大火，不仅使长安城化为废墟，蔡先生已写完的文著也毁弃过半。我想现如今最能复回蔡先生文稿的人，唯有蔡文姬一人，但是，她却远在荒原……"

董祀听到这里，已悟出了曹丞相的言外弦音。"丞相之言，是打算求得蔡文姬归汉，以承父业啊。这可是个好注意。"

待董祀说完，曹操接着说："主意虽好，可是去匈奴找回蔡文姬可甚是棘手啊，需要有一位能言善辩之臣，作为使者，去和匈奴交涉。"

董祀听了后，急忙拢袖深深一揖："丞相不必忧心，如果信得过的话，我愿北上，作为使者去寻赎蔡文姬。"

曹操心中大喜，他被董祀的忠诚所感动，上前扶住董祀的手臂说道："这样也好，那就有劳公胤北上行走一遭了。不过此行非同一般，匈奴与中原历来多有争战，如今平息战事多年，相处和睦，实属不易。因此，你定要谨慎行事，多以礼待，不仅要劝说文姬归来，而且更重要的是向左贤王阐明道理。明日我就上殿，正式下诏，授予你出使匈奴的青绶。你安顿好家眷，尽快启程吧。"

"丞相放心便是了，我一定办好此事。"

转日上朝，曹操下诏，命屯田都尉董祀为赴匈奴正使，命屯田司马周近为副使，持金璧于匈奴，寻赎蔡文姬还汉。

董祀和周近领诏后，经过短暂的准备，便率领一行三十五人，出使匈奴了。

第五章

赎才女，才女文姬终归汉

十二年后，曹操实力大增，统一北方，想到恩师蔡邕对自己的教诲，用重金赎回了蔡文姬。面对国家大业和儿女亲情的冲撞，她经历了人生道路上又一次撕心裂肺的痛苦，最终毅然走上了回归之路。曹操迎蔡文姬归汉是一件有历史意义的举措，也是爱才和关爱故人后代的侠义之举。

布满阴霾的夜晚

十二年转瞬即逝，蔡文姬在大漠草原上安安稳稳地过活着。和这里的人民和和美美：她教胡家姨妹纺纱织棉，种桑和麻，每天忙忙碌碌。胡家的男女老少也都很热爱、敬重这汉家远来的王后，感激她的聪颖勤劳和高尚情操。

草儿青青，花儿盛开，蔡文姬喜欢清晨到大草原上去观赏花景，而且每次都要采摘一些自己喜爱的花枝，带回家里送给丈夫。这些年来，她知道左贤王对于这有着勃勃生命力的东西，同样也是喜爱无比。

这日一大早，蔡文姬又去野外了。

享受着如丝如缕的晨风，放眼望着挂满露水的一片嫩绿，蔡文姬沉醉了，就如同身置一种恍兮惚兮、飘飘欲仙的境界之中。

走着走着，在河边的泥岸上，她又注意到了近前的那些小草。和昨日见到时相比，怎么，一夜之间就由刚刚出土，长出了几寸长的新条啦。

蔡文姬叹息了。这些小生命一下子就引出了她心中思绪地翻覆，有以往，有当今……

"妈妈，妈妈！"

每次蔡文姬从野外兴致而归时,八岁的儿子小孤涂都要迎她回来。这不,此时,他又像一只快乐的小鸟,张着双臂,撒着欢地,叫嚷着扑过来。

蔡文姬习惯地用一只手拿着采摘回来的鲜野花,另一只手去亲切地揽住这孩子。

"妈妈,父王已答应明天要带我去打猎啦。"身着一件窄袖的、襟上缀了一团白色兔毛胡袍,脚蹬一双鹿皮小靴的小孤涂,兴奋地对着母亲喊道。

"好,好,这么说我的小孤涂已长成大人了,像草原上出色的男子汉和天空中的雄鹰一样了,对不对?"蔡文姬同样兴奋地对这孩子说。

听这话,小孤涂的小肠上满是欣喜,他点头了。

进了帐篷后,小孤涂真像个大人似的,挺直了腰板儿,郑其事地对着他的姨姥赵四娘大声地发号施令起来:"嬷嬷,给我备好弩弓、箭囊,明天一早我得出去打猎!"

"别嚷,吵醒了你的妹妹。"从偏帐里走出来的赵四娘,偏不吃他这一套。

这里说到的小孤涂的妹妹,是蔡文姬和左贤王生的女儿,两岁了,叫李姬。

见嬷嬷不买自己的账,小孤涂的锐气大减,先前一脸的威风也不知了去向。

蔡文姬看了可笑,忙为他解窘地说:"我的大王子呀,别高兴得太早了,即便是能出外狩猎了,也是明天的事呀,今儿个你还是乖乖地给我念书学习吧!"

小孤涂见母亲给自己下了台阶,又恢复了顽童的心性,央求道:"妈妈,今天就别让我念书了,行吗?我已经背会了九百多首汉诗了,就让我去找小伙伴们玩吧。"

蔡文姬听儿子的这般请求，宽容地笑了："今日不念书了可以，但你得先把昨日教你的诗背上一遍才行。"

小孤涂那黑水晶似的眼睛亮闪闪的，听罢母亲这样说后，一点也没犹豫，张口便背。

听着儿子背得这般准确，蔡文姬满意了。她亲了亲儿子那红扑扑的脸蛋后，放他出去找伙伴玩了。

随后，蔡文姬便来到了偏帐中，李姬还在甜甜地睡着。

蔡文姬走到女儿的跟前，先是俯身亲吻了一下女儿那红红的脸蛋，再为她掖了掖被子，然后悄然地退出来，转去左贤王的书帐。因为左贤王昨晚一夜都在那里。

左贤王不在书帐，与往日不同的是，蔡文姬觉得今天这里显得格外地零乱：案上摊开的书籍没有合上，灯台中燃尽的灯油，也没有续添。他是彻夜未眠哪!

蔡文姬感到有些异常：平日里丈夫从来不是如此邋遢呀？一种隐隐的忧心，油然在心头升起……收拾完一切后，蔡文姬便想即刻见到左贤王，向他问个明白。

整个一个上午，左贤王也不知去向。

吃过午饭，左贤王还是没有回来，蔡文姬坐不住了，先前的那种忧心，此时已化作一种不祥的预兆。

左贤王终于回来了。

蔡文姬忙迎前一步，再望，不觉吃惊：怎么半日不见，就明显地消瘦了许多，眼圈黑黑的，一脸的惆怅……

蔡文姬慌忙急切地询问："夫君，您这是怎么了。"

左贤王强装笑脸："没什么，没什么。"

"不。我看得出，您有心事。"

"没……没有。"

"您在骗我呀。"

"真的，没有。"

蔡文姬不好再问了。得想个别的办法，再问。

蔡文姬的猜测是准确的，左贤王确实有事烦心。什么事？就是汉朝曹丞相已经派来了使者，他们是来赎蔡文姬回归汉朝去。

昨天夜里和今天上午，左贤王都是在想着这事，特别是每当再回想起昨日汉使在单于的大穹庐里，郑重地提出这一要求时，仍是心惊肉跳。

昨日，单于王和汉使董祀、副使周近，有这样的对话：

"此番出使，实乃仓促，随行带来曹丞相的薄礼：黄金千两，白璧十双，锦绢百匹。现敬与单于，不成敬意呀。"汉使董祀献礼时说道。

"既然已经带来了，那就只好收下了，日后有机会，本单于一定要拜谒曹丞相。"呼厨泉单于乐得眼睛眯成了一条缝。

"本来，我们匈奴人也是夏禹王的苗裔，就是说匈汉两家自古还是兄弟，所以，我们没有理由不和好下去。自汉朝以来，多有和亲壮举，'昭君出塞'，已成为汉匈和平相处的纽带。对了，如今我们这里还真有昭君还世，这就是嫁给左贤王的汉家女子蔡文姬，她正在为我们汉匈和好作着贡献……"

"单于大人，既然说到了蔡文姬，我们也就直言不讳了，此行正是为蔡文姬而来。"

"为她？"

"对。诸位大王，你们都是知道的，现如今，在中原大地上，我们的曹丞相已经是削平了关西的各路割据势力，又北定乌桓，使个北方得以统一。但这还未达到曹丞相的最终目的：统一全国。欲统一天下的君王，应是武功和文治的统一，归根结蒂，要多多地得到人才。谁人不知道，曹丞相的手下，已有荀彧、荀攸、郭嘉、钟繇，这都是神机妙算的军师；还有张辽、许褚、夏侯渊、夏侯惇等一将当千的勇士。由此看来，武功不成问题。唯缺乏的，是文治方面的人才。曹丞相十分看重蔡文姬的文采，特别是她可以完成她父亲未完成的《汉书》的续写。便有意要她回去，参与弘扬文治的事业。所以，希望大王能成全曹丞相期盼，放蔡文姬归汉！"

"噢……原来是这样。"单于听完后，望了一下脸色铁青的左贤王，若有所思起来。

最后，单于还是这样说了："既然曹丞相这样着重蔡文姬的文采，自会有他的道理。曹丞相这次送来了厚礼要迎接蔡文姬回去，实在也是对于我们南匈奴至诚和好的一种表示，我看未尝不可。说句实在的话，蔡文姬本是汉家人，汉朝那里才是她最终的归宿，回去顺理成章。不过蔡文姬和左贤王已是十二年的夫妻了，眼下还有一双儿女，若一时难以割舍，这也是人之常情！我看这样，这事别急，你们汉使远道而来，好好歇上几天。我们这边也让左贤王考虑考虑，还得再与蔡文姬商量。不过我想他们两人都会顾全大局的，三天以后准会给你们个满意的答复。"

"单于所言极是，其实在我们来此之前，曹丞相也是再三嘱咐过，蔡文姬回不回去，左贤王让不让回去，绝不可勉强，要待他们完全考虑好以后，再可以行事。"

临了，汉朝副使周近却这样说："左贤王一下子难以舍弃妻子的心情，我们是可以理解的，不过文姬要归汉我们曹丞相已经下了决心，这就是说这事得按他的意志去办，如果蔡文姬这次回不去，那么曹丞相一怒之下，会发兵匈奴，到那时这乱子可就出大了。"

昨夜和今天，左贤王一直是被文姬归汉的苦楚煎熬着……

"文姬。"左贤王对妻子说话了，"你父亲把他所有的才能和技艺都传授给你了吗？"

蔡文姬心中一惊："怎么突然问到了这个呢？"

"没什么，随便问问。"

"当然！"蔡文姬很得意，"在我小的时候，可能是独生女的缘故，父亲不仅格外地疼爱我，而且真是倾其所有、一门心思地培养我！现在说来，我真十分地感谢他。只可叹他生不逢时，徒有满腹学问，唉，那个年代，宦官、权贵横行，他们不学无术，飞扬跋扈……父亲是带着遗憾走的呀！他倾其毕生精力打算撰写的《汉书》，才完成四百多篇啊。战乱中失落了是多么可惜啊，永远也无法弥补了呀！"

说着说着，文姬黯然了。

左贤王面无表情默默地听着，但心却被触动了。

"文姬，你父亲的《汉书》遗著你至今还记得吗？"左贤王突然又问。

"当然，怎么能忘。这么些年来，我常常是在心中默诵，因为这是父亲毕生的心血和全部的财富啊……只是我已经身为匈奴的王妃，今生今世没有可能去实现父亲的遗愿，无法代父亲续写《汉书》了。"蔡文姬叹息。

"原来是这样，我明白了……"左贤王露出了复杂的表情。

"文姬，我已好久没吹胡笳了。拿来，我要吹上一曲。"

左贤王突然转移了话题。

蔡文姬没问为什么。

左贤王轻轻地吹了起来。

箛声的音律，声婉缠绵，听的蔡文姬感慨万端，眼眶润湿。

左贤王见文姬难过了，于心不忍，放下胡箛，一把把文姬揽入怀中，替她擦去泪痕，安慰道："文姬，都怪这胡箛曲太哀怨了，每次吹奏，都惹你落泪，不过……也许……这样的机会恐怕是日后……再也没有了……"

"什么？你说的是什么？"见左贤王越说越痛苦，文姬大惊。

左贤王不忍正视文姬，他把目光投向别处。许久，才一字一顿地说："唉，事到如今，我不能不告诉你了。昨天，你的故国汉朝的丞相曹操派来了专使，是想接你回汉朝去兴文续史。为此，他们还带来了大量的黄金珠宝，绫罗绸缎。单于收下了礼物，实际上已经是答应了下来。不过，为了保个面子，才让我们在三天之后，做出决定……"

"啊，真有这事？"蔡文姬简直不敢相信自己的耳朵了。

"真的，是真的呀。"左贤王怔怔地望着蔡文姬，再次肯定地回答。

这下蔡文姬亦喜亦悲了！

她喜的是，十二年了，流落在异邦十二年了，她无时无刻不是在期盼着家乡传来信息，无时无刻不是在遥思那生她养她把她培育的那方热土。她在心里总是做着梦，那是甜甜的家乡梦啊。梦里，多少次她又踏上了那里的青山；梦里，多少次又戏起那里的水；梦里，多少次一遍一遍地哼起那里悠长的山歌；梦里，已坐在了窗明几净、典册叠摞的书房中，续写起父亲未完成的《汉书》……即使曹丞相没有派人来接我回去，您的儿女的心，早已不知飞过了多少回……

她悲的是，太晚了，太晚了呀，如今我蔡文姬已在这大漠生活了十二个春秋，这里也有实难割舍的生活呀：相亲相爱的夫君，天真无邪的一双儿女，热爱我、敬重我的胡家男女老少。

见文姬被茫然所困，左贤王"霍"地起身竭力控制着的抑郁，终于爆发出来。

"文姬，难道你真的愿意走吗？我不能没有你！孩子也不能没有母亲啊，我简直快要发疯了，什么顾全大局，什么胡汉往来，去他的吧，我不能让你离开我！不能！单于你怎么收下人家的礼物而就轻易地答应了呢？你明明知道我们是多么相爱啊。"

打击太大了。蔡文姬从来没有见过丈夫这样丧失理智，一下子，她清醒了。

"夫君，我没说要走，没说要走。"

听文姬这样言说，左贤王再无言可讲了，慢慢地坐下。

蔡文姬望着丈夫一夜苦楚苍老了许多的苦脸，泪水扑簌地滚落了，再也控制不住自己，一下子冲过去，扑倒在他的怀里……

左贤王任她依着，神情木呆。

蔡文姬紧抱丈夫宽阔的脊背，脸贴在他的胸口上，哭诉着："夫君，夫君，谁也不能把我们分开的。想当初，如果没有你左贤大王，我蔡文姬即使不成乱兵中的刀下鬼，也会潦倒在流离的路上。是你为我提供了再生的机会。如今我蔡文姬已经同你生活了十二年了，况且我们之间还有孩子。我已经离不开你了，也离不开孩子。我爱这儿的草原，更爱我们这个亲密和美幸福的家呀，我无论如何也舍不得走哇。"

尽管被文姬这一哭诉扰得心里更乱了，但左贤王毕竟还是个匈奴王，经历过大事，他很快先控制住自己。他知道，此时自己和文姬这样的情绪，再说下去只能更加悲伤，眼下需要冷静。左贤王伸手搬过文姬的脸，对着她的泪眼，深情地说："文姬，先别哭了，眼下我们也不再说了，不是还有一天多的考虑。"

"我不要考虑，我不要考虑。"蔡文姬依旧死去活来。

"这样，你先留在帐里，我出去一下，很快就回来。"

第五章 赎才女，才女文姬终归汉

左贤王说完，不得文姬的同意，推开了她，步子踉跄跄地出帐而去。

左贤王走后不久，心烦意乱的蔡文姬怕丈夫出什么差错，急忙唤来侍卫，让他们追护左贤王。

独自帐中的蔡文姬内心焦灼，她真不知该如何考虑，该从何处考虑。

哭吧！放声地哭吧，尽管四周宁静无声，对她的悲欢离合是无动于衷……

情怀难割舍

夜色降临了，天幕低垂，仿佛举手可触。它把近的和远的、没有生命和有生命的全部罩住。

死寂的帐中，蔡文姬和左贤王相对而坐。

尽管各自的心思不同：文姬仿佛置身在一条小路上，尘埃弥漫中，不知向哪里走。左贤王似一动不动，仿佛对四周发生的事浑然不觉。但有一这晚是单于留给他们思考三天的最后期限了，必须决定。

沉默。

可怕的沉默。

令人窒息的沉默。

左贤王觉得该开口说话了。只见他深深地叹了一口气后,说道:"文姬,该拿主意了,我……我没什么,何去何从……你自己定吧。"

由于饱经塞外的风吹日晒和雨打,年岁已过四十的左贤王,已不很挺拔。三天来情感上的折磨,仿佛脸上的皱纹一下子又增多了。十二年的夫妻了,他和文姬一起和和美美地生活了十二年,怎能说分手就分手了呢。对汉朝赎文姬的要求,从内心深处说,他真想一怒之下严词拒绝,大不过再与汉军在战场上拼杀。但是,自己的地位和身份,不容许这样做呀。两天来,他一刻也没有安生,苦苦地思虑过后,尽管痛楚,但他已经趋于接受爱妻归汉这个残酷的现实了。因为他明晓事理,这已经不是他和文姬之间的感情纠葛了,而涉及国与国之间的交往,欲统一天下的君王,决断当以立信为度,内不欺骗百姓,外不失信盟邦,作为最终要继承单于王位的他来说,应以这一点为重。至于他和文姬的关系,只能惋惜:算是我们的缘分尽了吧……

"不行,让我决定就说不行,我不能离开我的孩子和我的夫君啊。"文姬决断了。

"傻媳妇呀,你怎么这样孩子气,"左贤王苦笑着说。

"为什么一定走?"文姬"腾"地站了起来有这样大的冲力:"啊,你这是逼迫我走吗!我想好了,哪也不去,哪也不去!呜呜呜……"她掩面痛哭。

"逼你,我逼你离开我?真是天大的笑话。我是逼我自己,逼我自己呀。孩子没了妈,丈夫没了爱妻,这有多好,这有多好哇。"左贤王本已漠然了的情绪,复又被激起了波澜,气壮如牛地吼开了。

"呜呜呜……"文姬没再辩,而是放声哭开了。

他们的哭喊声,把孩子吵醒了。从来没有见过父母争吵的小孤涂,

怔怔地来到了他们的面前。见父母这架势，小孤涂吓得先是不知所措，接着他冲上去，抱住了母亲的腿，也大哭。

见闹得过火，文姬忙收住了泪，哄着儿子："儿呀，别哭别哭。"

小孤涂仍然呜呜咽咽："你们为什么争吵？为什么哭？"

"儿呀，不是父王和妈吵，而是妈自己心烦。"

"为什么心烦？"小孤涂止住了哭。

左贤王说话了："孤涂，你先回去睡觉吧，你就别来添乱了。"

"有事？什么事？"

"你先别问了。"左贤王怒了。

"孩子，你先回去，明天妈再告诉你。"文姬再劝儿子。

见父母都这样说，小孤涂无奈，只好不情愿地回自己帐去了。

左贤王恢复了理智，对文姬说："单于的命令我不能违抗，这就是说你得回汉朝去。十二年了，十二年我们亲密无间地生活，你们汉族人有句话叫做'一日夫妻百日恩'，我们夫妻之恩我是刻骨铭心哪。不过我们还得理智地看待现实，况是你回汉去还有着特殊意义，那就是要去发挥你的才智。说句心里话，你的才华和能力，在这偏远塞外生活了十二年也真是委屈你了。"

文姬静心地听着丈夫说。

"文姬，昨天我曾问过你，你也说未写完《汉书》，是你父亲的遗憾，不能代父继写，也是你的遗憾。我告诉你，如今曹丞相赎你回去，就是让你续写《汉书》的呀！这可是功在千秋之盛举，你难道要放过这个机会？"

"噢？是这样？"文姬若有所思。

许久，文姬开口说："不行，时过境迁，现在已经不是过去了呀。我有了你，有家，有了孩子，怎能都撇下，都撇下呢。"

文姬边说还边用力地摇头。

"文姬,难道你真的要错过这个千载难逢的机遇吗?你能在汉使走后不再后悔吗?"

文姬没有立即作答,但也没有再摇头。

左贤王趁热打铁:"我知道,这些年来,你没能承继父业。我不再牵累你了,还是回去吧。"

"孩子,我的孩子怎么办?当妈妈的,怎能丢下他们不管。"文姬开始提新问题了。

"不是我狠心,曹丞相的诚意和单于的态度,我可以不去违抗。不过两个孩子是我们匈奴的后代,他们必须留在我这里。文姬,请你谅解我,我并不是有意去割断你们的母子情长,我是没有办法。你说,你离去了,孩子再随你走了,那么孤零零的我怎么好活呀……"左贤王说这话时,面色苍白,嘴唇哆嗦,看得出他痛苦到了极点。

不让带走孩子,这无异于把文姬的心一割两半儿。她感到一阵眩晕。

"这可怎么办哪。"文姬又陷入惶惑之中。

天亮了,左贤王悄然地出去了。

空荡荡的帐篷内,留下了文姬一个人,她感到了从来没有过的孤单。

突然,就在帐外不远,传来了胡笳声,曲韵凄清高远。

真是破天荒,丈夫是第一次在清晨里吹奏。

蔡文姬的心,又和这缥缈哀怨的悲曲融合了。

蔡文姬觉得人生真是一场梦,一场反复无常、捕捉不定的梦。而在这梦一般的人生中,她自己注定要颠沛流离。幸福,她曾有过。但总是那么短暂,短暂得让她还来不及品味,便马上从她身上离开。而痛苦却

总是不期而来,让她难以忍受,让她无所适从。不过,眼下的情形,却与以往不同。因为在与亲人离别的痛苦缠绕着她的时候,还有能使她不安和激动的成分,那就是她多年来追思遐想继承父业之大事,将伴随着这个痛苦而得以实现。回汉去,肯定会是自己生命中的一个重要转折点,然而必须要夫离子别!唉,真难决断。在这情急之中,她自己该怎么办。内心涌上来一股强烈的感叹,她想呼喊,她想发泄,她想吟唱,所有的激情,一下子就幻化成了那排排的诗句。

吟罢,一阵眩晕,使她扑倒在毡毯上。

一声声轻轻地唤,把蔡文姬唤醒。当她睁眼看时发现乳娘手里拿件皮袍,在给文姬轻轻地披上。

"琰儿,一切事情我都知道了。你不能这样整夜的苦思呀,身体会垮的。"四娘见文姬醒来,焦虑地说道。

蔡文姬感激地看着已头发花白的乳娘,鼻子阵阵发酸。

四娘在自己的心目中,永远是一个强大的靠山,永远是自己的精神支柱。文姬见四娘来到自己的身边,立时就像那无依无靠的孤燕,上前扑到四娘的怀里,求救似地对她说:"乳娘,乳娘,你给孩儿说,孩儿应该怎样做,应该怎样做呀。"

四娘长叹了一口气,说道:"琰儿,琰儿,依娘说你得信'故土难离,叶落归根'这条古训。如今我们离开生养我们的故土整整的十二年了,尽管时下生活得很好,但毕竟不是长法,狐死首丘,何况人乎?回去吧,重返故里去完成你父亲的遗业。"

"可这边怎么办呢?"蔡文姬想到即将四分五裂的家,又为难了,"左贤王已经明确地表示,我走他不阻拦。但不能带走任何一个孩子。做母亲的,孩子就是她的生命啊。"

四娘说:"左贤王的这个说法,自有他的道理。孩儿你想,左贤王作为全匈奴的领头人,将来还会成为一介君主,他不能离开匈奴,这就和你应该回汉是一个道理。平日里,他对你和一双儿女都很疼爱。如今你要离他而去,如果再没了孩子,他会受得了吗?琰儿,人心自比,孩子定要留在他的身边的。左贤王自昨天以来,情绪极度压抑,放走了你,他已经是忍受了心灵上的巨大痛苦,若你再执意把孩子带走,这雪上加霜,兴许他什么可怕的事情都可能做得出来,到那时悔之晚矣!"

蔡文姬含泪地点着头。四娘接下去又深情地对蔡文姬说道:"琰儿,孩子是娘的心头肉,我知道你是最放心不下的就是孩子。这样吧,我也考虑了,我孤单一个人,而且年已六十,老啦,到哪也没什么用处了。如果你信得过的话,我就留下来代你照顾你的小孤涂和李姬。放心吧,我会把你对他们的情感,延伸他们身上的。说真的,他们也是我的亲外孙呀,我也舍不得与他们分开呀。"

文姬见四娘这样说,立时反对:"不行,咱们娘俩从来就没有分开过,自小我就得到了你像亲娘那样的疼爱,我怎么忍心再让你劳累。再者说,你老了,那就更渴望重归故土。我不答应你留下,要不,谁也不要走了。"

见文姬如此执拗,四娘反倒笑了,她对文姬说:"瞧你,这么大的人啦,还要小孩子脾气。我做主了,孩子我留下带,你放心地回去,尽管做你的事吧。怎么,连我也不相信了,告诉你吧,乳娘我还不算老,我至少还可以再活上十几年,我一定会把你的儿女抚养成人,一定要带他们回去看望你呢。到那时,你功成名就了,我们娘儿几个你得认哪。"

文姬听了这话后,感激万分,她扑通一声跪在了赵四娘的面前,泪如泉涌地说:"乳娘,不孝孩儿无话可说了,我决定回汉去。不过孩儿唯心有内疚的是,您老这一辈子不仅像我的亲生母亲一样照顾了我,如今我的孩子还要使您劳累,您的恩德琰儿我这辈子也报答不完。"

四娘望着小孩子似地文姬，含泪笑了。

太阳升得老高了。蔡文姬觉得今天周围的一切外的安静，静得怕人。

一阵缓缓地、熟悉的脚步声传来。文姬知道丈夫回来了。

蔡文姬和左贤王在帐内又见面了。这可怕的沉静。

未曾开口，泪眼涟涟，当文姬望见左贤王双眼通红憔悴，不忍心再与他多说什么了。

文姬只一句，她告诉左贤王自己决定回汉朝去，两个孩子和乳娘留下后，接着两人默默地紧拥在一起，双双热泪滂沱……

许久许久过后，左贤王先是止住眼泪，轻轻地对文姬说："别这样凄凄切切地了，事已如此，应该挺然前行了。"

文姬依旧泪流，她对左贤王说："夫君，你可不要苦闷着自己。说心里话，我是很想回去。但真的说要走了，还真是舍不得呀，如果你非要把我留下，我是不会走的。"

"现在怎么还说这些傻话。起初，我的确想不放你走，我与单于说的话，也有一百个理由。可汉朝的副使，那个叫什么'将军司马'的人，曾当庭对大家说，我们要不把你送回去，曹丞相要发兵荡平匈奴。我倒不是惧怕他这狂妄的气焰，说起来我也是身经百战。但如若汉匈真的开战，那受害的又何止你我二人，文姬，我们这离别的痛苦，也算是为了大家吧。"

"怎么，汉朝要'先礼后兵'吗？这样做就不义了。我要向那个副使问个明白，如果真的是这样。我就当面告诉他，我决不回去了，死，也要死在匈奴。"

"如今你决定回汉了，还有什么'发兵之事'，也就别再提这个话题了。"

"我这次回汉，依你，把孩子留下。不过，我已和乳娘商量好了，由她替我把小孤徐和李姬兄妹两个抚养成人。这你不要生气，我不是对你这个孩子的亲生父亲不信任，因为在照顾孩子上，男人总是不如女人，外人总是不如亲人，这会使我多少有些安心。"

"这样也好，一会儿把儿子叫过来，我不在场，你和他说清楚。"说完，左贤王转身出去了。

自昨天以来，一直在内心纳着闷的小孤涂被侍人领进来了。本来说好今天早晨父王带他外出去打猎的，他选好了弓弩，披好了猎装，可一个上午过去，父亲没有喊他。是不是因为昨夜他们吵了架呢？他心存疑虑。

小孤涂进帐后，见母亲的神色不对，也没提打猎之事。

"孤涂，我的儿，来，你到妈妈这边来。"蔡文姬唤道。

小孤涂瞪着两只黑幽幽闪烁不定的眼睛，慢慢地过来了。

蔡文姬的心一阵酸楚，手抚儿子的肩头，真不忍心触动他，好半天才开口："儿呀，有一件事妈妈要告诉你。母亲的故乡，汉朝的曹丞相派遣来了使者，要把母亲接回汉朝去。他们还送来了很多黄金玉器，锦缎绫罗，单于呼厨泉已经答应了下来，母亲即将回汉去了。……"

"怎么？妈妈要走？"小孤涂大惊。

"是呀，'鸟飞返故乡兮，狐死心首丘'，人亦如此，无论走到天涯海角，也是怀念着故乡啊。希望能回到那里去的。"

"尽管我和妹妹是大漠人，但妈妈，我……我也想随你到你的故乡……去。"小孤涂乞求了。

这个时候，要想说出恰如其分的话真难。蔡文姬不忍说下去了。

"儿呀，我们能一同回去当然好，可……"

"为什么？为什么呀？妈妈，你可不是那样的人啊。"

"别说了，别说了。你和妹妹是妈的命根子呀。"蔡文姬说。

"我知道，一定是父王不放我们跟你走。为这事你昨夜和他吵！"小孤涂恨恨起来。

"就算是这样吧。你的父王也是爱你们的，他不放你们走，你也不能怪他。"

"不，我是妈妈的儿子，那我要跟妈妈一道去。"

小孤涂见妈妈不再言语，更是抽泣，他把头转向帐外，高声地哭诉着："父王，你为什么不让我和妹妹随母亲一起走哇？父王，汉妈妈的孩子有多可怜，因为母亲是汉人，孩子是匈奴人，就一定得分开吗？匈奴人和汉人不是一家人吗。父王你不能这样不讲道理的。"

见此情景，蔡文姬慌了。"你不能这样，要理解他对你们的爱呀。"

她忙又拉过儿子，劝说道："儿呀，你怎能和你父王闹呢？你父王也上了年纪了，你要理解他们对你的爱。"

"我才不稀罕他的爱呢。"小孤涂愤怒了。

恰在此时，帐外的左贤王回来了。

蔡文姬忙迎上前去，对左贤王说："夫君，儿子要随我去汉朝，怎忍伤他的心呢？我看这样吧，就让我带上他一个人走……"

"不行，半个也不行。"未等文姬说完，左贤王就暴跳起来，"这几天我都要发狂了。你要走，就快些走，嬷嬷也可以带走，除此之外谁也不准带走，不要逼我。不要逼我！不然，我要杀人，我要把我的全家都杀尽。"

文姬见状转回过身，俯身抚住小孤涂，娘俩一道失声痛哭起来。

发过脾气的左贤王见此情形，又哀伤了。他颓然地坐下后，狠狠心，有气无力地对帐外叫道："来人哪！"

随着喊声，已有二胡兵揭那门帘进入帐来。

"把王子先送到他嬷嬷那里去,也好让我们心里平静一些。"

哭喊着的小孤涂,被胡兵拉走了。

帐子里又死一般的沉寂了。

又不知过了多长时间,文姬的耳边才响起左贤王的话:"收拾行装吧。单于已下令,今晚要为汉使饯行,恐怕明日你们就得起身了。"

"明日就走。为何这么急呢?"

"我听汉使说,他们的曹丞相要求他们在五月底以前回去,道路遥远,是得尽快走哇。"

"也不知汉朝正使姓甚名谁。"

"他是汉廷的屯田都尉,名叫董祀。"

"谁?董祀?这个名字好熟悉呀。"蔡文姬面露谅诧,思忖一会儿,又问左贤王道:"那董祀是不是长得身量瘦长,温文尔雅,有些书生气质?"

"哦,你认识他?"

"不一定就是他,但早年有个叫董祀的人,拜我父亲为师。当时我和父母分离,父母在洛阳的消息多由他送到围城我们那里,我们很谈得来的。"

"不管是不是你父亲的学生,不过此人和气友善,你随他去我放心。"

"夫君,妾有一求,此时不知是否当讲。"

"讲吧,我想总不是要我随你归汉朝吧!"

"不是,不是那样的事……我已经是十多年远离故国,如今不知那里什么样,最好先能见上汉使董祀一面,询问些情况。如果还是旧时那样,倒不如不回去的好。"

"这倒也是,不过向来使者都是善辩之才,恐怕问不出虚实来。"

"无论如何他是不能欺骗我的。"文姬很有把握。

左贤王略略考虑了一会儿,点头说道:"好吧,然后把董祀汉使引来。"

"谢夫君。"蔡文姬感激地说道。

长离别

在等候汉使董祀的这段时间里,蔡文姬唤来侍者,把整个帐篷内外彻底地整理一番。

待这活做完之后,蔡文姬才坐在镜前,精心地梳扮起自己来。

三十多岁的蔡文姬,已不像十八岁那时的俏丽了。但在她安祥平和的神态中,还掩藏着一股莫知的底蕴,胡服那简单的线条,勾勒出的她,依然是苗条轻盈,看上去给人的感觉是仪态高贵大方。

待这里一切准备停当之后,有胡婢来报。

蔡文姬示意让他进帐。

董祀进得帐来,只见帐内正中的毡毯上,端坐着一位女子,再无他人。他知道,这就是流落异域十二年的蔡文姬了!

董祀上前深深一揖:"汉使董祀参见王妃。"

"免礼。"

蔡文姬大大方方地答着，然后赐董祀座。

董祀坐定，抬头再望蔡文姬时，蔡文姬不免大声惊叫起来。

"呵，果然是你呀。"

此时的董祀，依旧拘于礼节，正音地答道："正是本使，姓董名祀字公胤，陈留人，早年曾是王妃父亲的学生。谢王妃召见。"

"咳，在我面前，你就不要这样酸酸的啦，不要称我王妃，按过去的习惯，还是叫我文姬妹吧。"

望着相貌清俊、气度沉稳、态度谦和、文质彬彬，经过十多年的岁月，已变得更加成熟了的董祀来使，蔡文姬思绪万端，那在汉朝时的过去的日子，又历历复现在脑海中……

"王妃……噢，文姬妹，我真没想到能够再和你见面。"董祀感慨地说。

"是呀，我更是没有想到呵，做梦都不敢相信会有这天"。

蔡文姬更是感慨万分。

"听说你已经有了一双儿女了。"

"是的，儿子小孤涂八岁。"

寒暄过后，一时还真找不到话题了，于是，便是沉默。

稍后，董祀才引出话题："这么多年了，先师离世我知道，至于你的去向，我也多方打听过，可是没人能够知晓，时局又乱，后来也就这么算了。"

蔡文姬长叹一口气，说："唉，真是不堪回首啊。"

见蔡文姬神色黯然了，董祀知道这个话题，触痛了文姬的伤心处，急忙改口说道："文姬妹，我们这次来主要是秉承曹丞相的旨意，接你归汉。上午我来之前，听左贤王说你已经答应与我们同行，我听罢心里真是高兴。我们是在正月初离开邺城的，行前，曹丞相要我们带上献给

呼厨泉单于和匈奴诸王的礼品，还专门为你准备了礼物：几套绸缎汉服，还有一具琴。你可能有所不知，我们的曹丞相是很会弹琴的，这琴是他亲自监制，依照传说中恩师伯喈先生的焦尾琴形制造的，丞相还亲手试过音，他说，你一定喜欢。可见，曹丞相为求得你归汉，已是用心良苦了。"

"服装嘛，先父有文为《女诫》，其中专门讲到女性的服装要求，这么多年来我牢记在心，先收下再说。至于那具琴就不必收了，因为先父遗留给我的那具焦尾琴，到任何时候我都视同与生命一般，什么琴也不可替换的。"

"我看作为礼物都收下为好，无论如何都是曹丞相的一片心意啊！"

"那……那也收下吧。"

说话间，已有随来的两位汉朝婢女抱着琴和服装进来。

而后，近蔡文姬前屈半膝礼敬上。

"对了，她们两位是曹丞相派出自己府里的婢女，供你使唤的，抱琴的叫瓶儿，抱绸缎服装的叫春儿。"董祀介绍着说。

瓶儿、春儿行礼。完后，两位侍女退去。

待她们出了帐，蔡文姬才又说话了，这次带着质问的口气。

"这曹丞相看来真的是煞费苦心，既然可以送礼物给我，若是不从的话，那么也会发来大兵，荡平这匈奴了。"

董祀听罢很是吃惊，忙向文姬解释说："曹丞相求你归汉，可是诚心诚意。这用兵之说，乃是随来之副使周近一时失口而言，绝不是曹丞相之意。对于这种说法，两天来我已经多次向呼厨泉单于和左贤王作了解释，并让周近道了歉，那单于和左贤王都谅解了我们，还希望文姬妹也原谅。"

"这么说曹丞相是位贤良的君主啦？"

蔡文姬仍是想要把埋在自己心底的疑虑道个明白。

"文姬妹,你闭塞匈奴十二年,有些事情只能说你是只知其一,不知其二。"见蔡文姬兴趣很浓,董祀便滔滔不绝地说起来了:"这十多年来,中原发生的变化可是真的太大了。经过曹丞相逐鹿中原,征战南北,中原已得到了统一。他此前总是用兵打仗,都是迫不得已的。现在,统一中原后的曹丞相,除豪强,抑兼并,兴屯田,济贫弱,推行各种贤明的政策,使流离失所的农民重新安定下来,去发展生产。纷纷扰扰的天下又出现新的太平景象。如今的中原,文姬妹,和你十二年前离开的时候可完全是两样了。"

"中原得以治理,这我相信了。那么,我听说去年曹丞相还远征了三郡乌桓,这难道不是穷兵黩武吗?"蔡文姬继续发问。

董祀依旧是很有礼貌地答道:"曹丞相向来都主张'天地间和为贵',从不轻易用兵。那三郡乌桓近些年来,自以为强悍起来,便借势多次南侵汉境,掠我汉民为奴,坏我汉地生产。孟子曾讲:'仁人无敌于天下。'所以身为中原霸主的曹丞相不能坐以闭视。他出师亲征,行军千里,把三郡乌桓荡平了。这不仅救了汉人,也救了匈奴人。他还感化了三郡乌桓的侯王首领们,使他们心悦诚服地听从曹丞相的命令,而今三郡乌桓的骑兵,在曹丞相的麾下,已经成为天下的劲旅。你想,假若曹丞相不是仁义于天下,这样的事情怎么能办得到呢?文姬妹你尽管放心,曹丞相曾亲口对我说:'汉匈早已和好。我的心思本会用在友好的邻邦上。圣贤之用兵也,因而时动,不得已而用之。'"

文姬听到这里,心里先前的疑惑才算是彻底地消除。于是,便对曹丞相请她归汉后的事情发生了兴趣,便又问:"公胤,我还要问你,你说我已是两个孩子的母亲了,并且又远在匈奴生活了十几年,曹丞相要我回去究竟做些什么呢?不会是因为我熟悉匈奴情形,日后万一真的是汉匈重开战时，要我做个谋臣吧？这我可告诉你，妇道人家不会打仗，再者我的两个孩子和丈夫及乳娘均留在匈奴，基于这点，我也不会帮忙的。"

董祀听文姬这样说，心里已经明白文姬已经决定归汉了，便有了底。他轻松了下来，哈哈大笑过后，真诚地对蔡文姬说："文姬妹，你把话题又扯远啦。如今曹丞相主持的朝廷要广罗文才，力修文治。他常念蔡邕先生这天下名儒含冤而去得太早，总想从别的方面来弥补，他便想到了你，他还记得你博学多才，记忆超群，不亚于前朝的班昭。那班昭也是个女人家，她能够继承其父班彪的遗业，帮助她的哥哥班固撰成了《前汉书》。那么，你也一定能够完成你父亲的遗业，去参与完成《后汉书》的撰述。你看，曹丞相把你看得多重啊！"

蔡文姬深受感动了，她兴奋地对董祀说道："多谢丞相的爱才之心。实际上这么多年来我日日夜夜思念乡土的多半原因，就是想圆我承继父业，去续撰《后汉书》的梦。如今曹丞相给了我这样的机会，真是太好了！"

董祀见文姬高兴了，也替她自豪地说道："是啊，这的确是个千载难逢的好机会呀。就凭你的才智，回汉之后，一定能帮助曹丞相在文治上成就一番大业。文姬妹，天下所有的人，也都会替你高兴的。"

话说到这会儿，两人已经推心置腹了。这时，蔡文姬又对董祀说道："你现在也许知道，我这次和你们回汉朝去，我的夫君左贤王是不让我带走我那两个孩子的。你说我这作为母亲的，怎能拔脚就走呢？真让我痛心。你能不能以汉使的身份，在单于和左贤王面前说说，让他们把孩子让我也带走。"

董祀听文姬这样说，忙安慰她道："难哪。本来我们曹丞相知道你在这匈奴已有一双儿女的，原想让你和你的子女一道回去。此前，为这事我们也作了很大的努力,但是左贤王就是执意不肯。他说我们把你带走,他已经做出最大牺牲了,还要带走儿女那是万万行不通的。这谁也没有办法。若再过多地激怒于他,会产生什么后果就很难预料了。唉,只能说是一件憾事了。但我想左贤王不忍心放走他的儿女,也是人之常情的,假如外人身处他的这个地位,恐怕都会如此的。不过话又说回来,如今汉匈情同一族,孩子留在这里同带在身边是一样的,待他们长大成人后,将来会有机会回汉寻母的。文姬妹,不要过多地想了,当务之急务必以国家大事为重,就把天下的孩子,作为你自己的儿女吧。这样想,心情就会舒畅了。"

"看来只好如此了。不过,我这心里……"文姬无可奈何地说。

许久,蔡文姬换了个话题:"听说今天晚上单于要为你们饯行!"

"是的。"董祀答道。

"这么说我们很快就得离开这里啦?"

"对,估计是明天启程。"

"这么快?我们先别谈了,我得准备准备呀。"

就这样,蔡文姬和董祀道了别。

午后,左贤王约文姬去草原上转转,说是要观观风景,看看春色。文姬心里很清楚,这将要演出一场话别情缘的悲欢戏。她也希望是这样,所以略略地收拾一下,便和左贤王出门。

大草原上的春色依旧:湛蓝的天、清清的风、绿绿的草、淡淡的水,让人心旷神怡。如今不比往日,左贤王和蔡文姬无心陶醉景致,而是默默地行走着。

他们来到了一泊水塘边,站下了。

这里是平时他们经常来游玩散步的好地方。

此时,左贤王和蔡文姬并肩在塘边坐下了。心中笼罩着无穷的怅意,所以没有往日那些情趣。

两人谁也不说话,只是望着那荡漾的水波出神,听那高一声低一声,似一对情人在问在答的青蛙的呱叫。

文姬耐不住了,她低头嘤嘤地哭泣起来,哭得很伤心,令人可怜。

塘里的青蛙也停止了呼唤,像是也在陪着文姬流泪。

左贤王虽然自己内心同样伤感,但他却表现得很平静。他把文姬揽在自己的怀里,用手轻轻地抚摸着文姬的头,亲昵地唤着:"文姬,不是说好了吗,我们只是出来游玩,绝不再想分别之事。"

蔡文姬没有回答,反而抽泣得更加厉害了,像是满腔的委屈,无处倾诉。

左贤王继续说:"汉事惶急,你不得不归去。你我多年夫妻,一下子成了鱼雁,想来是有神伤。不过,能够报效国家,又实现生父之愿,也是千载难逢的好机会,你应该高兴才对。只要我们虽生两地,永远互不相忘,这也就足矣。"

文姬感动了,她说:"你看,说走就走了,而且还这样匆匆离去。这十二年的夫妻生活……我真无以报答你。"

左贤王立即打断了文姬的话,说:"为夫不图厚报,只望你回到汉朝后,能笔耕不辍,早日成就一番大业。到那时,你知道这是对我最好的回报。"

文姬抬头望着左贤王,坚定地说:"请夫君放心,我会尽自己的努力去做的。"

左贤王笑了:"等你成功的那一天,孩子也长大了。那时,我一定让他们去汉朝看你。"

文姬含泪地笑了:"谢谢夫君。"

"瞧你,这头发都让风给吹乱了。"左贤王爱怜地说。

"光说有什么用,还不给我梳好。"文姬娇嗔了。

左贤王用他那粗大的手拿起了文姬递上来的木梳,笨拙地给文姬梳起头来。文姬则温柔地依在左贤王的怀中,又一股幸福的感觉涌上心头。心想:我蔡文姬一生虽屡遭颠沛,但今生今世能遇到这样对自己柔情蜜意的男子,也算是三生有幸了,我将把他永远地留在心底。

"瞧,快瞧,塘水中有鱼儿在跳。"文姬突然跳将起来,用手指着水中,兴奋得像个孩子。

"在哪儿,在哪儿。"左贤王也随之兴奋起来。

"那不是吗?"

"啊。真的。"左贤王看到了。"来,我们去抓那些鱼吧!"

说着话,两人站起身来,迎着那塘中一闪一闪地跳动着的鱼儿,下河去了。

这一下午,他俩玩得痛快。

入夜,呼厨泉单于的大穹庐内,灯火通明。厨泉单于为汉朝来使的饯行宴正在举行。

只见美酒丰肴,杯觥交错,单于又唤来歌舞及其他带有民族特色的表演助兴。一时间穹庐内笙笛齐鸣、曼舞轻歌、角力斗勇、杂耍绝技,应有尽有,众人看得无不喜悦。

待那些表演暂告一段时,呼厨泉单于才近身董祀,高声地问:"怎么样啊,董都尉,这次来我们匈奴这里做客,不知对于我们的招待是否满意?"

董祀忙回答说:"太好了,对于你们的盛情,我们来者表示深深地谢意。"

"那文姬归汉之事,你们也办妥了吧?"单于接着问。

董祀忙又答:"蒙承单于的关注,这事也可以说是非常圆满,不过我们还得感谢左贤王重大义，让文姬回汉去的举措，让我们对他也表示敬意。"

"好。好。我早就说过，匈汉本是一家人，不分什么彼此。对于曹丞相这一点小小的请求，我们怎能不答应呢。哈哈哈哈。"单于爽快地说完，又大笑起来。

"这些，待我回汉后，一定如实地向曹丞相转达单于的真诚。"

"哈哈哈哈……"呼厨泉单于再用这豪爽的笑，替代了给董祀的回答。

看来呼厨泉单于今晚真高兴，在他与董祀交谈过后，又对着厅内高喊；"今夜良宵，为汉使饯行，我们应该玩闹个够。来来来，重整酒宴，再兴演奏！"

"不不不，我看这酒实已经可以了。归期紧迫，明天一早就得启程，今晚不可放纵过度哇！"董祀向单于提议道。

"既然你这样说了，我也就依着你。也好，真诚的朋友不在乎这一餐一宴。不过最后我还有一件重要的事要向你说。"

"请单于赐教。"

"董都尉，你们此行带来曹丞相馈赠的礼品实在太贵重了，我实在是受之有愧呀。我们匈奴无物可报，谨备黄羊二百五十头，胡马百匹，骆驼二十峰，以供路上的食粮和运输所用。特别是这二十峰骆驼，是本单于专门奉献给曹丞相的，请他接受我们的微意。"

董祀忙揖手谢道："真太感谢您了，呼厨泉单于，我代表汉朝接受下这些礼物，并一定把您的厚意也转达给曹丞相。汉朝和匈奴永远这样和好下去，是我们大家共同的愿望。"

这时，左贤王也过来了，他对董祀说："董都尉，这几天可以说是我一生中最难忘的一段经历，蔡文姬下了决心归汉，我也下了决心放她走,目的只有一个,那就是为了我们匈汉永远和好。在这临别之际,为了表示你我已经交上了朋友,请你接受我个人对你的诚意。"

说完,左贤王一侧身,解下了腰间所佩的轻吕刀。接着,又行半跪胡礼,把刀捧呈到董祀面前。

"董祀都尉,请你接受我这把轻吕刀吧。这把刀我佩带了十年,不知随我作了多少次战,也不知道它杀过多少敌人,我把这刀献上,我要发誓:从今以后我决心与汉朝和好,我们永远做朋友。"

董祀被左贤王的真诚所动,同样行半跪礼接受了轻吕刀。然后扶左贤王站起,将那刀佩在自己身上,并随手将自己所佩的玉具剑解了下来,也捧呈给左贤王,随后说:"谢谢你,左贤王。我这把玉具剑是我汉朝曹丞相所赏赐,同样,比我的性命还要珍贵,我也把它转赠给你,请你收下吧。"

左贤王欣然接受。

两人互赠刀剑之后,庭上传来了一片喝彩声,董祀和左贤王也紧紧地拥抱在了一起。

这时,有侍从来报。说是文姬夫人来到。呼厨泉单于忙说:"快快请来!"

蔡文姬徐徐地步入帐内,身后两汉婢瓶儿、春儿紧紧相随。只见她此时已改着汉人的装扮。头上梳着高高的发髻,戴着漂亮的玉搔头,耳上垂着双明珠,腕上戴着叮当响的金跳脱,腰间挂着葱香和双鸳鸯,袖子宽宽的,肩上披着红罗裳。她亭亭玉立,楚楚动人。

厅内众人忙立起了身。

呼厨泉单于见此情景,忙向文姬打着招呼:"你来得正好,我们正与汉使话别。这边坐,这边坐。"

文姬行至单于前施礼道:"呼厨泉单于,劳你们久候了。"

待文姬坐下后，呼厨泉单于问她："从你的装束打扮上看，你又是汉人了。"

"是的。"文姬平静地回答："我已下了决心，我的夫君左贤王也下了决心，依照曹丞相的意愿，归回汉朝去。"

"这就好，这就好。要知道你们夫妇二人为这汉匈和好作出了多么大的贡献，足使本单于也敬佩不已。"单于满意地说。

"谢单于夸奖。"文姬再行起身，向单于致礼。

"怎样，孩子已经安顿好了吧？做母亲的人，要和儿女分离，这的确不是一件容易的事呀。"单于又问。

"谢谢单于的关心。"提到孩子，文姬酸从心起，"说心里话，我最大的苦楚，就是和我的儿女分离，这好像割掉了我的心肝。刚才和他们说别的时候，我……"文姬难过得说不下去了。

"唉，文姬夫人，你自管放心吧，这边左贤王会好好地照看他们的。将来孩子都长大了，如若我还活着的话，我做主了，送他们到你那里去。哈哈哈……"呼厨泉单于劝文姬说。

"谢谢单于。"文姬又起身致礼。

"看看诸位还有何等事要说？"单于与文姬交谈过后，对帐内众人大声地问道。

"单于，我有一点请求。"站出来说话的是左贤王。

"你还有什么请求？"单于问。

"单于，董都尉他们远道而归，为了途中的安全我请求派兵护送。"左贤王十分认真地说。

"哈哈哈，我的左贤王啊，请你放心，在此之前，我早已安排好了。我决定派遣右贤王去卑率领骑兵二百骑护送，并要他们一直送到曹丞相居住的邺城。放心吧，你的王妃文姬一路上会很安全的！哈哈哈。"

"哦,这样就周到了。"左贤王也满意。

"既然如此,我们就向单于告辞了。"董祀说罢,与周近站起身来,向呼厨泉单于及诸匈奴王施礼告别。

立时全体肃然起来,双方行礼、回礼,亦有人感动得落下了泪。

在这难以忘怀的夜晚,四周的景物像梦境一样缥缈。文姬,你来了,你从极远极远的地方飘然而出,带着甜润、温馨的气息……你又走了,留下了真诚的印迹,绵绵不尽的情意……

这真是,如后人《题文姬归汉图》诗云:

绝世王嫱悠久去,千枚蔡女竟归来。

空怜幼子留沙漠,未忍亲书堕劫灰。

遭遇野匪

一路行走,一路吟唱。不觉就到达汉胡交界之地。

再往前走,就进入汉地了。这时,由董祀出面拦住了左贤王的马头,诚挚地感谢您护送得这么远,并说:"尊敬的左贤王,你已经送得够远的了。我们汉族人有句古话,叫做'送君千里,终须一别'。前面的路有右贤王陪送,您就请回吧。不过,你放心,文姬夫人一定会平安到达目的地的。"

左贤王想来只有这样了,也就没再坚持下去,他说道:"好,我就是这个心意了,望你们在此后的路途上多多保重。"

说完后,左贤王又对右贤王去卑说:"有烦右贤王辛苦,就此留步了。"

"没的说,没的说。"右贤王去卑笑着答道。

最后,左贤王才来到蔡文姬的面前,和她告别。

说是话别,但两人都不知说什么好,未曾开口就落下了两行热泪。

相视了许久,左贤王才忍着心中伤痛,强作笑颜地先对文姬说:"夫人莫要这样,你常和我讲,汉人有个规矩:亲人上路,不许用眼泪送行。怎么,你也忘了吗,快别哭了。虽然我们此后远隔千里,传封书信不是很容易。但我希望无论你我,一得机会应该书信传来,我看这样就可以得到慰藉了。"

文姬流着泪答应了下来。

"我不在身边,你一定要照顾好儿女……我……也就少了惦记……"
到文姬开口时,她泣而难言了。

左贤王也流着泪答应了下来。

左贤王猛转马头,欲离去。

蔡文姬突然喊住他。

"夫君,我最后还有一件事要告诉你……"

左贤王再猛转回马头:"还有事?"

"我留在我们帐中的那盆兰花,麻烦你要操心护养……"文姬的脸上蒙上了一层淡淡的哀伤。

"怎么,你为什么单单提起那盆兰花?"

文姬长长地叹了口气,说:"兰花,生在山野,香在幽谷,我把它由故乡带到了草原，它和我的命运已连结在了一起。如今我把它留给了你……"

"噢，我明白了。"左贤王打断了文姬的话。

"你看那盆兰花像我吗？"

"像你。"

"真的？"

"真的。"

"你喜欢那兰花吗？"

"喜欢。"

"既然你喜欢，那我就告诉你。"说完，文姬在近她跟前的左贤王的耳边，轻声细语地说："十二年了，我一直瞒着你的，我的乳名就叫兰。"

左贤王听罢先是一惊，转而便温存地说："你放心吧，那盆兰花，我会视为我的生命一样珍贵。每日我都要为它洒水，小心地照看，无论是走到哪里，都会把它带到哪里。"

这时，文姬的脸上漾着笑意了。

分别了，最后分别了。

蔡文姬和左贤王挥手，挥手，再挥手……

"照顾好孩子。……别忘了我。"文姬大声喊。

"别忘了你曾有过一段大漠的生活呀，祝你一路平安。"左贤王也高声喊。

一晃，已有半个月的时间过去了。蔡文姬已进入了广阔的中原大地。

又一日的傍晚，他们来到一个高埠。

夕阳的余晖反抹在天空的白云上，为云彩涂上了一层金红色，有些像染上了血。站在埠上的蔡文姬，展望着故乡的土地，心里不能平静……回想起以往颠沛流离的生活，就像是一场噩梦……还好，如今所幸的是，我蔡文姬回来了，带着对故乡的眷情又活着回来了。啊，家乡真的变了，不再是到处萧条荒芜，百姓都是那样安居乐业，怎能不让人百感交集。

夜静更深，风疏云淡。

心中已迸发出的归故里的兴奋，使文姬久久地难以入睡。躺在家乡的土地上，总结她一种踏实的感觉，再没有什么更会比这舒坦的了。

迷蒙了，文姬觉得自己飘飘欲仙，轻盈地飞翔在湛蓝的天空里，身边的浮云，轻轻地掠过，俯瞰大地，万物都在向她招手，四周同时回荡的，都是一片声音：你回来了，我们欢迎你！你回来了，我们欢迎你！

文姬自己笑了，笑得是那样的开心。

突然，阴风大作，一团乌云沉沉地向她压来。很快明月失去光辉，天地刹时被黑暗吞噬，只有不时的道道血红的闪电，撕开漆黑的天幕，真是可怖。

文姬觉得自己又落到了地上。

这不是大草原吗？眼前不是在大草原上她的家吗？文姬一想家里还有儿子和女儿，赶忙向自己的家奔去。不想，当她来到帐前时，她的儿子小孤涂突然从帐中走了出来，用他那稚嫩的手臂把门横住，嘴里像连珠炮似的对她嚷："妈妈，妈妈，妈妈，你回汉朝去了，为什么不带上我？撇下了亲生骨肉的人，不配做母亲！不能回这个家！"

"不是这样啊。我的儿子，是你父王不让我带你们走。"文姬极力抑制着心中的苦痛，向小孤涂解释着。

"不是这样，你在撒谎！我问过我的父王，他说就是你存心撇下我们兄妹。"小孤涂坚定地说。

"儿呀，你听我说。妈妈舍不得离开你，可是又没有别的办法。这不嬷嬷、李姬小妹都留下来陪着你。孩子你还小，等你长成男子汉了，再让嬷嬷带你来见妈妈。"文姬继续解释着。

突然，只听得小孤涂高声地向她喊来："妈妈，快，快到帐中躲避。"

文姬回头看时，只见天空黑色的云像恶魔，张开血盆大口凶猛地向她扑来，顿时黄沙四起。

正待她惊恐万分时，她觉得自己被人拉进帐内。是儿子，是儿子关键时刻救了她。谁说他还小？他的臂膀是那样的有力。啊，儿子不小了，可以带他一同回汉朝去啦。

待文姬向帐外看时，她惊呆了。由于儿子拉她用力过猛，使自己跌出帐外，此时，正在与那乌云搏斗。他还是太小了，只能在那浓云的魔掌下东躲西藏地苦苦挣扎。终于，他那小小的身影跌倒了，一块块沉沉的乌云压了下来，压了下来，最后吞噬了他。

"儿子——我的好儿子呀——"文姬大叫一声，蓦地惊醒了，原来刚才竟是一场可怕的梦。

帐内蜡烛已经燃尽，一片漆黑。她的头发已被冷汗打湿了，脸上还沾留着冰凉的泪水。

帐内重又亮了，是春儿持蜡来到了她的身边。

春儿说："文姬夫人，您刚才是怎么了，一阵阵惊呼啊。"

"没什么，只是做了一场梦。"文姬边擦脸上的泪水，答道。

"看你这一头的冷汗，是不是病了？我去弄碗姜汤来提提神好吗？"春儿关切地询问文姬。

"不用，我稍稍歇息一下就会好的。"文姬叹道。

"文姬夫人，什么梦？使你这样大声疾呼呀？"

"是个怪梦。我梦见了我的儿子小孤涂了,他在草原上遇到了滂沱大雨,肆虐淫风,并被它们吞噬了。正在我无计可施的时候,惊呼了几声,便醒转过来。"

"文姬夫人,你这是思念儿子过度悲伤了。这样会伤害你的身体的。"

"谢谢你,你去睡吧。让我一个人冷静一会儿,就会好的。"

"不,我还是在这陪你。待你睡着了,我再去睡。"

"恐怕一时再难睡着哇。"

"那咱们就坐到天亮吧。"

"你真的不想睡?"

"真的不想。"

"那么这样吧,你把那焦尾琴抱过来。"

"遵命。"

文姬慢慢地站起了身子,在春儿的搀扶下,走出了帐门。

朦胧的月光,透过树叶的空隙,洒在林间那松软的地上,斑斑驳驳地晃动。文姬和春儿二人,在这寂静的夜里,缓缓地行走到一块平石前,对着月亮而坐下。此刻,文姬似乎忘却了自己,想着远方的儿子,沉浸在心中的思念之中,她轻轻地弹唱起来:

身归国兮儿莫之随,心悬悬兮长如饥。

四时万物兮有盛衰,惟我愁苦兮不暂移。

山高地阔兮见汝无期,更深夜阑兮梦汝来斯。

当文姬唱毕后,身后忽然传来了一个男子的亲切的声音:"文姬妹,怎么深更半夜的不睡觉,倒跑这里来弹起琴来了?"

文姬转身看时，是那董祀已经来到了她们的身旁，便不好意思起来："对不起，你看，我睡不着觉不要紧，却把大家也给吵醒了。"

董祀忙解释道："不，不是，我是让别人给叫醒的。如今我们所有的人都对你担心，怕你这样愁苦下去，会把身体搞垮的。"

"谢谢你们大家了。"文姬回答道："我也知道总是愁悲不好，可上来一阵子，这情绪实在是控制不了哇。"

"听了你所弹奏的琴曲，体会你所唱出的词句，谁人都能感觉到你是在用全部的心血，全部的生命，在那儿弹奏，在那儿吟咏。真是感人至深哪。你这样情感太投入，肯定会对身体有损伤的。所以你尽量要抑制自己，不要总这样。不然一旦要病倒了，我倒没什么，不过那些对你寄予厚望的人，谁都对不起呀。"

"是我对不起你们，让这么多人为我操心。"

"万事总得往好处想，心胸要放得开阔一些。这样的话，一切就会觉得是美好的。"

"话是这样说，可是，可是……"

"多想好的地方，比如说吧，你不得已在匈奴十二年，现在能平安地回来，这就是好事。时辰不早了，我们明天再说吧。眼下你得回帐休息，以后时间长着哪，你的好事也会有许多许多的。"

"谢公胤这样劝我。"文姬说完这话，即把琴具收拾起来。

董祀见文姬欲回帐去，内心高兴，忙对春儿说："还不快扶文姬夫人回帐歇息去。"

春儿见势，一手接过文姬手里拿的琴，一手扶着文姬往回走。

董祀跟在后面，又嘱咐说："夜晚还是少出来走动，如若遇到那些草莽强盗，把你劫了去，我就更无法交待了。"

"没有那么严重吧，董都尉是不是吓唬我们那。"春儿以为董祀是在开玩笑，便也用玩笑似的口吻说道。

"这可不是吓唬，时时多应提防，太平时期是这样，眼下还真的有强盗出没呢。"董祀再认真地说。

次日，这一行人继续赶路。到了傍晚，他们缓缓地走进了一片碧森森的松树林中。

天色突变，一阵疾风过后，乌云遮住了月儿。下雨了，这雨起初细细霏霏，随风飘拂，像是一团拨不开的蒙蒙雾气。下着下着，只见天空中的黑云越聚越多，在云层低压树梢时，雨点加大了。

见天气如此的恶劣，路泞难行，于是决定在这林子里宿营。

旅途劳累，人们都熟睡了。

松林内，除去淅淅沥沥的雨打草木之声外，很寂静。

半夜里，人们一下子被一种奇怪的声音惊醒了，待往外看时，只见外面火把通明，喊杀声连成一片。

强盗来了。

将士们忙携起兵器，出帐迎战。

这边，惊醒后的文姬想出帐外看个究竟，不想那瓶儿、春儿二婢女却死死地把她按住，她们是怕她出去危险。

那边，董祀挺刀迎匪之时，第一个念头是想到蔡文姬，怕她有个意外，待他撂倒身边的一个匪徒之后，便急急火火地向蔡文姬的帐篷奔来。

当董祀来到文姬的帐前后，急忙掀开帐门，只见帐内一团漆黑，忙喊："文姬妹妹，文姬妹妹。"

帐内的蔡文姬等三人，见有人掀开帐门，起初心中大吃一惊，听得来人是董祀后，立即转惊为喜，文姬忙说："我在这里。"

听到了帐内文姬的回答后，董祀的心中顿时感到那块石头落下了地。他对着黑暗中文姬答话的方向，安慰道："文姬妹妹，你不要害怕，外面有一股强盗前来抢掠，我们很快就能把他们击溃。"

这时，右贤王去卑已经组织好了自己的兵力，反击了。

那些强盗本是散兵游勇，他们以为被袭击者是一个商队，没想到遇上的却是训练有素的汉胡正规部队，匪徒自然不是对手，真正交手后，很快，他们便呐喊惊呼着边战边退了。

也许董祀是太顾及蔡文姬了，夜色中有一个惊逃的劫匪来到了他的身后，他却全然没有觉察。

待董祀觉得身后有些异样，急回头看时，已经晚了，一个匪徒近在咫尺。

董祀大叫了一声"不好"，忙一矮身，同时，那劫匪向他砍来带着冷风的一刀。

"嘣"的一声，刀刃正着在董祀的腿上，顿时鲜血直流。说来也怪，此时，董祀并不觉疼，只见他大喝一声，拔刀向那黑影也砍去，"嚓"地砍下了那人尚未抽回去的提刀的手，那刀连手都落在了地上。只见那人疼得"嗷嗷"直叫，黑暗中带着滴血的臂，向远处逃走。这时董祀才注意到自己的伤腿，刀砍很深，血淌得很多，他忙用双手捂住。

那边，这伙强盗已被胡汉兵士打败，他们皆仓惶地蹿进密林中，转眼间消失在夜幕里。

一切都平息下来。

"董都尉，董都尉。"两名汉卒边惊呼，边向这边寻，听到有人喊他，董祀坐在地上忙也呼喊："我在这里，这里。"

"怎么，董都尉您受伤了？"

"恩。"

"快叫人来医伤。"来卒两人中的对另一个说。

另一个兵卒，马上转身离去。

"情况怎么样？"董祀并不在乎自己的伤，忙问那兵卒道。

"没问题，都被我们赶跑了。"

董祀听这话后，放下心，但他似乎一下子就没了力气，瘫了下来。

"董都尉，董都尉。"兵卒冲他喊了起来。

此前，帐内的文姬等三人，也听到了董祀他们的对话，当听到有人唤董都尉时，文姬感觉到董祀出了意外，便急火地跑出帐门。

文姬借着附近燃起的火光，看见满身是血的董祀躺在地上，面色苍白如纸，不禁大惊失色，忙俯下身去，对董祀急切地问道："公胤，怎样，伤在哪里，严重吗？"

董祀见文姬来了，脸上强露出了笑意，说："不要紧的，是擦破了点皮。"

文姬忙打断董祀的话说："都什么时候了，你还在骗我，破了点皮怎会流这么多的血呢。都怨我，你要是不来保护我不会发生这样的事了。"文姬说着难过了。

董祀见文姬难过了，知道她是一个重感情的人，句句是真情。便再装出不以为然的样子，仍开玩笑地为她解惊："昨日我还劝你们，夜里少外出，以免遇上强盗。可我却忘了这个茬。这不，夜里在外行走，果然遇到了强盗，又受了伤，这就是自己食言的结果吗？"

文姬听着这句话后，并未有多少的安慰，而是喃喃地说："都是我的命苦，谁挨到了我的边儿，也要随着遭殃啊。"

董祀见文姬这样的说，不觉心里急了，苍白失血的脸上再做出笑容，说："文姬妹，这不关你的事，本来这一带就人烟稀少，险境四伏，强盗频出，咱们的队伍所载之物如此之多，定会引起强盗的注意，如若你不在此行中，他们想劫也定会来劫，防不胜防啊。东西抢走了，我们可以到前面长安城去补充。我受伤了,我想不日也会养好。但如果你文姬妹妹要有什么闪失,那我们的损失可就大了,这些天来可算是白忙乎了。"

文姬知道董祀是在安慰自己,心中既感动,又惭愧。她想:我这么大的人了,处处让人照顾,如今人家流了那么多的血,还在宽慰自己,怎还有理由再烦忧自愁,让别人为自己而忧心呢?

想到这里,文姬对董祀说;"公胤,你是替我受伤的,我谢谢你。你的伤势很重,少说些话吧,以免消耗体力。别的,我们以后再说。"

这时,队中的军医匆匆地赶来了,他的身后,还跟着神色紧张的周近和去卑。

趁着医生为自己包扎伤口之空,董祀问周近和去卑:"那边的情况怎样了?"

周近答道:"强盗已经被赶跑了,有的帐篷着了火,兵士们正在扑火。"

董祀再问损失情况时,周近又答道:"我们汉胡兵卒有些伤亡,不过不重。而单于赠送给我们的二百五十只羊,一百匹胡马,二十峰骆驼现在已被抢掠或独自逃奔过半。这损失惨重啊。"

董祀听罢,长吁了一口气,说:"周司马,你不要守在这里啦。快去料理一下那边的事,不要过重看那边的损失。文姬夫人没被伤害,才是我们最快慰的事情。"

文姬听了董祀的话后,更加感激他了。

在以后的行进途中,文姬多了一件重要的事,那就是日夜地照顾着伤中的董祀。这是她自觉自愿的,而且不容任何人替代。这样,两人整天地在一起了。

蔡文姬对董祀照料得无微不至。每次,她都要亲自熬药,并端药送到董祀的口前，看他把药喝下去。董祀终日得在车里，为了给他解闷，文姬每日还海阔天空地与他聊天。什么都讲，无话不说，在不知不觉中，慢慢地两人都觉得每天非说不可了，似有千言万语要互相倾诉。特别是当文姬说到自己的坎坷命运，多年在外奔波多有委屈时，董祀则是给予怜爱，这足使蔡文姬感觉自己这棵飘游的浮萍，终于找到了依靠。

她疲惫了，她娇弱得很，她需要一个像董祀这样的男人保护。而董祀呢？每每听过文姬的诉说后，心中真是难以平静，他爱怜她，同情她，以为命运对她太不公平。不觉中，便产生了一种想进一步了解她，进而帮助她的渴望，尽管这种向往被埋藏在心底……

一日，文姬服侍董祀喝下药汤之后，董祀望着由于为照顾自己，多日劳累而憔悴的文姬，心里十分感激。他说："文姬妹妹，你太劳累了。为我这样辛苦，我怎能过意得去呢？"

"你怎能这样说呢？说起来，从你是我父亲学生的角度，我们是可以兄妹相称的，你因为我而负伤，我又怎可以袖手旁观？若要说起来，过意不去的，应该是我呀。"文姬反问。董祀笑了，"我觉得我的伤在你的精心的服侍下，恢复得很快。我可怎么感激你呢。"

"快别说这些了，让人羞愧。"

"到长安就好了，我们可以休整，碍你劳累了。"

"怎么，到长安你要怎样？"董祀疑惑地问。

文姬叹道："我的父亲的坟墓就在那里，自十二年前我去匈奴途中去看过一次后，一直没再去过，不知那里会荒芜得是什么惨象了。"

董祀安慰她说："放心吧，文姬，到了长安，我陪你为你的父亲、我的恩师蔡先生扫墓。"

巍峨壮丽的长安城郭，已遥遥在望。长安这座同时代世界范围内最大的城市，百余年来，屹立在中国的大地上，虽然几经战火的焚

毁，但它却是那么容易修复。长安城，有着倔强的生命！蔡文姬他们终于进了长安城里。

董祀、周近和去卑商量过后，决定整个队伍在城里进行休整。蔡文姬无心留恋市景，她一门心思想去父亲的墓地祭奠。

胡笳十八拍

几度杨柳风，几度落花红。

长安城郊外的陵墓群，笼罩在一派灰蒙蒙的烟气之中。只见陵墓四周植着松柏，座座面东的坟前铺着青石，有烧残的香烛和焚化的纸钱。看得出来，这里时常有人前来祭奠。

从陵墓的进口，迈着沉重步子，走来了一女一男，两人表情肃穆，女的手中拿着几枝洁白的兰花，男的一手拄着拐杖，另一只手挽着一篮祭品。

这两个人就是蔡文姬和董祀，是来为蔡文姬的父亲蔡邕扫墓的。

两人很快就找到了坟前立有"左中郎将蔡邕之墓"石碑的蔡邕墓。

蔡邕的坟墓上，已经布满了荒草，墓前两侧分别置有石人、石马。十二年前文姬在左贤王的陪护下来这里为父亲扫墓时，亲手种下的那棵杨柳，已经是挺立成荫。

蔡文姬伫立在坟前，眼望着荒草覆盖的坟头，想起了自己的老父，不免悲伤无限。

董祀恭恭敬敬地摆下祭品。

蔡文姬跪在坟前。

董祀腿伤未愈，尽管是拄着拐杖，但坚持着也伫立于坟前。

当蔡文姬对着这坟墓连叩了三个响头后，再也抑制不住内心的情感了，热泪滚淌，一下子扑上前去，用手抚摸着父亲墓前这冰凉的碑石，哭诉起来。

"父亲，父亲哪，不孝女儿，十二年未曾来看望过您，为您的坟上添一把土，您不会责怪女儿吧？十二年了，漫长的十二年哪，女儿远在偏僻的南匈奴，虽先为人妻，再后作人母，但在女儿的心中却始终没有忘记您啊。如今女儿终于来看您了，您听得到女儿的声音吗？

"父亲，如果女儿没有记错，如果您还活在人世，也已七十五岁了。可怜你一世文豪，僵卧黄土，你火火热热地来，却孤零零地走……无情的现实过早地葬送了你呀……

"父亲，父亲，您若能听得到，您可以为女儿高兴了，曹丞相如今苦心孤诣地赎儿归汉，这应该说是天大的喜事。曹丞相要我学那班昭，让我回来帮助撰述《续汉书》，您在九泉之下终于可以放心了，您的遗愿女儿来继承了……"

一声声悲号，撕心裂肺。

董祀也在拭泪。

起风了。

天空布满了阴霾，墓地四周的松林发出阵阵的涛声，被刮起的尘埃搅得这里一片昏暗。

蔡文姬全然不觉。

"父亲，女儿真痛苦，我虽然知道自己不该，可是我是个女人，我此时的心中总还是牵挂着我的儿女和夫君。这些天来，我人虽已离开了匈奴，但我的心啊，依旧是留在了那里。我怕停下来想，我怕听到别人哭声，甚至我怕晚上睡觉，因为梦中总是出现他们的身影。像这样下去，我简直成了一个没有灵魂、没有头脑的废人，我到底能做些什么呢？无法思考，无法把精力集中。我辜负了曹丞相，我辜负了您啦。我呼天呵，四方神灵有谁能起死回生，把我这位德才绝伦的父亲唤起吧，让他再吟诗奏章，让他为万世疾书。父亲，您恨我吧……"

最后一声悲号，蔡文姬终于昏厥于墓前的青石坟台上。

董祀大吃一惊，忙用他那结实的臂膀，把蔡文姬从地上抱起，左唤右唤……

蔡文姬渐渐地醒了。

董祀感到文姬的身子有些发冷，天色已晚，又刮大风，便低声劝着。

"文姬妹妹，今天我们为蔡先生扫墓，你该说的话说尽了，蔡先生在九泉之下会感觉到你的孝心的，他的遗愿通过你来实现，也就瞑目了。来，咱们为他老人家烧些纸钱，再填把土后，该回去了。"

蔡文姬凄然。

于是，蔡文姬跪在那里，望着眼前一跳一跳的火光。

回来的路上。

马车里，与蔡文姬坐在对面的董祀，见文姬已哭得红肿了眼睛，仍旧泪流不断，便先从口袋里拿出一个手帕，默默地递给文姬，让她擦泪，然后劝文姬说："还是那句老话，你不能终日里总是陷在悲苦中不去自拔，会搞垮身体的，到那时一切都晚了，又何谈做什么呢？"

蔡文姬似听非听，许久，她擦过泪水后说："公胤，我也觉得自己

如今活得太累太累的了，真的什么也不想干了。"

董祀怎忍文姬这样的心态，赶忙接下话茬说道："文姬妹妹，我真的无法理解你，你为什么不多往快乐处想呢？过去的事情了，就让它过去吧。我得提醒你了，你这样总是沉浸在个人的儿女私情里面，怎么说也是不对的。你少年的时候曾发誓要做名女史官，因为这，把你的父亲乐得不能自已。那时，尽管你的年龄尚小，不知道你发这誓是出于何种目的，但在心里有着远大的理想就是好，令大家都敬佩你。说实在的，我还暗自发过誓，要好好地向你这个多才多艺的小妹妹学习呢。如今曹丞相千里迢迢地把你从南匈奴赎回，可不是要寻回来个废人。记得曹丞相在临行时，他充满着希望，并且十分激动。因为他认为找到了你，蔡先生的事业便后继有人了；找到了你，后汉的历史终于可以再写出了。可是，自匈奴南归后，这么长的时间里，你都无法振作精神，真叫人心里着急呀。"

蔡文姬心有所感了。

董祀继续劝她说："文姬妹妹，请你把天下的悲作为己悲，把天下的乐作为己乐吧！以前在你所描绘的'马边悬男头，马后载妇女'的时代里，天下有多少家庭妻离子散，有多少人流离失所，那时若能挺戈持枪，杀向战场，就是为国分忧。如今中原在曹丞相的治理之下，已不是'千里无鸡鸣'的荒凉世界，百姓们都过上了安居乐业的生活，能辅以曹丞相文治，则就是以天下为己任。文姬妹妹，说实话，我是同情你的，撇下一双儿女，撇下自己的亲人，只身归汉实在不易。我更是敬佩你的，你博学多才，出口成章，甚至就是班昭也不能和你比。但你不能令我太失望了。毫不掩饰地说，见你天天哀叹，精神颓丧，我早就以为应该与你说说，但又怕伤了你的心。今天听你刚才讲，你恐怕什么事情也不想做了，所以我就不能不说了。你老是沉溺在悲哀里，这样下去要毁掉自己的，那可真是对不起你的父亲，对不起曹丞相了。为什么只想到自己的一双儿女，却忘记了天下人呢？"

听着董祀这句句千钧的一番话后，此时，文姬仿佛大梦方醒，她羞愧极了，低下了头……

经过又一段默思之后，突然，只见蔡文姬扬起头来，目光里流露出坚定的神色，一字一顿地对董祀说："贤兄一番话，使我胜读十年书，这样想来，在这一段时间里，我的确太颓丧了！谢谢你的提醒，你的话说得真好，对于我可算作起死回生的良药了。如果说上次在强盗的刀下，你救的是我的肉体，那么现在你在拯救我的灵魂，这两次救命之恩，我会永远记牢的。"

董祀瘦削的脸上，露出了舒心的笑容。他急忙谦让地说："文姬妹妹，你把话言重了。我董祀并没做什么，而是你自己没有变，仍旧是那当年满有心志的蔡文姬呀。"

蔡文姬愁眉也舒展了，并恳切地说："公胤，你这么客气呀。今后我一定听你的劝告，克制个人的悲哀，把整个身心，都投入到撰写《后汉书》的宏业中去。"

董祀更兴奋了，他喜不迭地说："好，好，看见你这样振作精神，我再高兴不过了。回去后好好休息，明天我们继续赶路。"

蔡文姬十分振奋地点头应了。

"哎，对了，"董祀又有醒悟，"这些天来，我注意到了这样一个现象，你一路上难遣心中郁闷时，总要脱口而吟一些悲伤的诗句，听了让人感动。如果加上今天在墓地所吟，正好是一十八节。前十七节我都替你整理好了，回去后，我即送还与你。"

"我看这样吧，我吟的这十八节诗，现在你是唯一的全听者，所以你很有抒见权的，你就给定个诗名吧。"文姬诚恳地说。

董祀受宠若惊了:"我哪有这个能耐,不一定说得恰当。不过文姬妹妹这样赏光,我也就斗胆了。我现在透露给你,我在私下里读着你的诗作,感动之余,早就定了个名,你看……你看叫作归汉十七……噢,不对,叫作《归汉十八吟》怎样?"

蔡文姬听罢,没急于肯定。

察着蔡文姬思忖的神色,董祀念念不安了。

"不完全对,"文姬终于开口了,"公胤,我现在为诗,都是汉胡诗乐韵合,有汉诗的格调,又有胡笳的乐拍,这样吧,叫做《胡笳十八拍》好了。"

"好,我是完全赞同的。"董祀敬佩地说。

一路风尘,就这样,历尽了千辛万苦,蔡文姬他们终于按预定的日期,这天傍晚,抵达邺城。亭台楼阁,人声鼎沸。

董祀叹道:"邺城,我回来了。"

蔡文姬更叹道:"故国呀,我终于活着回来了。十二年,我好像做了一个梦。山水依旧,飞鸟依旧,故土依旧……回想起离开你的时候,尽管是伤心地走,但也还依恋深情啊……如今,重见你美好的身形了、重闻你温柔的芳香了。"

三十岁的蔡文姬,感到浑身充满了力量。

董祀把文姬和右贤王去卑等护兵安顿好后,没有回自己的家,而是径直地奔向了曹操的府邸。

在曹操的书房里,曹操和董祀会面了。

"公胤,你回来了。"曹操亲切地问。

"嗯。"董祀激动,言语少。

"事情办得如何?"

"一切顺利,文姬回来了。"

"好！好。传下去，我要立即召见她。"曹操耐不住了。

"丞相，天色已晚，我已把文姬安顿歇了。我看明日一早再召见吧。"董祀建议着。

"明天？"

曹操本来是不愿接受这个建议的，但他望着董祀削瘦的面容，想到蔡文姬多日辛劳，想必也是疲惫得很。明天就明天吧。

转而，曹操又关注起董祀来。"听说你负了伤，伤在哪里？"

"腿上。"

"现在怎样？"

"快好了呀。"

"你赶快回家歇息吧。"

"谢丞相。噢，对了，丞相，我给您个惊喜。"

"何喜？"曹操不解。

"那蔡文姬果然有文才，丞相求到的确太值得了。"

"这自不待言，你还是快说惊喜之缘吧……莫非与蔡文姬有关？"曹操等所不及地问着。

"正是，"董祀入了正题，"在归汉的路上，文姬百感交集，使得她诗兴大发，作得诗赋整整一十八节，节节感人，真可称之为上佳之作呀。"

"这些诗可否记下？"曹操急切地问道。

"我知道丞相喜诗，所以把这些诗都记录下来审阅。这不是惊喜吗。"董祀得意地说。

"好。好。"曹操脸上神采飞扬，"的确是喜，的确是喜，你做得好，做得好啊。快快把诗呈与我。过去刘细君出嫁乌孙，在异国他乡写成《悲愁歌》，这诗传到长安后，后宫里的姑娘们都读哭了。还有那王

嫱（昭君），嫁到匈奴后，心思不乐，作下一首《怨旷思惟歌》，以诉哀怨，亦甚是感人，被蔡邕所收辑。今天，我要看看这蔡文姬用诗作些什么。"

董祀把蔡文姬所作的《胡笳十八拍》呈给曹操。

夜深了，在曹操的卧室。灯下，曹操仍在读着蔡文姬的《胡笳十八拍》诗。

曹妻卞氏，在一旁缝补着曹操用了十年的被面。

其实，自拿到这首诗到现在，曹操已经把诗读过几遍了，真真爱不释手，每读一遍，都津津乐道。

"好诗，好诗呀。"曹操读着读着，情不自禁地又击掌大赞起来，直把那专心缝被面的卞氏吓了一大跳。

"什么诗呀，会好成这样？"卞氏笑着问曹操。

"你听，你听。"曹操见卞氏问，来了兴致，一边用手击拍，一边为卞氏吟咏起来。

"多大的气魄呀，真有胆量。"曹操吟罢，赞叹道。

"值得你这样赞赏的诗，那就一定是好诗了。"虽然不会作，但经曹操多年熏染的卞氏，对诗也很在行。

"你再听这。"曹操又拣来一段吟道：

怨兮欲问天，天苍苍兮上无缘，
举头仰望兮空云烟。此情兮谁与传？

吟到这里曹操忘情地重重地击了一拍。

卞氏见曹操激动得了不得，便放下手中的活计，向曹操问道："你这读的是谁写的诗呀？"

"蔡文姬!"

"就是你欲求得的大文豪蔡邕的独生女吗?"

"正是,正是。什么叫做'欲求得'呀,如今她已经回到咱这邺城啦。"

"真的?"

"我还会骗你。"

"孟德,你可做了一件大好事呀!"卞氏开始同情蔡文姬的诉说了。"唉,这孩子怪让人可怜的。本来自幼便聪慧异常,得其父的亲教后,便才华显著了。可她命运太坎坷了……别的不说,身落异邦就够惨的了,如今听说又是撇下一双儿女回汉来,真是哀伤重重。"

"是啊,只有如此悲伤的命运,才能写出这样的好诗,这是她的血和泪呀。"曹操收起笑脸,也慨叹地说。并不由自主地又吟咏起来:

今别子兮归故乡,旧怨平兮新怨长。
泣血仰头兮诉苍苍,胡为生我兮独罹此殃?
天与地隔兮子西母东,苦我怨气兮浩于长空。
六合虽广兮受之应不容。

"多么悲哀呀,你读得我都流出眼泪来了。"卞氏听了文姬的诗心绪更难平了。

"真是好诗呀,这诗竟然与我们历史上著名的楚辞大家屈原的作品有异曲同工之处,我看儿子曹丕他们那一批很有诗才的文友,像王粲、刘桢、阮瑀、应场等人,恐怕也难作得出,真不简单。"

见曹操这样盛赞蔡文姬的诗,卞氏更惊诧了。不过这诗写得确实好,所以她也赞道:"这还用说吗,人家蔡文姬是用自己的生命写吗,而别人只用笔墨去写，这能一样吗？"

曹操认同了。

这时，曹操突然又想起了什么，继而他便愤怒了，随后生气地对卞氏说："这样的好诗，却还有人从他意上去理解，小人！这真是居心叵测呀。"

卞氏见丈夫刚才还满是兴致的，怎么突然地变了神色，问道："你说的这人是谁呀？"

"周近，就是我任命的出使匈奴的副使。"

"怎么回事？"

"此前，在我读这《胡笳十八拍》时，周近来拜见我，在言及此诗时，没想到这小子硬把一段毫不相干的事情扯上了。"

"他怎样说？"

"他说蔡文姬和董祀主张在长安休整，为何不尽快启程呢？原因是蔡文姬归汉没有诚意，而且写诗去表达自己的这种后悔之情。真是岂有此理，为这，我当面就斥责了周近。他们在长安休整事出何因、这绝不能从这诗中看出。她诗中的这些个句子：'雁南兮今欲寄边心，雁北归兮为得汉音。雁高飞兮邈难寻，空断肠兮思愔愔？'还有日无夜兮不思我乡土？'不都是在清楚地表明她的归乡之心吗？"

"看来周近是对蔡文姬有怨恨啊。"卞氏说。

"也许不尽是，周近就是那样鼠肚鸡肠的人。我先不去理他，等我把文姬都安排好后，为了文姬我求得的这个人才，我也非收拾那周近不可。"曹操恨恨地说。

"幸亏董祀是个细心之人，记录下了这些个好诗。"卞氏又提起了董祀。

曹操说："所以，我想日后待董祀的伤好些后，就让他帮助文姬一起撰制《续汉书》，他们二人一定能够配合得很好。明日里我召见蔡文姬时，就对她说到这事。"

"天不早了，别再为这事兴奋了，什么话也要等到明天，休息吧。"卞氏劝曹操道。

曹操自去歇息，一夜无话。

第五章 赎才女，才女文姬终归汉

第六章 黄昏恋,爱情映花花更红

蔡文姬能名留青史,最为重要的一个原因就是她没有被时代的洪流吞噬。她始终以其坚韧的品格傲立于世。从她的作品中正体现出她性格上不屈服厄运的抗争精神。蔡文姬给我们留下来的不仅仅是《悲愤诗》,更多的是她坚忍不屈的精神带给后人的感动,以及她闪耀的人格光辉给后世的积极影响。

终承父业

再说蔡文姬被董祀安排在驿馆后,已经是黑天了,尽管她也即刻想见到曹丞相,但觉得今日是不可能的了,又加上旅途的劳累,洗漱完毕后,便早早地躺下歇息了。

第二天早上,蔡文姬醒来。

"好舒服哇!"蔡文姬伸过懒腰,揉过眼睛后,问这是什么时辰了。

"清晨,你到邺城后的第一个清晨!"春儿笑吟吟地答道。

蔡文姬开心极了,对春儿又说:"春儿,你说人是不是神仙,谁会想得到呢,说回来就真的睡在这里了。"

"说是神仙也是神仙,说不是也不是。如若没有曹丞相打下的太平盛世,你想过当上这个归汉的神仙了吗?"

"可不,你说得也对。真不敢想啊!自从回到汉地以来,这一路之上,亲眼看到中原大地到处都是太平景象,真叫我兴奋。我活了三十岁了,从小到大,还是第一次见故乡如此兴旺繁荣,曹丞相真是位不可多得的军事家和政治家呀。这回好了,养足了精神,恨不得马上就开始干起来呀。"

春儿被文姬的兴奋情绪感染了,她笑着对文姬说:"文姬夫人,无论怎样想，也得等见到曹丞相之后再说。

举头看，馆门上，"松涛馆"。文姬问春儿，那"松涛馆"三字谁人所书？春儿答道："是曹丞相。"

文姬内心赞叹道："真有工夫。"

先见一个大厅堂。看上去这是该馆中专供会客用的大厅，但绝无金碧辉煌之感，处处布置得典雅、幽淡。

曹操正坐在这厅正中几案之后的蒲团上。

蔡文姬走上前去，她见曹操面目慈祥，心里一点局促感也没有。

"文姬参拜曹丞相。"

蔡文姬怀着一种感恩戴德的心情施了大礼。

曹操望着蔡文姬，感觉她果然气度不凡：长得端庄漂亮，举止文雅大方，明亮深邃的眼神里尽管有些忧郁，但毫不能掩饰住聪明伶俐。再联想到她作出的无与伦比、优美感人的诗句，一种喜爱之意便油然而升……

曹操笑而开口了："文姬夫人赏光，得我召征，即刻撇下一双儿女和幸福的家庭，回到中原来，世人皆被你这舍身精神深深地感动了。一路辛苦，让我们以茶代酒，表示我对你的敬意。"

文姬忙回答道："丞相实在是言重了，文姬才疏学浅，如今却被丞相召回，真是三生有幸。文姬日后将尽己全力做事，以不辜负丞相的一片厚望。"

"哈哈哈，文姬夫人过谦了。谁人不知你自幼聪颖，博学多才，强记好诵。归来的路上，还写下了《胡笳十八拍》这样千古之绝唱，看来在作诗上我还应多向你学习才是呀！"

"过奖，太过奖了，这样会使我难为情的。"蔡文姬羞涩了。

见此，曹操话题一转，切入正题："我想你也知道了，董祀都尉已把这次邀你回汉的目的告诉了你。我是想让你撰修《后汉书》，这也是你父亲的遗愿。听说你的父亲生前藏书很多，著述宏富，不知你能记得多少？"

"亡父生前藏书的确很多，除去送与王粲大部分之外，尚有四千余卷，不过经过颠沛流离，都已散失，实在令人可惜。至于亡父著述，除去记得父亲那未完成的《后汉书》中的大部分内容外，我能完全背诵出来的，只有四百多篇了。"

"四百多篇，你能背诵得出？"

"当然，文姬不会说谎的。"

"奇迹，真是奇迹，四百篇也不容易呀。这样吧，你就先从这四百篇入手，先完全背撰出来，然后再凭你的记忆，加工撰制你父亲的其他著述，你看这样行吗？"

"当然可以，我几日内先写清目录，然后再一篇一篇来。"

"这个工作量大得惊人。我想好了，将委派十名官员给你当助手，你看如何？"

"谢丞相，我看大可不必。有瓶儿和春儿帮忙就足矣。放心，不会误了时间的。不过烦丞相供足我纸、笔。再有，缮写时用楷书还是用隶书，请您吩咐。"

"这些自有安排。不过写作量太大，无论如何也得再有个助手……我给你安排一个人吧。这人心细、勤奋，定会与你合作得很好的。"

"他是谁？"

"就是董都尉，就是为你记录下《胡笳十八拍》诗的董祀呀！"

"他。……可以吧，我接受。"

"那好，咱们就算说定了。明日起你就搬到这松涛馆来，屋内的设置按你的要求，可以变动。如再有什么特殊需要，你随时向我提来，我将尽力满足你。"

"谢丞相想得周到。"

蔡文姬当下就在松涛馆安顿了下来。

蔡文姬真的对馆内按照自己的意愿，重新进行布置：除去那些必要的家具、陈设之外，最大的变化，还是多置了许多的图书，以及蔡文姬自己所书的一些遒劲有力、挥洒如飞的草书稿。蔡文姬这样做，是想从中得到灵感。

转日清早，董祀就兴冲冲地赶来了。

瓶儿在门口，见到了董祀，忙施礼接迎。

董祀顾不得她了，问："文姬夫人呢？"

瓶儿说："昨夜夫人睡得太晚，现在尚未起身。"

"怎么，她又忧思难眠了？"董祀担心了。

瓶儿摇摇头道："那才不是呢。夫人昨夜为准备书目甚是忙碌，她铺开纸砚，执笔一直在写，劝她几次都没用。她说书目今天一定要备齐，待明日董都尉来了，好开始做。都到今日凌晨了，才睡去。"

其实此时文姬已经醒了起身来到窗前。

抬头见瓶儿不在屋里，推开窗子，一股清新的空气便涌了进来。文姬深深地吸了一口空气，理了理自己凌乱的头发，凝望起窗外的景致。外面曙光正浓，鸟声啾啾。

文姬回过了身，走了几步，便坐在了梳妆台前。

忽然，窗外传来了瓶儿和一个男子对话声。

"瓶儿，你在和谁说话？"

"哎——"听到文姬在喊自己，瓶儿一边向屋内应着。

对董祀说："瞧，把文姬夫人吵醒了。"

"瓶儿，谁在外面哪？"从屋内再传来文姬的询问声。

"是董都尉来了。"

"那还不快请他进来!"

屋外,瓶儿笑着对董祀说:"去吧。"

随后,董祀进了房门。

董祀来到房里后,见屋内布置得文雅幽静,心情顿时清亮了许多。再见文姬夫人迎上前来,她虽然眼里有些细小的血丝,但精神很好,忙对文姬说道:"文姬妹妹起得早,都怪我早早地来,打扰了你。"

文姬兴致勃勃地说:"哪来的话,也是我太贪睡了,让你久等,真不好意思呀。请坐,请坐。瓶儿烦你端上茶来,替董都尉解渴。"

瓶儿"哎"了一声,转身去忙了。

"不用了,不用了。这大清早喝什么茶呀,再说今后我们将在一起共事,应该省去这些个客套。"董祀说道。

"那么你坐下总可以吧。"文姬见董祀两手背在身后,站在那里,便催促着他。

"我……我还是……站着的好。"董祀不知怎地,局促起来。

文姬见此情景,好自生疑,楞生生地望着董祀。

窗外一阵清风吹进屋来,文姬立时闻到了有芳馨的兰花香,多么亲切,文姬脱口而出道:"兰花。兰花。"

随着文姬的呼声,董祀惊住了:她怎么知道有兰花?

"怎么,你带兰花来了?"文姬问董祀。

这时董祀才慢慢地把双手拿到身前。果然,他手里捧着盆兰花。"这是我送给你的一盆兰花,……礼物……见面礼。"

文姬见到兰花,惊喜万分。她来不及听董祀解释,便飞奔到了他的身旁,一把夺过这盆花,看着,闻闻。文姬手捧着这盆兰花,走向窗台,摆放下后,才问董祀:"何时买来的这盆兰花?"

"不,是我托朋友寻到的。"董祀答道。

此后好长时间,文姬没有说话。她长时间地欣赏着窗台上的兰花,心中甚是惬意。

"这盆兰花好吗?"董祀见文姬久未出声,便问她。

"好,好,你看这兰花,青翠碧绿,从叶丛中生出花茎,开出洁白淡雅的花来,散发出清新的幽香……"文姬兴奋地答。

"你为什么如此喜欢兰花?"董祀又问。

"花儿似人,兰花不媚时俗,不与群芳争宠,身居陋室,也贫贱不移,堪称是花中的真君子呀。"文姬不加思索地答着。

董祀笑了:"呵,出口一套一套的,真是学问不小哇,难怪曹丞相非得把你从那匈奴寻回来。"

听这话文姬一下子就由兴奋转而沉思了。董祀心里一惊,恨自己一时失口,不该提那匈奴的事。但一时又找不到合适的话题拉回来,所以尴尬地怔在了那里,任凭事态的发展。

许久,文姬才从沉思中醒悟过来,她突然问董祀道:"公胤,你怎么知道我喜欢兰花?"

董祀见文姬的情绪没有受刚才自己的失言太大的影响,心里高兴,忙说:"我怎么就不知道呢。我知道你的乳名叫'兰',我还知道你自小就非得有一盆兰花陪伴。在匈奴去接你的时候,在你的帐里,我就发现有一盆兰花,不过回来时,你没有带上。我知道你是把那盆兰花留在那里,好让你的孩子、你的夫君看到兰花,想着你……"董祀发现自己说的话又拉远了,怕勾起文姬的心事,便不再说下去了。

不想文姬听得却挺高兴,她嫣然一笑,笑得十分开心。而后,她才又说道:"难怪曹丞相对你信任,你可真是个心细的男人。谢谢你,真的,我发自内心地谢谢你!"说到这里,文姬面部表情庄重、严肃了,

她虽然是笑着说此话的，但绝不是玩笑的话。

此刻，董祀的心里甜滋滋的，像喝了蜜。

随即，两人相对坐了下来，开始话入正题。

董祀说："文姬妹妹，你这么快就投入到了撰写里，还应多多注意身体。曹丞相传令与我，说是让你先好好地休息十天半月的，以恢复精力。"

文姬深沉地说："时间紧迫呀。一个人的生命有限，想来，此前我已经荒废了许多，不能不急呀。"

"再急，也要劳逸结合嘛。"

在曹丞相府上，董祀奏道："多年以来，文姬废寝忘食，昼夜疾书，身体变得虚弱。同时又是背写汉书，又是为魏公作传，两者兼作，实乃难以负命。所以，我在抄写汉书的同时，便替她代写了魏公立传之书。不过，此传手稿是文姬全看过的。"

"原来是这样。"曹操听罢，点了点头。

"不知此传怎么……"文姬说。

不待文姬说完，曹操打断了她的话："与那汉书一并送来，待本公审阅。"

"是。"文姬和董祀同时拱手答应，然后双双退下。

待文姬和董祀把那续写的汉书手稿，和为曹操立的传送抵曹操府上后，两人顿时感到了轻松许多。多年以来难得有这样闲散的日子。于是，双双走出松涛馆外，在那柏柳荫下散步。

文姬今天特意选了一身洁白的长裙。白色会使她高雅若仙。一头青丝放下如瀑，更显得她格外娇美迷人。当地款款地走近董祀面前时，直把那董祀看得心里怦然而动。六年中，他与文姬日日交往，感情甚深。但除去忙于著书之外，还来不及谈及心事。今天看来，是个绝好的机会。

董祀呆呆地望着文姬,心潮起伏不定。而此时的文姬,却也优雅大方,她冲董祀微微顿首,嫣然一笑。继而,俩人并肩漫步了。

树木森森,绿草如茵。文姬朗朗笑声,在院中回荡。董祀和她朋友似的交谈,让她非常开心。她把一些往事讲给董祀听。

每每董祀应和着她的话语,也都讲得头头是道,使她听得正合心意,于是便在心里有一种说不出来的激动。

"通过这么长时间的接触,我可知道文姬妹妹是个真正的才女,精通诗赋,熟悉历史,擅弹乐器。对了,说到擅弹乐器,我还真有些遗憾。这么些年来,文姬妹妹还没有倾心地弹上一曲,或者说我还没有舒心地欣赏上一曲。今日高兴,不知我这个遗憾能否得到补足。"董祀问道。

文姬手掠秀发,开心地笑了:"哈哈哈,既然人家都说遗憾了,哪有不为这遗憾而弹奏的道理,小的愿侍奉都尉大人。"

"那咱们就到屋里去吧。"

"哈哈哈。"

进了屋,待文姬从壁上摘下父亲送她的那具焦尾琴,转身后,见董祀早已在那边正襟而坐,不免又觉好笑:"哈哈哈,如此正经地'欣赏',可真叫我不好意思了?"

董祀也发觉了自己过于呆板,令人可笑,便自我解脱地说:"这叫久仰你的才气过人,岂能不如此谦恭。"

"别开玩笑了,请随便一点。我也好长时间未弹了,真怕扫了你的兴呢。"

"弹好弹坏,我都喜听。"

"你要听个什么曲子?"

"这可随你的便了。不过我想你会有好的曲调。"文姬的眼睛在董祀的脸上扫来扫去,看了一会儿。然后摆好自己的姿势,调好琴弦,弹唱起来。

"啪啪啪"董祀听罢击起掌来,然后说:"这思夫之妇恨不能展翅高飞,追到丈夫身边的歌词,真好。文姬,你弹唱得更好,真的让我陶醉。"

"徐淑能写给她的丈夫秦嘉这样一首好诗,说明她对丈夫敬爱至深那。本来他们俩就是一对情投意合、贞静雅好的夫妇,他们的爱情,不知牵动了多少诗人墨客的情怀呀!"文姬赞许道。

此情此景,已有一种异样的感觉,在他们两人的心头萦绕了,羞自心出,这位他们两人都无言起来,沉默,好长时间的沉默……

开心时刻,总是这样匆匆,不觉天色已晚。

"时候不早了,难得休息半日,玩得很开心,还是早些歇息吧。"董祀恋恋不舍地站起身来,准备告辞。

"那好,明天恭候你光临了。"文姬也很恋恋不舍,但只能这样说。

谁能想到第二天发生的意外之事,险些断送了他们俩日后能在一起的前程。

松涛馆之恋

转日,一向对蔡文姬遵时守约的董祀,没有来,文姬好生纳闷。

"怎么了,病了?有意外了?……"蔡文姬在想,使她什么也做不下去了。

说心里话,在和董祀相处的这些日子里,蔡文姬觉得董祀就像有巨大吸引力一样,总是牵着她的心,随他而动。毕竟是这样大年纪的人了,文姬心里清楚得很,这是男女之间的情爱又起了作用。

起初,蔡文姬怕和董祀那热切的目光接触,因为这时自己的心总是怦怦而动。但是这是欺骗自己的做法,她觉得越是这样,那种对董祀的渴望,就越要来折磨她,使她心神更加忧伤!

爱上了一个人真是负担,特别是像蔡文姬有这些经历,有特殊身份的人,爱上一个人更是负担。因为她比不得别人,本来孀居的女子再嫁,就会惹人非议,况且如今她还没有个明确的孀居身份:说是匈奴的王妃吧,如今又远离了匈奴;说是一个汉家的寡女吧,可匈奴那边有丈夫,还有儿女。

人说患难见真情。自打蔡文姬在董祀的劝说下决定归汉,及归汉途中和归汉以后,她对董祀是十分感激的:没有董祀,没有她蔡文姬的今天，董祀是一株草，她便是那草上的露水。蔡文姬常这样想，因为董祀救过她的命。退一步讲，即使没有这个先由，经过这么长时间的接触，蔡文姬对董祀最初的好感，业已渐渐地化作了爱情，是真心的爱，真正的爱，只不过文姬没法表露。

做女人难。

做一个像蔡文姬这样有特殊身份的女人更难。

对于董祀对自己有情爱的要求，蔡文姬是知道的，董祀也是爱她的，只是没有正面提出罢了：也许他顾忌着蔡文姬特殊的身份关系；也许他是一个喜干大事的男人，没有把这事放在他生活的重要位置；也许他就是要采取把爱匿隐在心底的求爱方式；也许他认为在不言之中，已走上了初恋的桥，下面自然就是相携的路；也许……

男女间的情爱就是这样说不清楚。

先不管什么爱了，董祀应该来的呀，她在想……

转眼就过了中午，董祀依旧没来。

蔡文姬的心里更乱了。

好不容易捱过了晚饭——其实蔡文姬什么也没吃——仍没有董祀的消息，蔡文姬便吩咐春儿去董祀的府上去问，春儿去了。

蔡文姬趴在桌上，望着跳动着的蜡烛光出神时间久了，蔡文姬迷蒙了过去。

不知过了多长时间，文姬醒来了。

忽然房门大开，从外面跌跌撞撞地跑进来了春儿，气喘吁吁，惊慌失措地向文姬说道："大事不好，大事不好，文姬夫人，董都尉那边出了意外的事情啦。"

"什么事呀？"文姬惊慌了。

"今天一早，魏公已经下了一道敕令，把董都尉抓捕起来了，说是定要治罪处死。"

"治罪？何等罪名？"

"听说是'中伤魏公，行为不端'。"

"这又是从何说起呢。"

"这谁知道，不过，不过……"春儿说到这里欲言又止了。

"不过什么，干什么吞吞吐吐的，有话就说好了。"文姬急了，她呵斥起春儿来。

"……都说董都尉的罪过，是和夫人您有关。"

"和我有关？"

"对，是魏公看了董都尉为他写的那个传记后才生气的。"

"是这样……"文姬明白了。

她陷入了沉思当中。

"那篇手稿，我全看过呀，是我让他那样写，并由我审定的呀。如果真的在传记中有什么不妥之处，这和公胤有什么关系呢，应该由我来承担啊。"

蔡文姬想过之后，反而镇定了下来，她决定代董胤承担这个罪过。

这时，瓶儿在一旁说话了："文姬夫人，依我看，董都尉刚刚被捕去一天，您能够即刻前往魏公那里，把有关的情形说个清楚，事情或许还来得及挽回。"

"瓶儿，你说得很对，我这就见魏公去。"此刻，文姬的心里只有一个念头，无论怎样，她也要把董祀搭救出来。

原来文姬背写的汉书四百篇和董祀执笔的曹操传，昨日送达魏公府后，曹操喜得心花怒放、挑灯夜读起来。这么多年来曹操早已习惯了人们对他的恭维，而且是越来越爱听。当曹操读着自己的传时，对盛赞他武平天下，文治有功等的溢美之词感到很满意。

不过在读到写他与那些军阀或黄巾农民军作战的部分时，眉头却紧皱起来，他的眼前出现了一些描写出他有些凶残的情景。曹操心里对这样的记载不自在了，他知道史官的传记对后世的影响甚远，这样写来，是含有指责他的过错之意。曹操略微思考过后，怒从心头涌起："好你个大胆的董祀，你竟敢随意评论起我的所作所为来了。"

就这样，曹操气一阵，骂一阵，骂一阵，气又增，最后竟气得将那传记手稿撕得粉碎，扔在了地上："董祀我要免你的职，罢你的官，下狱问罪。"曹操说得到便做得出，早在建安十三年时，他就杀掉了后世称之为"建安七子"之一的、文辞锋利简洁的孔融。

不说那边蔡文姬心急如焚，单说这边曹操的书斋里此刻已是高朋满座。因为曹操喜尚文学，从建安初阮瑀、徐干等入曹操幕开始，到建安十二年、十三年蔡文姬、王粲等来归止，十余年中，他已经集合了"盖将百计"的文学人才，形成了以他为核心的邺城文人集团。这些人受曹操的任用，担任着各种职务，有的还居于要职。他们与曹操及其子曹植、曹丕经常在一起切磋文艺。

此时，曹操早已把董祀被关押这件事忘在了脑后。他手里拿着自己不久前写的一首诗稿，正在给这帮名士文人们传观。众人看过，自然是满堂的喝彩。在大家交口赞许"魏公不仅有功于天下，而且诗才横溢，所作的五言诗又开一代魏域风骨，真是了不起"的声音中，曹操满面笑容，洋洋得意……

忽然有侍卫到曹操面前报告说："蔡文姬求见。"

曹操听罢，兴奋得一拍大腿："来得正好。"然后对屋内众人说："诸位，我今儿个给你们介绍一位女学才，此前很少出外露面，她就是刚刚完成其父遗著，续写《汉书》的蔡邕之女蔡文姬。"

众人听罢，也都兴奋，皆说想一睹芳容。曹操喜滋滋地说：

"不用着急,她就在门外,大家想见识的话,那就请她进来。"

侍卫见曹操有了态度,便应声退下,去请蔡文姬。

不多时,蔡文姬走进屋来。

当她一出现在众人面前时,大家都吃了一惊,面面相觑。原来此时的蔡文姬头发篷乱,而且还是赤着脚。

见蔡文姬这般装扮,曹操也怔住了,他万万没有想到她会是这个样子。虽然昨日朝拜时的蔡文姬给曹操的印象和六年前刚回汉朝时相比,红颜失去很多,面容憔悴,身子似风中一株瘦弱的小草一般,但她风韵犹存,举止文雅。一日之隔,为何判若两人?疑惑中的曹操请蔡文姬入了座。

还好,言辞依旧清辩。蔡文姬上前拜谒曹操说:"文姬拜见魏公,耽误了您的时间,真是惭愧。"

曹操笑而答道:"无妨,无妨,文姬夫人不必过谦。"

蔡文姬接着便凄然地说:"文姬今日前来,是特意向魏公请罪来的,有罪之人不敢修饰仪容,所以才如此这般。"

曹操迟疑了,问道:"文姬夫人,你何罪之有呢?"

"魏公,文姬一向感谢您的恩情,自打从匈奴归汉时始,就暗下决心,一定要好好撰修好《续汉书》。六年以来,文姬我兀兀穷年不辍笔耕,生怕有负于魏公对我的期望。如今我父的遗稿写就,魏公的传著完成。因为本人才疏学浅,特别是对魏公您的传记的撰写,一定有些不当之处。如若有什么错处,文姬请求责罚。"

曹操精明过人,他见文姬如此语意哀酸,一下子想起了董祀,也知道她是来为董祀求情的,便说道:"我知道本公给董祀定了罪,你是来为他说情的。不过我可告诉你,董祀在撰述本公的生平中,确实有些不敬。至于哪些不敬,当下众人,本公也就不便说清了。总之,董祀该当治罪,别人谁都不好说什么。"

蔡文姬见曹操不去说传记中的为过之处,便在心里一下明白了,肯定是曹操对传记中的有些尊重客观事实的评价,不甚满意,便又平静地说:"尊重史实,是史官应有的天职,如果要任意写来,就不叫传了。我以为,人无完人,英雄亦是如此,魏公您的功绩赫赫,举世瞩目,万世留名。如果能记写出您的一点小过,也是求实,并不损伤您整个英杰的形象。况且董祀写来也并非出自诋毁您的本意,若要如此,这不等于自找罪得,还苦心地为您立传做什么呢?再者,我还是那句老话,您若一定要处罚这个传记的作者的话,那么您就处罚我吧,这都是我让董祀这么写的,与他一点关系也没有。"

蔡文姬的这一番话有条有理,说得众人很是信服。但众宾客只知其一,不知其二,所以都未敢贸然言声。

说心里话,蔡文姬的这番铿锵有力、掷地有声的陈言,也打动了曹操的心,他从蔡文姬的身上,仿佛又看到了当年刚直不阿的蔡伯喈的身影,她多像她父亲的性格啊。曹操的心里明白,那董祀的确有些冤枉,不过他决不能让这样的文字公诸于世!哪怕是有损于自己的形象方面的一点点。文姬说得对,董祀写得也对,但自己做得也对。曹操心里处于一种矛盾之中。

蔡文姬见曹操沉默不语,知道他的心里在激烈地斗争,碍于人家那么高的地位,当着众人的面收回成命很难,自己也不好更进一步的激化矛盾,让他下不了台。于是,文姬想办法迂回,她又说:"文章写来,多改生辉。如果那传记中确有不当之处,拿过来按您的意思改动好了。何必动怒,非要治罪呢?"

这时曹操才觉得对董祀处罚重了些,况且那文稿也已被自己撕毁,便动了恻隐之心。他说道:"既然文姬你说到了这个份上,容我再想想。"

蔡文姬谢拜。

曹操见蔡文姬为了朋友,自己蓬头赤足都不顾,忙向下人明道:"赠文姬夫人头巾鞋袜。"

侍卫拿来了丝绸绫罗制成的上等衣帽履袜,待蔡文姬穿上之后,脸上才恢复了一些血色。

稍后,曹操又对蔡文姬说:"文姬,这些年来,我的脾气越来越暴躁了。对董祀这件事的处理,本可以再冷静一些。可叹,现在文状已经发出去了,没有办法了。"

文姬忙回答说:"明公厩中良马万匹,帐下虎士成林,却为何吝惜遣一匹快马,一名兵士去追回文状,而不肯救垂死之人一命呢?"

曹操的盛气更减了,他连连说:"让我再想想,再想想。"

众人散去。出门之后,宾客中有一老者,他拉住文姬的衣角,对文姬说:"魏公很听信卞氏夫人的话,你不妨到卞氏那里再去说说,如若卞氏同意为你说话,我看那董祀才算得救了。"

文妇谢过老者,径直向卞氏那里走去。

卞氏一向以识得大体而受到人们的敬重。她听罢蔡文姬有关董祀被治罪的缘由后,在心里已经明白了这是曹操性情急躁,不能容人,忌微护短的一时行为,便答应了文姬。文姬谢过卞氏后,先回去了。

夜里,曹操回寝宫后,显得心事重重。卞氏见他这样,也不好说什么,一宿无话而过。

第二天中午,曹操退朝后回到府上。卞氏郑重但面带微笑地对曹操提起了董祀的事:"董祀为你作传,始终对你十分恭敬,不知眼下为何把他收入狱中?"实际上这也是明知故问,就看曹操的真正心态了。

凭直觉,曹操知道这是卞氏也来为董祀说情了。其实经过昨夜一番

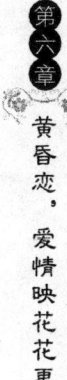

认真思考后，曹操觉得董祀的罪证的确不足，已打算放了他。此时，见卞氏提到这事，便故意卖个关子，是想听听她怎么说。于是，他对卞氏说，"董祀对我不敬，我如何要保全他。"

卞氏的态度依旧温和，再说出的一番话，却使曹操难以回答了："董祀不敬之说，恐怕是在你的传中，他写出一些你的短处，实际上这是正常之举。写文关键的问题，就在于是否忠实于历史事实，不然何说为'史'？无论是司马迁、刘向、扬雄，还是班彪、班固等史学大家，都是强调记史的'实录'。这'实录'的意思，就是'其文直，其事核，不虚美，不险恶'，即依照历史事实，实事求是地直录。如若移写史实，那这传记便失掉了史料价值，我想你看了，定也会不舒服的。"

曹操沉默不语了。

该用午餐了。曹府尽管平日里生活崇尚俭朴，但餐桌上的饮食还也丰富。曹操见卞氏不吃肉，也不喝酒，拿着箸子怔怔地在想心事，便问她，是否食物不对口味。卞氏马上放下箸子，对着曹操说道："魏公不肯赦董祀的罪，他马上要被杀头了，我心里痛惜，是在为董都尉修福。"

曹操见此情景，觉得再也不能拖下去了，即刻命令特赦董祀，免去他的一切罪名。

这时，卞氏的脸上彻底地露出了笑容，亲切地对曹操说："魏公凡事不得操之过急，我看为自己立传之事，可以以后再说。因为你的大业还没有完成，不可盖棺定论。"

曹操听罢被感动了。是啊，在为统一南北的大业上，他还有许多事情要做。

当得到特赦后的董祀来到文姬的面前时，抑制不住自己的情感了，二人一下子相拥在了一起，文姬和董祀都控制不住热泪流了下来……

董祀颤抖着嘴唇,深情地诉说着:"谢谢你文姬,为了我,你徒首赤足四处奔波,你好辛苦哟。"

文姬淡然一笑,说:"公胤,别再说这些客气的话了,当年你挽救我的生命时,而且还负了重伤,你也没表白什么,如今我能为你做上这一点点小事,不值得提起。如果真的算做有情的话,也是我对你恩情的报答。再说,这六年来你对我无微不至的照料,又岂能报答得了呢。"

流光似水,文姬与董祀日夕绸缪,不知不觉中又一个月已过去了。董祀性情温和,情意绵绵,对文姬关照有加。蔡文姬得到了情爱的滋润,越发风致妩媚,雅善逢迎起来。

蔡文姬和董祀两情相悦了。

夏意阑珊,邺城外的旷野上,百花吐艳,竞相争芳。蔡文姬觉得这些年来,也没有尽情地出外走走,憋闷异常,便邀请董祀同她一起外出游玩。董祀立即应允,与她同去。

这日,暖日融融,天朗气清,蔡文姬和董祀兴致盎然地驱车前往郊外,陶醉在这无边的夏景之中,尽情地游玩了一天。到了下午,二人都有些疲惫了,便来到了一处桑林中休息。

刚才还是有说有笑,现在静下来后,两人都默默不语了。不过,在这四目相对之中,他们都感觉到了各自的内心,那种渴求对方的欲望,在慢慢地升腾……

董祀面对着文姬的嘴角那微微的笑靥,嗅着空气中弥散着的她的气息,心中涌起一股汹涌澎湃无法遏制的激情。她平静、端庄、雅素、亮丽,像睡熟一样,仿佛一唤即起。实际上他对文姬爱的呼唤,已在心里埋藏了很久很久。他与文姬年轻时就感情甚笃。说来可笑,那时的他就在心里曾发过誓,将来一定要和像文姬妹这样的活泼聪明、美丽大方的女人生活在一起,当然能娶得文姬那是最好。在战乱中,他也漂泊流

离，随父亲离开了家乡。男孩子吗，很早就必须和父亲在一起，为全家人的生计而奔劳。那时，还有什么闲情。幸亏从那时起，再也没有见到心爱的文姬妹妹，一别就是十多年。男大当婚，董祀他也曾娶过妻室，夫妻生活时间久了，也有感情，况且他还是个极重感情的人。婚后八年过去，他虽然凭着自己的实力，在曹操的手下一步步高升，但薄命的妻子的身体却是在一步步衰弱，没有留下半个子嗣的她，最后撒手西去。他受到了婚姻的痛苦，他受到男女情爱的打击，他在感情的旋涡中，很长时间不能自拔，时光就这样在他身旁悄然而去。当他作为汉使，重新见到了阔别了十多年的文姬后，他的心，就再也不能平静下来了。在他眼里，文姬依旧是年轻时那纯情的文姬，他年轻时就梦想着的爱情梦，又复苏了。他想即刻向她表白自己的心迹，即刻向她说清自年轻开始到如今，他始终对她的爱慕。但他知道文姬的心里，还装着异族的丈夫，更装着视如生命的一双儿女。想到这里，他只能将喷薄欲出的情感再次抑制住，将它痛苦地深深埋藏。如今不同了，六年已经过去。在朝夕相处中，他们之间的一切，都化作了一种相敬相爱的温馨，他和她已经融为一体了。

　　没有她，他要思念。没有他，她也要悲伤。如今要再不去表白他欣赏她、爱惜她，想永远拥有她，那无论如何也说不过去了。

　　蔡文姬也是一样，三十多岁的人了，尽管失去了年轻时极易出现的躁动，但在沉稳和含而不露之中，也渴望着男人的爱抚。她觉得董祀就是她渴求的男人，他热情豪放，浑身散发着勃勃激情，她与他情投意合，她愿意把自己后半生的生命，投入到他的怀中……

　　密密地桑林遮住了一切。董祀把脸上挂着羞涩的笑容的文姬揽在了自己强健的怀中……

　　第三次完婚的蔡文姬，从松涛馆中搬了出去，在城中的宽敞的宅院里，与董祀住在了一起。由于相处得很好，瓶、春儿二位婢女，也由曹操送与了文姬而跟随了过来。

骨肉相聚

世事沧桑，几年过去。

蔡文姬和董祀婚后相亲相爱，耳鬓厮磨，日子过得十分惬意。然而，生活越是甜蜜，却越极易思亲伤怀，特别是像文姬这样在远方还有痴痴挂牵的人，更是如此。

转眼来到了建安二十一年（公元216年）的元宵节。

落日西沉，暮云四合，一轮圆月正从寒空中冉冉升起，城里的千家万户，渐渐地沐浴在一片青辉之中。节日的灯火快就亮成一片。这时，观灯庆节的人流，开始拥上大街小城的元宵灯会，热闹非凡。

蔡文姬忽然觉得迷离恍惚，如梦如幻。她自己最清楚，这是那种佳节思亲的感伤，又袭上心头。但她不好明说，只能推托自己的身体不适，谢绝了城内酒朋诗侣对他们夫妻之邀。

董祀见文姬这样的精神状态，心里好生怜爱，便陪妻子留在家里。

蔡文姬觉得丈夫如此违邀，实在不好，还是由他去，自己留在家中，并告知董祀自己并无大碍。

董祀无法，只好依她，不过在心中已盘算好了：此去，简单应酬后，尽早归来。

董祀走后，文姬也放瓶儿、春儿二位婢女上街观灯游玩。

屋里静悄悄的。很快，文姬陷入了一种幻境之中。仿佛她的儿子、女儿，她的乳娘，还有她的异族丈夫，在这节日里喜聚在一起了……节日是按照汉族人的习俗过的：大家围在一起，扎了一个绘有兰、梅、竹、菊并题有集句的走马灯，然后高高地挂在了当街的门亭上，众人有说有笑地望着吟句……

忽然，屋外的街上焰火冲天，炫人眼目。文姬这才惊醒过来。

文姬不由长叹了一声，喃喃自语道："我远方的亲人啊，你们在哪里？你在哪里啊。"

董祀无心在外流连，早早地赶了回来。待到家门附近时，老远就听得从家的院宅里，传出了琴声。如此哀怨的曲调啊！

董祀紧了紧步，很快就来到门外。但他没有立即进门，而是在那儿静静地听着。

屋内文姬在凄诉：

托命于新人，竭心自勖励。
流离成鄙贱，常恐复捐废。
人生几何时，怀忧终年岁。

蔡文姬弹唱着，不觉阵阵酸楚袭上心头，两行清泪洒落下来。当她掏出手帕，擦去泪水时，转头看时，才发现董祀已站在了身后。

"这么早就回来了？"

"嗯，我向朋友说了你不舒服。先自走了。"

"我没什么。"蔡文姬含泪对董祀笑了。

这时,董祀开口说话了:"文姬,我不是说你,应该注意自己的身体啊。"

文姬不好意思了,她也对董祀笑着说道:"我是总这样忧郁吗?唉,今儿个不知是怎么了,也怪我昨夜做的那个梦,梦里我见到了小孤涂、李姬,还梦见了左贤王和乳娘。他们都亲切地对着我说话,我那高兴劲就甭提了。只是我的儿子和女儿的模样,我怎么也不能看清楚,太让我失望了。这不,就随性弹唱起来。这么多年了,也不知道他们怎么样了。真是想念他们哪!"

"总有一天你们会再次团圆的!"董祀安慰蔡文姬说。

文姬没再搭话,而是放下琴,站起身来,走到窗前,凝望着外面街市上通亮的灯火,这心也就像被火一样的情思燃烧着……

董祀望着文姬已见衰老的背影,心里难过极了:"悠悠情思催人老哇。"

董祀这样想着,便悄然地走了过去,从背后把文姬揽在了怀里。

这年十月,曹操又要进号魏王了。

曹操为此乐得合不上嘴。离这庆典的日子,尚有两个多月的时间里,曹操就指派些下人,开始为之筹备了。其实,曹操自建安十八年(公元213年)被封为魏公后,就一心想使自己尽早地晋爵魏王。只是由于多年忙于战争,这事便搁置下了。

这些年间,曹操一直在征战。远的不说,就说去年,即建安二十年(公元215年),曹操先统兵西征盘踞在汉中的军阀张鲁,自陈仓(今陕西宝鸡市东)出散关(今陕西宝鸡市西南),径河池(今甘肃徽县西北),直通阳平(今陕西勉县西),并一举击败并收降了张鲁。随即,又占领了南郑及巴、汉地区。

随后，曹操又命张郃征三巴（巴东、巴西、巴郡，包括今四川东部），至宕（今四川渠县东北），但被张飞所败。

此间，曹操所部还与孙权包围合肥的十万大军，进行了激烈的战斗，曹操所部打退了孙权大军。

就这样，到了这年，志得意满的曹操以为自己到了封爵为王的时候了。于是，他把这个受封的日子，定在了十月。

八月里的一天，文姬正在寓所内整理文稿。

董祀从外面兴冲冲地走了进来。

蔡文姬见丈夫今日如此高兴，定是有什么新奇的事情，便问他："怎么这么兴奋？"

董祀说："好事呀，真是大好的事呀。"

"什么好事？"

"你猜猜看。"

"莫非是为魏公封王之事。"

"离这不远了。"

"我猜不出。"

"告诉你吧，你不是知道魏公十月爵封魏王吗，为了这次荣登，他邀请了周边的许多少数民族的客人，要他们来邺城同庆。出使南匈奴的使者，今日启程了。"

"去南匈奴邀请客人？"蔡文姬显得很激动。

"对！"

"太好了，真是太好了！"蔡文姬喜出望外。

转而，她神情又默然了，喃喃地说："客人又能怎样，只不过也是派些使者来应酬罢了。"

"不是呀，我的文姬夫人，今天我已向使者说明了，要他们定要找到你的两个孩子,并把他们给带回来的呀。"蔡文姬太惊愕了。半天,才说:"你真是和他们这样说的?"

"当然,当然。"董祀笑道。

"也不知这事那些使者能办得怎样?"蔡文姬仍旧担心。

"放心吧,他们是我的至交……"未待董祀说完,蔡文姬喜形于色,神采飞扬,当下冲了上去,用自己的脸贴紧董祀的脸。

"谢谢,谢谢,真谢谢你呀!"

董祀见文姬流下了泪,自己也热泪盈眶,心想:我做得真对。

此后的日子里,文姬什么也做不了,只是天天地盼啊,天天地算,总是嫌时日过很太慢,总是嫌汉使去的时间太长。惹得董祀不得不总是安慰她:"文姬,你忘了,咱们在从匈奴回汉时、就足足地走了两个多月才赶到邺城。如今那汉使才走了几天?哪里会有什么消息呢。换个角度,你这样想,眼下离十月仅有一个月有余的时间了,也就是说他们必须在这短短的一月时间内赶过来,比我们那时快多了。你就耐心地等待吧。"

"一个月?我一天都不能等下去了。公胤,你有什么法子能让我平静地度过这段难熬的时间呀。"文姬听罢董祀的话后总是这样激动地说。

无他法,董祀只能笑后再劝。

离那十月越来越近了,文姬的心也越来越跳动得厉害了。她每天都是梳妆换衣,出城往北,站在旷野上,长时间地向北望着。她觉得此时从那北边吹来的风都是那样香甜。有时恨那时间过得太慢之时,竟还恨起曹操来:"魏公啊,魏公,你为何不早日称王,你为何不早日庆典?也好让我们母子早日谋面。"

在离曹操举行进封魏王大典近差几天时,蔡文姬一反往日的举动,却不再总往外跑,而是每天只是坐在梳妆台的镜前,装扮起自己来。天

天都身着紫色绣腰长襦、月色长袿，梳着燕尾形的发髻，碧玉在耳边轻轻晃动，显得仪态万方、风姿绰妁。这时，春儿和瓶儿总是欢喜得直拍手，不停地赞叹着：

"文姬夫人你真美，你还像多年前那样的美。"

这一天，文姬打扮过后，正坐在镜前仔细地端详着自己时，只见董祀兴冲冲地从外面走了进来。他边奔边高声地嚷道：

"文姬，文姬，去匈奴的汉使回来啦，去匈奴的汉使回来啦。"

"真的！"文姬一下子从座位上蹦起身来，迎着董祀惊呼道。

"这还有假。"

"那么匈奴的客人也来啦？"

"来啦。"

"你快说说，都是哪些人？"

"有呼厨泉单于，有去卑右贤王。"

"没了？"文姬的声音有些变。

"没了。"董祀平静地答道。

听到这里，文姬一下子瘫在了地上地说道："怎会这样，怎会这样……"

董祀吓坏了。他见自己的玩笑开得太大，懊悔起来，忙急奔过去，扶着文姬说道："都怨我，都怨我。这么大的年纪了，还没个正经的。文姬，你别难过了，刚才我是瞎说，你快去看看吧，来啦，来啦呀。"

文姬见董祀又这样说，满脸泪痕地对着董祀说："谁？"

"你盼着谁，谁就来啦。"

"真的，这不是哄我吧？"

"我可不敢了。"董祀拍着自己的头，笑着说。

"死东西，你是拿人家的痛苦开心哪。"文姬破涕而笑了。

"快去，快去吧！那么高的儿子，那么漂亮的女儿，真让人羡慕呀。"董祀催促着文姬。

文姬喜滋滋地奔出了房门，直向魏公府什么也不顾了。

"文姬拜见魏公。"文姬由春儿扶持着立于堂下。

曹操忙道："免礼，免礼。"

这时，文姬才看清曹操今日身上穿了官袍，魏公府内有了庄重的气氛。

曹操见文姬表情紧张、激悦，心里明白了她的来意，故意地问她道："文姬今日来到本公府，不知又有何事情？是为本公晋王爵来祝贺的话，还早了几天。"

文姬心中已有了数，此时，格外显得稳重大方。她按捺着内心的冲动，答曹操话说："文姬听得匈奴客人来到，所以前来看望。怎么说，我也是在那里生活了十二年，土亲人亲哪。"

"原来是这样。看来，我们的文姬是极重情感的人哪。本公很是敬佩。不过，匈奴客人现在歇息在宾馆里，一时还难得见到哇。"

"那我就不打扰您了。告辞，告辞。"

"别这么急就走哇，好不容易来的。你先坐坐，待会儿我给你看看两个人，也许你还认识。"曹操笑着对文姬说。

"我认识的？是两个什么人啊？"

"这可不好说。来人。"

曹操在笑着说的同时，向门外招呼。

"在。"有侍卫上堂。

"快把后堂中我请来的那两位客人领来。"

"是。"

在等着那两位客人到来的空间，蔡文姬暗暗地心里埋怨起曹操来了:"这个魏公呀,你怎么就不了解我的心情呢?人家为见离别了多年的一双儿女,内心有多急呀。"

埋怨归埋怨,但也不好表露,只好耐着性子等吧。不过此刻,蔡文姬人在这里,心却早飞到匈奴客人下榻的宾馆里,已醉心在与自己的儿女小孤涂和莩姬相见时的兴奋之中。

"客人来了。"蔡文姬的耳边传来了侍卫的喊声,一下子又把她的神志拉回到这厅堂之中。

当蔡文姬慢慢地抬起头来看时,顿时惊呆了。

在她的眼前,出现的是一位身着锦缎胡服、英俊健壮、身佩长剑、箭囊、弓弩,虎虎有生气的少年;在他身后,紧紧地跟随着一位娇美可人的胡服女孩。

文姬再擦了擦自己的眼睛,啊,认出来了,认出来了。

前面的那位少男,不就是当年嚷着要左贤王带他去打猎的孤涂吗?现在算来,他已经有十五岁了。他长高了,他长魁梧了。

虽然脸上还未脱去童稚,但已经有了成熟和稳重,他多像他的父王左贤王冒顿啊。后边那个小姑娘一定是莩姬了,那聪慧伶俐又纤细的劲,活脱脱地就是童年的自己啊。

"快去,见你们的母亲吧!"曹操慈善地对着他们兄妹俩说。

"妈妈。"

"妈妈。"

随着两声足以让蔡文姬心醉的呼唤,孤涂和莩姬向母亲这边奔了过来,接近跟前便屈膝跪下了。

蔡文姬急俯下身去,一把就将一双儿女揽在了怀里,眼泪爆发出来:"儿子。女儿。我们终于又到一起了。让妈妈好好地看看你们。"顿时,三个人哭成了泪人。这是酸辛的泪,这是欢喜的泪,让它流吧,尽情地流吧。

见此情景，厅堂上的人无不为之动容。

"这一对孩子，我可交还给你了。你把他们带回家去吧，他们将永远地留在你的身边了。"最后，曹操也激动地对蔡文姬说。

"谢谢魏公，谢谢魏公了。"谢过，蔡文姬才颤抖地对孩子们说："回家吧，妈妈领你们回家。"

一路走来，一路欢乐。到家许久后，娘三个依旧是激动着。

蔡文姬像似着了魔，她转而看看这个儿子，转而又摸着那个女儿：分别近十年了，这是多么漫长的十年。这些年里，母亲的思念谁人能知？母亲的痛楚谁人理解……如今好了，自己的骨肉就活生生地站在了自己的面前。谢天谢地，谢天谢地。

还是孤涂大了懂事，他见母亲痴悦不止，便和她说起了知心话："妈妈，妈妈，您别难过了，别难过了。过去的事情还是别去想了。如今单于已经答应我和妹妹来找妈妈，永远和妈妈在一起，再也不分开啦。"

小孛姬尽管不像哥哥那样能讲出安慰人的话，但她却知道用什么样的方式去抚慰妈妈。只见她用小手搂住母亲的腰，依恋地偎依在妈妈的怀中。

蔡文姬太幸福了，顿觉自己又年轻了许多。

过后，蔡文姬把董祀介绍给了两个孩子。

两个孩子向继父行了一个标准的胡礼。

董祀也高兴了，上前也揽住了他们。

稍许，孤涂突然想起了什么，他从董祀的怀中挣出，立起身，慢慢地从身上摘下佩挂的玉具剑和胡笳，深情地对董祀说道："董都尉，这是我父王临终前留给我的两件东西。他嘱托我，有朝一日去了汉朝，一定要把这两件东西带到。这玉具剑是当年您为了汉匈永远和好,而赠送给父王的,现在他要它物归原主。这胡笳是送给我母亲的,父王希望母亲永远能记得他的笳声。他,他再也不能当面与你们说了。"

"怎么?左贤王已经离世了?"蔡文姬和董祀同时地惊问。

"是的。三年前,父王在与鲜卑人的一次战斗中,身负重伤。不久以后,他,他……不治身亡了……"

"啊,左贤王!"文姬手挥着胡笳惊叹起来,刚刚止住的眼泪,又流淌了。十多年前,作为丈夫的左贤王教她吹奏胡笳时的情景,又浮现在她的眼前……"左贤王啊,你真的就走了。你抛下了儿女和我就先走了!啊,我的左贤王啊!"

董祀也见物思人,手里紧紧地握着那把玉具剑,心中十分悲伤。

又是孤涂坚定些,他似用长辈那样的口吻,对母亲说:"妈,你别难过了。父王是为全匈奴人而战死,他死得值得,鲜卑人的这个仇,等我长大了一定要去报的。"

蔡文姬紧紧地抱着李姬,依旧发出低沉的呜咽。

不知就这样过去了多长时间,当文姬停止了哭泣之后,怀里的女儿又说话了。

"妈妈,你的怀里真温暖,就和嬷嬷的怀抱丝毫无差。"自小就几乎没有享受到母爱的李姬,只能这样比照。

"啊,对了,你们的嬷嬷,我的乳娘她在哪?她怎么没来呀。"

文姬听李姬说到嬷嬷后,突然想起了四娘。

孤涂和李姬谁也不说话。但从他们的表情上看,文姬似乎也觉察出了不测,但她不相信是真的。

"李姬,你告诉妈妈,你的嬷嬷怎么了?"文姬见孤涂没有回答的意思,便搬过了李姬的头,问她。

"嬷嬷她,她……她也去世了。"李姬悲伤地回答。

"死了。"文姬惊慌了。

"是的,她死了。"李姬肯定地回答。

"怎么死的?"

"那是在去年的夏天,我得了伤寒病。可我好了,她就病倒了。大家都说,是我把病传给了她,她是为我死的。"李姬说到这里,难过得哭了起来。

"啊。我的乳娘啊。"文姬没有再哭出来,只是悲呼一声。

见状,屋里的人忙把她搀扶到了床上。

许久,文姬才苏醒过来。

李姬见妈妈醒了,还在向她解释着。

"妈妈,妈妈你不怪罪我吧。嬷嬷临死时告诉我,说在她死后,葬在草原上时,要在墓旁多种些兰花,这样她就跟回到了家乡一样。妈妈,我种了,我种了好多好多的兰花呢。"

听到这时,文姬的内心更加悲痛了。乳娘啊,你至死还是惦记着我呀。但她不想让李姬的心灵受到更大的伤害,便强控制着自己的悲伤,对李姬说:"李姬,妈妈没有责怪你,你为嬷嬷种了兰花也就尽心啦。妈妈现在悲的,是觉得你的嬷嬷是那样的伟大,她不应该这么早就离开我们啊。"

这时,文姬的心是掉进了感情的旋涡中了。儿女的归来足以让她欣喜若狂,左贤王和乳娘的死又让她哀痛欲绝。她不知道自己应该是喜是悲,应该是哭是笑。

待孤涂和李姬被董祀和春儿领到别的屋去吃饭,屋里只剩下文姬自己时,她要宣泄一下自己的悲伤了!她面向北方跪了下来,嘴里凄凄的说道:"夫君,你南征北战守卫匈奴,你是一位铁骨铮铮的英雄。你怜爱文姬,柔情似水,你是我心目中的好丈夫。我们为什么今生就无缘相见了呢?乳娘啊乳娘,我对不起你呀。从小我们就相依为命,同甘共苦,你又为我留在了匈奴,至死也未能回到故土。这似海的恩情,琰儿我只能来世相报了。"

文姬毕竟是饱经了人世的变幻,一生中坎坷的命运、曲折的路途,已密练了她坚强的性格,再大的打击,她也都能挺住,再大的不幸,她也都能承担。一切的一切都过去之后,她已决心面对新的生活,因为她如今又有了爱她的新的丈夫,她又要挑起抚养一双儿女的重担。

晚上,跳动的烛光泛着淡淡的蓝光,文姬无论如何也睡不着。两个孩子都已经睡着了,文姬依旧是坐在他们的身边,听着他们均匀的呼吸,望着他们香甜的笑脸,痴痴地想;作为一个母亲,她欠孩子们的太多了。她要补偿,她要拿出自己的全部精力补偿。

尽管曹操的封王大典十分隆重,文姬并没有出席,董祀捎过话去,文姬病了。虽然呼厨泉单于和右贤王去卑在这里住了数日,文姬也没去见一见他们,董祀也捎过话去,文姬虚弱的身体,经不住那草原给她带来的悲伤。

这段日子里,文姬是沉浸在一种恍兮惚兮、飘飘欲飞的境界之中。

蔡文姬知道,那是心绪,那是纷纭繁杂的心绪在作怪,她需要清理,需要心灵深处的寻觅……

隐居,最后的漂泊

经过多日的思考,蔡文姬终于从迷茫中醒过来了。她知道如今对死去的亲人的最好的慰藉,便是倾其全力照顾好自己的一双儿女。

所以,终日里为了关照好孩子们的生活,她忙忙碌碌,毫不知倦,浑身是劲。

两孩子终于对她有了感激之情,自己的努力更加珍惜了。

可是尽管这样,一段时间过后她所担心的事情还是发生了。

孤涂和李姬兄妹,无论如何也过不惯汉族人的生活。

尽管孤徐和李姬兄妹两人,也换上了宽松舒适的广袖长襦,腰间的佩饰也"叮当"作响,但私下里,在妈妈不在身边的时候,他们却偷偷地换上胡服,美滋滋地不忍心脱下,尽管每日三餐,酒肴丰富,各味齐全,但他们总是吃着不香,嚼着如蜡,从他们的眼神里就能看出,他们是馋着那来自篝火上的烧烤食物。尽管他们有比正常人还舒服的起居,或在屋里读书绘画,或在院中玩耍,或是出外去逛逛繁华的街市,但是他们依旧是内火攻心,就像被拴住了的小野马,离开了广阔的草原,就是烦躁。更令文姬担心的是,他们兄妹两人对学习汉人艰涩的文字,更是毫无兴趣,文姬竭尽全力地去教,但收效甚微。

文姬和董祀私下里在一起商量好了，无论如何，都要把这一对兄妹从他们的野性、无知中解脱出来，使他们将来能成为有用的人才。文姬还暗下决心，即使今后放弃一切荣华富贵、高官厚禄也在所不惜。

文姬和董祀俩人分头努力了。文姬在继续强化他们兄妹俩人的汉族生活意识的同时，也侧重他们对汉族文化的兴趣的培养。硬性学习汉文有困难，文姬便想着别的办法，为他们讲历代汉族英雄、名流的人生故事，让他们知道历史上有无数杰出的人物，被后世人牢记心中流芳万世，激发他们向上进取的心。董祀也自有他的办法，他带孤涂和李姬兄妹两人去游览名胜古迹，带他们去观察城里的新奇景象。还好，董祀这边倒有收获，孤涂和李姬倒觉得这位继父比亲生父亲更慈爱、更亲切，对他们充满了关怀，三个人很快就亲密无间了。

文姬依旧是苦恼，因为她绝不满足自己的这两个孩子的知识水平，仅停留在认识汉文化的水准上，她要把他们培养得博学多艺。经过多日里的苦苦思索，文姬想出了一个大胆的主意，那就是隐居，带上一家人出走，好让这两个孩子静心潜读，因为她自己从小就是这样学过来的。这个想法最后能否顺利的实施，这还需得到丈夫董祀的支持才成，文姬私下里准备了好几天，待个良机向董祀提及。

一天晚上，天已完全的黑下来。孤涂和李姬劳累了一天，早已入睡。

董祀读完书后，也准备躺下。这时，文姬突然地来到他的面前，坐下，语气和缓地说："公胤，我有一件事想和你说。"

董祀心头一震："天这么晚了，什么重要的事呀，明天再说行吗？"

"不，就在今天晚上说。"文姬的语气坚定。

董祀预料文姬心中一定有了大事，所以笑着依了她："那就说吧。"

文姬说："公胤，我知道你一直深深地爱着我。我看得出你也爱我的孩子，我对你的感激真的是无法用言语表达。"

"咳，我以为是什么大事呢，原来是在这深更半夜里，向我讲几句废话。"董祀说完后，伸出手来摸摸文姬的前额，再开玩笑地说："不是有病发烧，说些糊涂话吧。"

文姬忙用手推开了董祀的手，嗔怪着说："人家是跟你说心里话，而你却这样地不通情达理。"

"好，好，好，我通情达理。你们娘仨感谢我，我心领了，这样行了吧！"董祀依旧是玩笑似的说。

"言归正题吧。"文姬正经地说，"公胤，我也是非常疼爱我的这两个孩子，见他们学业无长进，我的心里很悲楚。我考虑再三，想带他们隐居到家乡去，脱离开这乱哄哄的环境，以便让他们专心潜学。"

"什么？隐居。"董祀惊奇了。

"对，是隐居。"

"隐居是清苦的，你为何有这种想法呢？"董祀不解地问。

"为了孩子，为了他们能学得真学问。"文姬回答道。

董祀不说话了，他一脸的严肃长时间地看过文姬后，站起身来，在屋内来来回回地踱起步来。

屋里静得很。

董祀终于说话了："不是我说你什么，文姬，你想过没有，你颠沛流离，在坎坎坷坷的人生道路上受苦了半辈子，如今一切都好了，为何不寻思享享清福呢？"

"清福谁不想享，但我总觉得眼下仍旧没到享清福的时候，我的两个孩子还没有长大。"文姬接董祀的话茬说。

"非得隐居才能够培养出孩子吗？"

"是的，我一生就认准了这么个理，隐居可以过那与世无争的日子，这样才能静心抚育孩子成长。"

董祀又无话了,他继续踱起了他的方步来。看得出,他的内心斗争也十分激烈。

又过了不知多长的时间,文姬开口说话了:"公胤,我这是和你商量,但我并不强求你非得弃官和我走。你认真地考虑考虑是对的,我已经是四十岁的妇人了,此前两次婚嫁的不幸使我的心已是衰老,不再奢望什么了。但是你的爱又唤起了我的激情,使我又觉得我还不老,应该为这社会做些什么。如今我的这两个孩子回到了我的身边,我想能培养好他们,也是对社会的贡献哪。刚才我对你说感谢你对我们娘仨的爱,你还说是废话,现在你还对我这固执的老婆子痴情吗?我有那些知书达理的淑女好吗?"

董祀听了文姬的这一番话后,激动起来:"文姬,我依旧说你要感谢我的话是废话。你可知道,在我还是你父亲的学生时,我就打心眼儿里喜欢上你了,特别是你回到汉朝后,这些年中我们热切的交往,我越发觉得离不开你,越发感到这世间只有我们两个人在一起生活,才是这样甜蜜。你难道还不明白我的心吗?自打我们结婚那日起,不。自我年轻时认识你时就开始,你在我的心目中有着高尚的、不可替代的地位,我将一生都保护你,我不可能再对别的女人有兴趣了。不论你怎样想,相信我会照顾你一辈子,直到我死。我不反对你去选择今后的路,但孩子是我们两个人的孩子,对孩子的责任,你也应该分一半交给我呀!"

文姬难过了,她泪光闪闪地望着双鬓已有些灰白的董祀,心里一阵酸楚:是他千里迢迢地把自己带回中原,是他这么多年来苦苦地等待着自己,如今身体已略显得佝偻了,但他对自己依旧是执着和挚爱,自己怎么还能再去折磨他,怎么还能去挖苦他,自己太自私了,太残忍了。

"公胤,都怪我不好,我只是考虑到了两个孩子的前途,却忽略了会给你心灵造成的痛苦。你骂我吧，你恨我吧。不过你一定要理解我，我也是爱你的呀，我不是本意就要伤害你的呀。"文姬哭泣了。

董祀见此情景却笑了，他忙上前哄着文姬说："你刚才还说是老婆子了，怎么还像小孩子似的。说要去隐居，就与这里告辞好了，老夫老妻，一双儿女，静心生活，享受天伦，那该是多么美好的情景！"

"怎么，你同意我们一起走啦？"文姬惊喜地问。

"难道你还以为我说的是假话吗？"董祀反问起她来。

"啊，太好啦。我的好丈夫，我的好丈夫哎。"文姬着一边说一边亲吻起董祀来。

董祀就势把文姬抱了起来，长时间不去放下。

魏王府，董祀与蔡文姬向曹操辞行。

曹操待文姬向来是仁慈敦厚，他见文姬夫妇前来拜访热情地接待了他们。

卞氏听说文姬夫妇来府，也从后院赶过来了。

傍晚的魏王府，笼罩在落日的余晖里。天色渐渐暗下来，府内的厅堂上，点起通明的蜡烛，照耀得堂内如同白昼一般。

曹操今天身上着了晚礼服，英姿飒爽地走进了厅堂，他的身后紧跟着衣着讲究的卞夫人。

文姬夫妇见魏王和卞夫人到来，忙起身致礼。

厅堂内的众人，各自依次就座，热情地寒暄叙谈后入正题。

文姬起身向曹操致礼后，说道："今日来拜，主要有一事相求，这就是请魏王允许我们告官还乡。"

曹操有些惊异："难道你们对这里的生活不满意吗？"

"不，这么多年来文姬得魏王照顾，锦衣玉食，文姬永世难忘。"

"那为何要走？"

"考虑到我们的年纪。"

"哈哈，好大的口气，文姬你怎么在我面前言老，我一把年纪了，依旧还有统一南北的抱负呢。"

"文姬怎敢和魏王相比，不过近些年来身体衰弱力所不支，还是尽早休闲下来的好。"

"文姬，你可知道，就此脱离尘世，你那一腔才华会被埋没呀。真是可惜了，太可惜了。我看还是留下来的好。"曹操挽留着她们。

"文姬已为魏王完成汉书的书稿，若再说有才华的话，实在是不敢当啊。"

卞夫人也在一旁开口了："文姬你为何如此去意坚决，是一时冲动吧。"

文姬答道："文姬思虑已久，绝非心血来潮。"

曹操见文姬去意执着，挽留不住，只能叹息地说："太可惜了。"

文姬低头不语。

这时，卞夫人又说话了："既然文姬要走了，你毕竟是在我们府上住了多年，我提议就在这此时此刻举行个家宴，当作为文姬饯行。"

"好啊。"曹操甚是高兴。

"怎敢当，怎敢当！"文姬和董祀忙站起身来，向曹操夫妇行礼。

"你们不必拘束。"卞夫人道。

"那就谢了。"文姬夫妇再行礼。

不多时，堂内每个人面前新换上的小几上，御酒宫膳便已备好。

席间的气氛既热烈又和睦。酒过数巡后，卞夫人邀文姬弹琴吟赋助兴，文姬欣然受命。

待琴摆好之后，文姬在弹奏之前，对曹操和卞夫人说："文姬新近作了一首诗，是用来歌颂魏王对我恩重如山的功绩的，不过现在还没有名字，待我唱后，请魏王定名。"

"好，行。"曹操十分高兴。

稍许，这厅堂中便响起了清柔的琴声和文姬那甜润的吟唱。

"好，好。"听罢，曹操兴奋地赞着，"歌辞写得好，曲子也谱得好，弹唱更是好。真让本王听迷了。我看这诗题目就叫《重暗芳华》吧。"

"谢魏王赐诗名。"文姬拜谢道。

凝重的夜色，笼罩着邺城。

走出魏王府，文姬和董祀回首再望，两人的脸上满是依恋的表情……然后，踏着浓浓的月光，臂挽着臂，向自己的家中走去……

文姬走了，文姬的一家人走了，谁也不知道她们的去向。

后来，有关蔡文姬一家人的传说多了起来。有人说他们回到故乡圉县，没停留，再去了一个僻静的小村；也有人说他们去了种山，隐居在莽莽的林海里。不过不管怎样说，他们住在哪，对他们一家人的生活描述，皆为相同：那是一座农家院落，房前有宽阔的大院，院子里种满色彩鲜艳的花草，还有翠绿的葡萄。当然，百花中最惹眼的，还是浑身开满洁白的花朵的兰花。

文姬和董祀脱去了官袍和礼装，换上了短褥，打扮得就如同一对普通的农家夫妇一样。

旷野中，山林里，会看到这一家四口有说有笑，自由自在地漫步的身影。

阔院内，房舍间，会听到两个稚童既清晰又准确的读书声。

有时，在月明星疏的夜晚，这里还会传出如泣如怨如诉的歌声和琴音……

文姬一家人生活得清静无为。

话说曹操进号魏王后,转年,他更设天子旌旗,备天子乘舆,并立曹丕为太子。完成了夺取帝位和权力世袭的一切准备。

然而,曹操至死也没有代汉称帝。这是有他自己的考虑。

当时,天下三分,曹操觉得如若自己率先做出改汉换朝的举动,于实际的既得利益并无多少裨补,还徒给政敌们增加攻击自己的口实,进而使自己在军事上也陷于被动的地位。

所以在建安二十四年(公元219年),孙权打败了关羽后,上书曹操称臣,意在劝说曹操废掉汉献帝而自己当皇帝时,曹操立即警觉到:"孙权这小子,是想把我置于炉火上烤啊。"而当他的部下陈群、夏侯惇等人劝他要"应天顺民"称尊号时,他又说:"若天命如此,那我就当个周文王吧。"明确表示将由他的儿子来最后完成改朝换代的步骤。

此些年间,正当曹操南征西战取得节节胜利的时候,刘备的势力也扩大到了汉中。曹操闻讯,立即派大将夏侯渊出兵汉中。刘备派张飞、马超出阳平关与夏侯渊军对峙,双方展开了多次激战。夏侯渊曾一度击退张飞、马超军。

建安二十三年(公元218年),刘备亲赴阳平关前线督战。这时,北方边境上的上谷马桓又发生叛乱,曹操不得不抽出一部分兵力,由他的儿子曹彰带领北征。鉴于阳平关战事紧迫,曹操就到长安,就近指挥汉中的战局。但战事的发展对曹操越来越不利。

建安二十四年(公元219年),刘备在阳平关发动了空前规模的猛攻,曹军失利,夏侯渊战死于定军山(今陕西勉县东南)。曹操闻讯亲自从长安赶往前线指挥,与刘备军继续相持一个多月。曹军伤亡很大,曹操被迫率军退回长安,汉中终于落到刘备手中。

也在这年八月,关羽又率水军围攻驻在樊城的曹仁军。那里正逢盛夏季节,连日暴雨,江水猛涨。关羽乘机引水灌淹曹军,使曹操派驻在樊城以北的于禁、庞德等七支部队全部被大水所淹，于禁、庞德被俘。大水一直灌进樊城，曹仁奋力坚守。关羽一时攻不下樊城，转而转攻襄阳。襄阳是南方的战略要地。

曹操一面急派大将徐晃去解围，自己也随后率军亲赴前线指挥。在曹操尚未到达前线时，徐晃已攻破关羽军。这时孙权利用关羽跟曹军大战的机会，派兵偷袭关羽的后方根据地江陵。关羽闻讯大惊，急忙退保，结果在途中被孙权部将陆逊杀死。经过这一连串的恶战，曹操总算保住了襄、樊，而刘备的战略要地荆州，却又落入到了孙权手中。

建安二十五年正月，66岁的曹操病故于洛阳军中。傀儡汉献帝无可奈何地下了一道诏书，在表彰曹操功绩的同时，称颂了一番曹丕，说"丕奕世宣明，宜秉文武，绍熙前绪"。命他继位为魏王兼丞相，并改元延康。这时，三国鼎立的形势已经相对稳定化，所以"挟天子以令诸侯"的策略已变得不那么有用，献帝这块招牌到了可以舍弃不用的时刻。于是，曹丕便开始了做改朝易代的事了。在这年的十月，曹丕导演了一场热热闹闹的"禅让"剧，先由献帝降册逊位，接着由群臣联名上书，称说祥瑞之事及谶纬之言，劝进践阼。曹丕三让，群臣又三劝，最后受禅。受禅仪式极其隆重，有公卿、列侯、诸将、匈奴单于、四夷朝者数万人陪位列席。礼毕，曹丕满意地说："舜、禹之事，吾知之矣。"登极后，又改元黄初，废献帝为山阳公，并把国都从邺城移到洛阳，曹丕就成为曹魏的第一位皇帝——魏文帝。他还追尊曹操为太祖武皇帝。至此，东汉一百九十六年的历史，到此结束。

由于汉祚终止，这就给了一向以"汉室宗亲"作标榜的刘备以自立的机会，就在曹丕称帝的次年，刘备也在成都称帝，建元章武。

江东孙权起初名义上臣服于魏，接受魏的封号。后来夷陵一战，大破刘备，实力有所壮大，所以也在魏黄初年间自立称帝，建号黄武。

此后，不知在哪一年，有一位求学上进的书生，听得了文姬归汉、续写汉书的故事，甚为感动，便像当年的河东卫仲道一样，慕名寻找蔡文姬。

功夫不负有心人。最终，这位书生还真的找到了据说就是蔡文姬一家隐居的地方。

他到了那寂静的农家房舍。

他看到了满院怒放的花卉，并闻到了幽幽的兰花香。

于是，他急欲想见到自己梦寐以求的那位春情秀美、才华横溢的女诗人。

上前叩门，开门的，却一位满头白发、额头和服角布满了皱纹的老婆婆。

书生向老婆婆施礼后，问道："老人家，这是闻名迢远的蔡文姬的家吗？"

老人不答。

书生心中生疑：可是她？

"我是走了许多的路，历尽千辛万苦，特意来寻她的呀？"书生急了。

此时，那老婆婆似有触动了，但她仍旧没有说话，而是用她慈爱的目光，望着这书生好一会儿后，转身回房了。

书生立在门外，许久，许久。他似乎仍在等待着什么。

突然，有声响从屋里传来，书生侧耳细听，不是如泣如诉如怨的琴唱，而是悠悠作响的织布声。

书生心里全明白了：见到了蔡文姬又有何用呢？还是苦读世间的文章吧。

蔡文姬，曾经像似天上的一颗明亮的星星，在夜空中闪烁。

目睹过她芳容的人,她的英姿,会永存你的心中,悠长,悠长。像那位书生没有见过她的人,只能把她那脍炙人口的《胡笳十八拍》琴曲,弹奏、传唱,一代一代……

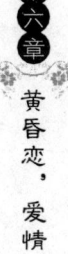

第六章 黄昏恋,爱情映花花更红

后　记

　　历史塑造出代代相传的绝代佳人，可对她们的生平事迹却又不屑一顾。除了那些跻身政坛的皇后嫔妃在史传中占了一点篇幅，且是惜墨如金，更多的美女佳人都只是在笔记、野史、小说、传奇、民间故事中才能搜罗出一点点传闻轶事，有的已变得面目全非。

　　传统的历史给了男人更多的关照，却少了对女人的关注和荣耀，她们是中国历史绕不开的死结。"红颜才女"系列图书共10本，从另一个视角展示了这些女性的美丽、欲望、才情和智慧等，并作了客观的评价。书中呈现了卓文君、班昭、蔡文姬、谢道韫、薛涛、鱼玄机、李清照、朱淑真、柳如是、顾太清10位女中豪杰的风采，她们离奇跌宕的身世和不可复制的命运，无不是一个时代与历史的精彩缩影。

　　西汉卓文君天生丽质，容貌姣好，自幼聪明伶俐，博闻雅识，诗歌词赋，无一不精，更兼擅长音律，琴技无双。然而，这朵娇艳欲滴的鲜花，却遭到狂风暴雨的摧残：父亲为了攀附权贵，将她嫁与李家公子。

丈夫体弱多病，撒手西去，文君只得独守空房。李府内妻妾争风吃醋，丑态百出，文君发现身边有一双邪淫的眼睛……才华横溢而又穷困潦倒的司马相如与卓文君一见倾心，双双坠入爱河。琴声相约，雪夜私奔，文君冲破世俗观念，抛却锦衣玉食的生活，毅然扑入爱人怀抱，贫寒的生活随之压向她柔弱的肩头。他日司马相如平步青云，飞黄腾达，沉溺于声色犬马之中，心生纳妾之意。卓文君悲痛欲绝的眼泪化作哀婉动人的诗句，相如读罢如当头棒喝，羞愧中找回从前的自我，二人始得生死相依，百年好合。

东汉班昭出身儒学世家，父亲班彪是远近闻名的学者，长兄班固著《汉书》，未竟而卒，次兄班超，为汉代著名外交家。在父兄的影响熏陶下，班昭学问广博，很有才干。十四岁时，班昭嫁于同郡人曹世叔。丈夫早年去世后，班昭清守妇规，举止合乎礼仪，气节品行非常好。班昭晚年，身患疾病，家中女子们又正当出嫁的年龄，班昭担心她们不懂妇女礼仪，令未来的夫家失面子，辱没了宗族，于闲暇时作《女诫》七章，以做勉励，书成后，对宫内妇女的教育很有帮助。班昭还继承长兄班固的事业，续写《汉书》。

东汉末年的蔡文姬是天生才女，通音律，善辞赋。命运苦难，她从繁华坠入风霜，宿命轮回，她遭遇爱与生命的流离。各色岁月一一尝遍，她终是无悔此生。她用一生风雨打磨饱满的灵魂，诉说着千古幽思。孤芳续汉史，血泪写春秋。《悲愤诗》与《胡笳十八拍》再现了蔡文姬凄楚的生活经历与悲愤的思想感情，一代代流传下来，成为千古绝唱。

东晋才女谢道韫留下来的事迹不多，其中最著名的故事，记载在《世说新语》中：谢安在一个雪天和子侄们讨论可用何物比喻飞雪。谢安的侄子谢朗说"撒盐空中差可拟"，谢道韫则说："未若柳絮因风起"，因其比喻精妙而受到众人的称许。也因为这个著名的故事，她与汉代的班昭、蔡文姬等人成为中国古代才女的代表人物，而"咏絮之才"也成为后来人称许有文才的女性的常用词语，这段事迹亦为《三字经》"蔡文姬，能辨琴。谢道韫，能咏吟"所提及。在孙恩之乱时，丈夫王凝之为会稽内史，但守备不力，逃出被抓被杀，谢道韫听闻敌至，举措自若，拿刀出门杀敌数人才被抓。孙恩因感其节义，故赦免道韫及其族人。王凝之死后，谢道韫在会稽独居，终生未改嫁。

薛涛是古代十大才女之一，唐代首屈可指的女诗人，历史上的才女不少，但没有哪一个能像薛涛那样才艺双绝，具有多方面的才能，尤其在人生经验和政治素质上的历练无人可比。薛涛和很多在历史上留下名字的女子一样，有着清丽的容貌，虽然不幸坠入风尘，她的心灵却生长着一双自由的翅膀，以天性敏感和细腻，委婉地书写着温润的内心世界，细致入微地发掘个体生命体验，用哀怨的泪水勇敢地控诉时代的不公。身处庞大而炫目的诗歌唐朝，在那些光焰万丈的文学繁星中，她灼灼地发出自己的光芒，注定成为一个不容忽视的存在。

晚唐的女诗人当中，以鱼玄机最为知名，也最为传奇，色既倾国，思乃入神，又被誉为"才媛中之诗圣"。这样一位才貌双全的风流佳人，却时运不济，命途多舛，牵连进包括笞杀婢女绿翘在内的多宗谋杀案，最终以悲惨的结局收场。

宋代李清照的人与文，是一致的清丽，一样地充满光的气味，她是绝品的女子。生命被把持得清洁自如。纵然有曲折、有挫折、有跌宕、有不可预知的舛错，但她携着内心清正的道一点一点化解，从不拖沓。

南宋女诗人朱淑真是唐宋以来留存作品最丰盛的女作家之一。她生于仕宦之家，饱读诗书，精通音律，尤擅诗词，后人称之为"闺中之秀，女流之杰者"，为南宋多情才女和美女，与李清照齐名，但却婚姻不幸，遇人不淑，与丈夫志趣不合，夫妻不和睦，情绪时时抑郁苦闷而又无可奈何，她只有寄情于诗，移情于物来排遣爱情生活带来的"颦眉"，最终因抑郁早逝。传朱淑真过世后，父母将其生前文稿付之一炬，现存《断肠诗集》、《断肠词》传世，是劫后余篇。

明末柳如是是秦淮八艳之一，琴棋书画样样精通。她二十四岁遇见钱谦益，他们以诗文为媒，惺惺相惜而走到了一起。面对改朝换代，柳如是与钱谦益两人由于认识上的不同，陷入了巨大的分歧之中，感情出现裂痕：一个远去北京做了清廷的官员，一个南下追寻抗清的南明军队。当一切繁华落尽，两人再度破镜重圆，在红豆山庄过起了平淡而恬静的田园生活，钱谦益死后，钱氏族人意欲争夺钱家家产，柳如是为了保全后代与钱氏家族的财产，用三尺白绫自缢而死。

顾太清是清代著名女词人。著作小说《红楼梦影》，成为中国小说史上第一位女性小说家，其文采见识非同凡响。顾太清多才多艺，且一生写作不辍，她的文学创作涉及诗、词、小说、绘画，尤以词名重士林。她做诗词全凭才气，不摆"唐模宋轨"的架子，倒也潇洒自如，平添一种风流态度。

女性用自己的经历创造历史，但在由男性书写的历史上，她们的存在史、她们的挣扎与奋斗，她们的快乐与痛苦都被压抑在黑暗之中，所以她们的人生经历更值得一读，透过它，人们可以从另一个角度重读历史。

为了增加图书的可读性和趣味性，本书在编写过程中参考了古今大量史料和札记轶闻，也参阅了今人研究者和历史爱好者的相关著作和文字，特对此隆重致谢。凡所参考文字大部分已得到作者同意并付与相应稿酬，但也有部分文字无法联系到原作者，若在阅读过程中发现贵文，烦请联络我处获得稿酬。

联系方式：1798789501@qq.com